무덤을 통해 본 청동기시대 사회와 문화

무덤을 통해 본 청동기시대 사회와 문화

2012년 7월 6일 초판 1쇄 인쇄
2012년 7월 16일 초판 1쇄 발행

엮은이 | 경남발전연구원 역사문화센터
펴낸이 | 권혁재
책임편집 | 윤석우
편집 | 김현미, 조혜진

펴낸곳 | 학연문화사
출판등록 | 1998년 2월 26일 제2-501호
주소 | 서울시 금천구 가산동 371-28 우림라이온스밸리 B동 712호
전화 | 02)2026-0541~4
팩스 | 02)2026-0547
이메일 | hak7891@chol.com
홈페이지 | www.hakyoun.co.kr

ISBN 978-89-5508-280-7 93910

ⓒ경남발전연구원 역사문화센터, 2012

책값은 뒤 표지에 있습니다.
잘못된 책은 바꾸어 드립니다.

무덤을 통해 본 청동기시대 사회와 문화

경남발전연구원 역사문화센터 엮음

학연문화사

● 발간사

"무덤을 통해본 청동기시대 사회와 문화"은 지난해 10월 7일에 본 연구원 역사문화센터, 한국청동기학회, 그리고 경남대학교박물관이 공동으로 추진한 학술대회의 결과를 정리한 것입니다. 이 학술대회는 기존의 무덤을 주제로 한 발표들이 무덤의 형식이나 구조, 지역별 특징을 중심으로 발표가 이루어진 것에 비해, 무덤을 통해 사회와 문화의 특성을 살펴본 것이 특징입니다.

발표 주제들은 청동기시대 무덤의 시작을 고찰하고, 분묘공간의 다양성, 사후구조의 변천, 장송의례 등 무덤의 다양한 기능과 성격을 통해 청동기시대 사회를 살펴보는 것입니다. 이청규(영남대학교 문화인류학과 교수, 전 청동기학회 회장)교수님이 기조발제를 해주셨고, 그 외에 발표와 토론을 맡으신 분들도 지석묘 전문가들로 이루어져 있습니다. 사실상 청동기시대는 지석묘와 출토유물을 통해 복원되고 해석되고 있다고 해도 과언이 아닙니다. 현 청동기학회 회장님이신 이영문(목포대학교 고고학과 교수)교수님도 지석묘의 권위자이신 점이 이를 웅변하고 있습니다.

경남발전연구원 역사문화센터는 창원 진동유적 (사적 475호), 김해 율하리 유적 등 우리나라의 손꼽히는 청동기시대 무덤을 발굴조사 하였으며, 본 연구원과 공동 주최한 경남대학교박물관도 우리나라에서 발굴된 지석묘 중에서는 가장 큰 규모인 창원 덕천리 유적(문화재 자료 206호)을 발굴조사 하였습니다. 이와 같이 청동기 시대 무덤을 매개로 인연이 많은 경남대학교 박물관과 많은 연구자들이 모인 한국청동기학회와 공동으로 주최한 학술대회의 결과물을 책으로 묶어 발간하게 되어 영광입니다. 경남은 전남과 더불어 대규모의 고인돌유적들이 발견되고 있습니다. 차제에 경남의 역사를 이해하기 위해서라도 청동기시대의 고인돌 이해는 필수적입니다. 아무튼 이 책자의 발간을 계기로 한국 청동기시대 무덤 연구의 전체적인 흐름을 파악하고, 무덤에 대한 새로운 인식의 계기가 되기를 소망합니다.

이 책자의 발간에는 역사문화센터의 류창환 센터장, 그리고 발간의 총책임을 맡은 윤호필 연구원의 노고가 큽니다. 고고학 논문집은 많은 도면과 사진이 들어가는 작업이라 더 많은 품과 노력이 들어갑니다. 이러한 작업에 노고를 아끼지 않으신 분들과 출판사 관계자 분들께도 감사드립니다.

경남발전연구원 원장 이은진

● 차 례

발간사 ··· 4

요동과 한반도 청동기시대 무덤 연구의 과제 | 이청규 ································· 7

지석묘의 기원연구를 바라보는 일시각(一視覺) | 배진성 ···························· 33

남한지역 청동기시대 분묘공간 조성의 다양성 | 이형원 ···························· 47

무덤을 통해 본 청동기시대 사회구조의 변천 | 김권구 ······························ 89

청동기시대 장송의례의 재인식 | 윤호필 ··· 139

영남지역 청동기시대 묘제 최근성과 | 고민정 ··· 165

호남지역 청동기시대무덤 최근 조사성과 | 강진표 ·································· 201

요동과 한반도 청동기시대 무덤 연구의 과제*

이청규(영남대학교 문화인류학과)

* 이 발표문은 다음의 논문 중 관련된 내용을 추려 수정보완한 것임을 밝혀둔다. 일부 중복게재의 내용이 있음을 양해 바란다.
이청규, 2011, 09,「요동과 한반도 청동기문화의 변천과 상호교류」,『한국고대사논총』63, 한국고대사학회. 이청규, 2010, 12,「청동기시대 사회 성격에 대한 논의-남한에서의 고고학적 접근」,《고고학지》16집, 국립중앙박물관

I. 머리말

　지금까지 남한의 연구자들 간에 논의되는 청동기시대 무덤의 지리적 범위는 남한 지역을 넘기 어려웠다. 대부분 영남, 호남, 호서, 중부 등의 하위지역 별로 접근하거나, 송국리유형, 가락동유형, 역삼동유형, 검단리유형 등으로 불리는 문화유형의 범위내에서 논의가 이루어져 왔다. 또한 북한은 물론 중국 동북지역과의 상호관계나 교류를 논의하는 설명은 충분하게 이루어지지 않은 것이 현재 학계의 분위기이다.

　중국 동북지역과 한반도는 예맥이나 고조선 등 우리의 원시 정치체나 종족과 연결하여 설명하는 의견이 많다. 고고학적으로도 비파형동검이나 지석묘 등의 표지적 자료를 통해 동일한 문화권으로 묶을 수 있는 바, 양지역 집단의 상호 관계 혹은 교류에 대해서 충분하게 검토할 필요가 있는 것이다. 그러한 생각에서 자료의 선택에 분명한 기준이 없고, 접근하는 방법이 체계적이지 못한 문제점이 있음에도 불구하고, 이 방면의 연구를 활성화시키는데 조금이나마 도움이 되고자하는 바람에서 우선 이에 대한 논의를 하고자 한다.

　잘 알다시피 고고학 연구는 유구, 유물자료에 대한 관찰과 분석, 형식분류와 편년이 절대 필요하고, 그것이 제대로 이루어지지 않으면, 그 다음 중상위 주제로 나아갈 수가 없다. 현재 우리 학계에는 그러한 기초적인 과제에 대한 논의가 활발하게 이루어지고 있다. 그러나 그러한 작업은 절대 필요하지만 고고학 연구의 충분조건을 충족시키는 것이 아니다. 충분조건을 갖추는 연구 주제 중의 하나가 사회발전과정에 대한 논의로서 다행히도 여러 연구자들이 한국 청동기시대의 무덤 자료를 중심으로 하여 지속적으로 논의한 바 있다.

사회발전과정 연구는 크게 역사특수적인 관점과 사회일반론적인 관점이 있다. 전자를 대표하는 것으로 문헌기록에 적시된 촌, 읍락과 국과 관련된 논의라고 한다면, 후자는 마르크스주의와 신진화론과 관련된 불평등 혹은 복합계층사회와 관련된 논의라 할 수 있다. 이글에서는 청동기시대 연구자들이 이들 주제에 대해서 구체적으로 어떤 고고학적 자료에 근거하고 있는지 정리하고, 그 쟁점이 무엇인지 설명할 것이다.

그러한 논의의 내실을 기하기 위해서 그에 앞서 이루어져야할 연구가 무덤자료에 대한 구체적이고도 분석적인 작업이다. 무덤자료는 공간적 범위의 수준에서 보면 단위 무덤, 무덤 다수로 이루어진 단위 유적, 그리고 일정 지역공간에 분포한 다수의 무덤 유적군으로 구분하여 볼 수 있다. 이들 무덤자료는 다시 매장시설과 부장유물로 구성된다. 이들 무덤자료를 통하여 피장자의 신분과 단위 지역집단의 사회적 성격에 대한 논의가 어떻게 이루어지고 그 과제가 무엇인지 또한 이글에서 살펴보고자 한다.

Ⅱ. 遼東과 한반도 무덤의 교류

한반도와 요동지역의 무덤은 성행하는 양식에 따라 크게 3기로 나누어 살펴볼 수 있다. 우선 공동묘지로서 동굴묘와 적석묘가 성행하는 1기, 지석묘, 대석개묘, 석관묘가 성행하는 2기, 그리고 목관묘와 토광묘가 성행하는 3기로 구분된다.

1. I기

이 단계에 요동의 하위지역별로 각기 다른 양식의 무덤이 조성되는 바, 요북지역의 太子河 유역에서는 동굴묘(遼寧省文物考古硏究所·本溪市博物館 1994), 요동반도 남단 지역에서는 적석묘가 조성되었다.(朝中合同考古學發掘隊 1986)

무덤이 조성되는 입지의 차이가 있지만, 각각의 무덤이 일렬 혹은 병렬로 連接 배치되어 있어 상호 동일세대 혹은 다른 세대간의 친밀한 혈연관계임을 보여주는 공동묘지라는 점에서 공통된다. 동굴묘의 경우 한 구덩이에 1인, 기껏해야 2인정도의 시신이 안치되지만, 적석묘의 경우 將軍山이나 砣頭 무덤의 예에서 보듯이 하나의 墓穴에 10-20여명 정도의 가족 혹은 世帶共同體의 시신이 안치되는 차이가 있다. 즉 동굴묘의 단일 묘역이 적석묘에서는 단일 묘혈에 대응되는 바, 전자는 단일 혈연집단이지만, 후자는 여러 혈연집단의 무덤인 것이다.

副葬遺物은 음식저장용기로서 토제 鉢, 壺, 甕 등의 토기, 생업도구로서 掘地 혹은 벌채용의 돌도끼, 방직용의 방추차, 곡물수확용의 有孔石刀, 장신구로서 석제 혹은 패각제 목걸이 등이 있다. 무엇보다도 무기가 보이지 않으므로 집단 간의 갈등이나 대립으로 인한 군사적 권위가 강조되는 사회가 아님을 추정할 수 있다. 종류와 수량에 일정한 차이가 확인되지만, 집단 구성원 간에 世帶主와 일반가족, 연령과 성별의 차이가 반영된 정도로, 그 차이가 현격하여 계층화가 진행된 族長社會[1] 수준으로 규정할만 사례는 없다.

한반도에서 요동지역의 동굴묘와 유사한 혈연공동체의 묘형이 제대로 조사된 바가 없다. 또한 적석으로 묘역 시설을 한 경우는 있으나, 요동지역의 사례처럼 단일 묘역내에 수십기의 무덤이 배치된 사례는 확인되지 않는다. 따라서 이 단계에 군집묘로서 동굴묘 또는 적석묘의 묘제는 한반도에 傳播되지 않은 것으로 이해된다. 이

---

[1] chiefdom society 중 이른 단계의 사회를 초기 군장사회 혹은 족장사회, 늦은 단계는 후기군장사회 혹은 군장사회라고 잠정적으로 명칭을 정하고자 한다.

처럼 동 시기에 한반도에는 적석묘 또는 동굴묘와 같은 群集墓가 전이되지 않은 사실은 요동과 달리 다수의 혈연 집단묘를 축조할만큼 일정지역에서 일정규모 이상의 공동체 사회가 조성되지 못하였기 때문인 것으로 풀이된다.

2. II기

이 단계에 요동과 서북한지역에서 群集墓로서 적석묘, 단일묘로서 지석묘, 대석개묘, 석관묘 등의 다양한 墓形이 등장한다. 이처럼 다양한 묘형이 등장하는 배경에는 각기 다른 계통과 正體性을 가진 집단이 일정기간 존재하였다는 사실이 있는 것으로 추정된다.

요동반도 남단을 중심으로 전 단계부터 조성된 적석묘는 이 단계에 들어와 그 기본 묘형은 유지하면서 단위무덤의 구조나 배치패턴을 달리 하는 형식으로 발전한다. 그 대표적인 사례가 旅順 崗上墓로서, 기본묘역이 조성된 후 소규모 묘역이 부가된 것으로 20여기의 무덤이 포함된다. 중심에 배치된 무덤 3기만 바닥에 판석을 깔았을 뿐 대부분 토광무덤이다. 한 구덩이에 적은 경우는 2-3명, 많은 경우는 18명의 화장된 뼈들이 묻혀 있어, 多人葬 풍습의 전단계 전통을 계승한다.(朝中合同考古學發掘隊 1986)

같은 단계에 다수의 무덤이 連接하여 배치된 사례는 한반도에서도 확인되고, 그 대표적인 예 중의 하나가 최근에 발굴된 100기가 넘는 무덤이 연접된 여수 月內洞의 지석묘를 들 수 있겠다.(동북아지석묘연구소 2009) 또한 큰 적석 묘역 혹은 구획을 갖춘 지석묘가 김해, 진주, 마산, 산청, 밀양 등지에서 다수 확인된 바 있다. 그것을 구획묘라는 이름으로 양 지역간의 묘제가 일정한 관계가 있다고 주장하지만,(안재호 2010) 한반도의 경우 한 묘역에 한 무덤이 시설되고 있는 점이 요동지역의 그것과 근본적으로 다르다. 따라서 요동반도의 崗上型의 적석묘와 같은 묘형은 압록강 이남의 한반도로 전이된 현상은 보이지 않는다. 그것은 동 무덤에 부장된 토기형식이 전 단계

雙砣子 3기의 양식을 계승하고 다른 지역으로 거의 전이되지 않는 것과 맥락을 같이 한다. 경기도지역에서 석곽묘에 화장한 인골과 비파형동검이 부장한 사례를 들어 강상의 그것에 연결시키는 의견이 제출된 바 있는데, 그것은 다인장묘가 아니고, 강상의 토기양식이 거의 전하지 않는 사실로 미루어 직접적으로 연결시키기 어렵다. 또한 횡대구획문의 무문토기가 요동반도 남단의 토기와 연결된다고 하나,(배진성 2007) 설혹 그렇다고 하더라도 직접적인 것은 아니므로 그 전이과정에 대한 별도의 논의가 필요하다 하겠다.

이와는 달리 지석묘의 경우 요동과 한반도 지역에 유사한 묘형이 존재한다. 잘 알려졌다시피 요동은 물론 한반도에서 발견되는 지석묘는 그 숫자가 많고 형식도 다양하다. 그중에서도 탁자식의 지석묘는 요동지역에서 적석묘가 집중분포되는 요동반도 남단을 제외하고, 遼北 지역의 渾河 상류, 요남지역의 大淸河, 碧流河와 大洋河 유역에 분포한다. 그중에서 支石 높이가 2-3m에 이른 대형의 지석묘는 蓋州 石棚山, 石棚峪, 大石橋, 海城 析木城, 瓦房店 台子 등 遼東灣 지역에 집중된다.(華玉冰 2008)

한반도의 경우 탁자식 지석묘는 서북한 지역 중 대동강 유역에 집중되고, 남쪽으로 한강유역과 강화도에 일부 확인된다. 그중에서 높이 3m가 넘는 안악 노암리, 은률 관산리, 연탄 오덕리 송신동 등의 대형의 지석묘 또한 대동강 하구 혹은 서해안 인근에 분포한다.(석광준 2002)

이처럼 요동과 서북한지역에 동일한 형식의 탁자식 지석묘가 축조되는 현상에 대해서는 두가지 관점에서 설명될 수 있다. 첫번째는 上石의 크기로 보아 일정한 규모 이상의 노동력과 일정 수준 이상의 조직력이 지원되지 않으면 안된다는 관점에서의 설명이다. 앞선 시기에 무덤유적은 대부분이 혈연집단의 공동묘지로서 단일묘광간의 규모 차이가 크지 않아, 구성원간의 신분 차이가 두드러지지 않는다. 그러나 이 단계에 들어서 단일무덤의 규모에서 분명한 차이가 보이기 시작한다. 특히 늦은 단계의 것으로 추정되는 五德型의 탁자식 지석묘 중에 상석의 크기가 7-8m에 이르는 대형의 사례가 주목된다. 그 노동력은 군사력이나 무력에 의해 강제적으로 동원되지 않은 것으로 추정된다. 다음에 보겠지만 탁자식 지석묘에서는 戰士의 상징물이라 할 수 있는 동검이 부장되는 사례가 거의 확인되지 않는다.

두번째로 상당한 거리가 떨어져 있으면서 형식이 유사한 각기 다른 지석묘는, 이를테면 동일한 방식에 의해 동일한 형태로 축조된 遼南 서부지역의 蓋州 石棚山과 서북한 남부의 황해 관산리 지석묘의 사례를 어떻게 설명할 것인가 하는 문제이다. 일단 양 지역에 각각 다른 유형의 토기갖춤새가 성행하므로 각기 다른 인구집단에 의해 축조된 것으로 설명함이 옳다. 그렇지만 동 지석묘의 석재 가공과 운반, 조립 과정이 단순하지 않아 간접적인 모방만으로 설명하기 어렵다. 어떠한 動因에 의해서든 축조기술과 경험을 가진 인력의 이동이나 상호방문을 통하지 않으면 불가능한 것으로 이해된다.

석관묘는 지하에 장방형 토광을 파고 벽체의 시설을 板石 또는 割石으로 축조한 것이다. 상부를 덮는 뚜껑돌은 여러매의 판석으로 하는 경우, 1매의 대형판석으로 하는 경우가 있다. 요북지역의 석관묘와 유사한 예가 서북한은 물론 남한지역에서도 적지 않게 확인된다. 비파형동검을 같이 부장한 판석조 석관묘로서 遼北 지역에 西豊 誠信村, 撫順 大甲房 그리고 서남한지역에서는 부여 송국리의 사례가 있다.

뚜껑돌이 지하에 묻힐 경우 전형적인 석관묘에 속하지만 두터운 1매의 뚜껑돌이 지상에 드러날 경우 대석개묘가 된다. 요동지역의 大石蓋墓는 지하매장시설을 板石造 석관, 割石造석관 그리고 토광형으로 구분할 수 있다. 할석조인 것은 요북지역의 本溪 新城子, 판석조인 것은 岫岩 雙房, 토광형은 鳳城 東山의 사례가 있다. 이러한 대석개묘는 매장시설 주변으로 적석이 부가된 사례가 요북지역과 서북한 지역에 공통적으로 분포한다.

서북한 지역의 개천 묵방리 개석식 지석묘에는 요북지역의 개석묘에 부장된 미송리형토기와 유사한 묵방리형토기가 부장된다. 이러한 요동과 한반도의 무덤과 토기의 형식, 그리고 청동기의 공반관계를 살펴보면 앞서 보듯이 미송리형토기와 비파형동검이 확인되는 무덤은 대석개묘 혹은 석관묘라는 점이 주목된다. 탁자식 지석묘에서 발견되는 유물과 차이가 있는데, 요남지역의 蓋州 伙家窩堡 1호에서 이중구연토기와 장경호, 普蘭店 雙房 2호에서 출토되는 목이 짧은 단지형 토기, 서북한지역의 탁자식 지석묘에서도 팽이형토기만 부장되었을 뿐이다.

3. III기

비파형동검 후기에 들어오면 지상에 上石 혹은 支石을 갖춘 대형 구조물 형식의 무덤 대신 지하에 토광을 파고 매장시설을 만든 토광묘, 목관묘, 목곽묘가 중심 묘제로 등장한다. 우선 遼北 지역의 경우 沈陽 鄭家窪子에 이 시기에 해당하는 다수의 무덤군이 확인된다. 그중에서 우두머리급 무덤인 6512호묘는 토광 길이 5m, 폭 3m, 목곽 길이 3.2m, 폭 1.6m의 木槨墓이며, 인접한 다수의 무덤은 규모가 작은 토광묘이다.(瀋陽故宮博物館 1975) 遼陽 亮甲山에서는 7기의 무덤이 조사되었는데 모두 토광묘로 확인되었다.

遼南 지역의 경우 庄河 上馬石에서 변형 비파형동검과 초기 세형동검이 부장되거나 그와 같은 시기에 속하는 10여기의 무덤이 목관묘 혹은 토광묘이며, 海城 大屯의 초기세형동검 부장 무덤 또한 토광묘 혹은 목관묘로 추정된다. 요동반도 남단에서 초기 세형동검이 부장된 尹家村 12호묘의 경우 埋葬主體部 주위로 돌들이 둘러 있지만, 앞서 석관묘와 다른 토광묘 혹은 목관묘로 이해되며, 海城 卽周墓 또한 그러하다.

요동 지역에서 이처럼 지상에 표식이 없는 무덤을 축조하게 된 것은 막대한 노동력을 투입해야 하는 기념비적 건축물을 더 이상 威勢의 상징물로 받아들이지 않기 때문이다.

한편으로 다량의 청동기를 부장하는 무덤의 양식이 이처럼 소규모의 단순한 무덤 시설을 채택하는 것은 요동 이외의 외부 영향이기 때문일 수도 있다. 요서지역에서는 기원전 2천년기 夏家店下層文化 단계부터 목관, 목곽묘가 성행하였고 다량의 청동기를 부장한 夏家店上層文化와 十二臺營子文化에 속하는 무덤이 그러한 바 그러한 무덤양식이 轉移된 것으로 볼 수 있다.(오강원 2006, 송호정 2010)

한반도로 내려와 서북한지역의 경우 황해 정봉리의 세형동검을 부장한 무덤도 깊게 판 토광에 목관을 안치하고 돌을 쌓은 목관묘인 것이다. 서남한지역의 경우 전기 세형동검과 다량의 청동유물이 부장된 대전 괴정동, 아산 남성리, 예산 동서리 무덤유적 또한 모두 깊은 토광에 목관을 안치한 적석목관묘이다. 동남한에서도 후기 비파형동검을 부장한 김천 문당리의 예 역시 목관묘인 것이다.(경북문화재연구원 2008)

요동에서부터 한반도 전역에 걸친 이러한 목관묘의 轉移는 다음에 보다시피 동일한 토기갖춤새가 함께 보급되는 사실로 보아 상당한 인구 이동의 결과일 가능성이 높다 하겠다. 이것은 옹관묘가 主墓制인 일본 九州 지역에서 점토대토기갖춤새와 함께 積石木棺墓가 등장하는 사실에 비견된다.

그러나 전 단계에 유행하였던 적석묘, 대석개묘, 석곽묘가 사라지는 것은 아니다. 요북지역의 경우 보다 늦은 세형동검의 부장된 3기의 本溪 上堡村 무덤이 할석조 석관묘인 것이다.(이청규 2000) 또한 요동반도 남단의 樓上과 臥龍泉 무덤도 이 시기 유물을 부장하는 적석묘이다. 서북한 지역에서 후기 비파형동검과 초기 세형동검을 각각 부장한 평양 신성동, 서홍 천곡리 무덤또한 할석조 석관묘이다.

요동에서 벗어나면서 그에 가까운 松花江이나 渾河 상류지역에서는 대석개묘나 석관묘가 더욱 성행하며, 한반도의 경우 또한 최남단으로 가면 지하의 매장시설이 더욱 복잡해지는 多重蓋石式 지석묘가 발전하는 양상을 보여준다.(윤호필 2009) 이것은 지역에 따라서 돌무덤의 전통이 오래 유지되는 바, 이러한 현상에 대해서 거시적인 관점에서의 설명이 필요하다 하겠다.(우연정 2011)

Ⅲ. 무덤을 통해 본 청동기시대 사회

1980년대 이후 청동기시대 사회를 설명하는 틀로서 신진화론과 마르크스 사회발전단계론이 있는데, 남한에서는 전자, 북한에서는 후자가 집중적으로 검토되어 왔다.

북한에서는 대형 상석을 갖춘 관산리식 지석묘를 근거로 노예 소유제사회로 설명한 바 있다. 물론 대형 상석을 운반 조영함에 엄청난 노동력이 강제적으로 동원된 것이며, 그들의 신분이 노예라는 것을 제대로 입증하지 못한 것이 결정적인 약점이다. 이집트의 대형 피라밋을 축조함에 동원된 인력이 강제된 것이 아니라, 복지차원에서 동원되고 자발적으로 이루어진 것이라는 주장을 참고하면 그러한 노예설은 문제가 있다고 생각된다.

최근에는 상석 아래에 11여기의 피장자 공간이 마련된 평남 성천 룡산리 지석묘가 그 근거로 제시되고 있다. 상석아래에 수십여명의 피장자들이 동시에 매장되었다고 판단하고 이를 순장의 증거로 제시하고 있다. 그러나 이 또한 상석이 두께가 얇은 판석형이고 개폐가 전혀 불가능한 것이 아니고, 매장부분 전면을 덮은 것이 아니어서 적극적인 순장의 증거로 단정할 수 없다.(석광준 2002: 364-366) 설혹 동시 매장이라 하더라도 그것이 막바로 순장이라고 주장하기까지는 여러 증거가 제시되어야 한다.

신진화론은 잘 알려져 있다시피 민족지사례를 근거로 band-tribe-chiefdoms-state 순으로 인류 사회가 일반진화한다는 주장이 핵심이다. 남한에서는 그 중 chiefdoms을 족장사회라 하여 고고학적인 관점에서 호남지역의 지석묘 사회에 해당된다는 주장이 제기되면서 활성화된다.(Choi Mong-lyong 1984) 다른 한편으로는 한국 원시고대 사회에 chiefdoms을 군장사회라 하여 문헌기록에 근거하여 삼한의 소국 사회에 적용시킨 사례가 있었다.(김정배 1985: 145-148) 이 두 의견을 정리하면 결국 많은 노동력을 동원해서 축조한 지석묘와 다량의 청동기를 부장한 적석목관묘 중 어느 무덤의 주인공이 chiefdoms에 해당하는가 하는 상반된 주장이 양립하게 되고, 이에 대한 논쟁이 오늘에 이르기까지 지속되는 것이다.(유태용 2003) 이러한 사회발전단계론은 문자그대로 일반진화론적 성격의 것이어서 지역마다의 사정을 구체적으로 고려한 것이 아니다. 그러나 일단 한반도의 사례에 적용하였다면 그 근거와 대상을 시공간적으로 명확하게 지정할 필요가 있음은 두말할 것도 없다. 일정한 시기별로 고고학적 사실과 맥락을 토대로 설명되어야 한다. 처음 제기된 족장사회론이 영산강유역의 지석묘집단을 대상으로 하였지만 조사가 충분하지 않아 그렇지 못하였다. 실제 이러한 지역단위별로 사회의 변천과정을 해명하는 것이 먼저 이루어져야 된다는 것이 또한 학계의 요구이기도 하다.

그러한 점에서 남한 각 지역의 지석묘 변천과정을 4기로 나누어 설명한 것은 주목할만 하다.(김승옥 2004) 우선 1기에 세대공동체의 리더가 안치된 독립묘, 2기에 무덤이 군집을 이루거나 연접하는 현상을 보이고 유아묘의 등장을 통해 유력 세대공동체 혹은 출계집단이 형성된 것으로 설명한다. 그리고 3기에 일정군집묘의 경우 묘역이나 상석의 규모가 확대되고, 다른 무덤의 경우 소형화되는 차별화 현상을 근거로 위계화 현상이 심화되는 것으로 이해된다. 그리고 4기에 거대한 묘역과 다중개석의 개인묘가 등장하는데, 이를 유력한 개인묘로 판단하고, 족장사회의 발전과정을 설명하는 것이다. 이러한 설명은 지석묘집단이 시기를 달리하여 일정한 사회적 변천과정을 거친다는 것을 입증한 점에서 진전이 있다고 하겠다.

또한 4기의 지석묘 사회가 비슷한 시기에 남한지역에 다량의 청동기를 부장한 세형동검무덤의 축조집단이 장거리 교역을 통해 위신재를 획득하는 개인성향의 족장이 통솔하는 사회라 하는 것과 달리 대규모 노동력을 동원하여 거석기념물을 축조한 집단성향의 족장사회라고 설명하는 것도 주목할만하다. (김승옥 2007 : 101-116)

한편 지석묘축조집단이 족장사회로 설명하는 데 신중한 입장도 있다. 족장사회를 수장사회라 이름하고 수장의 존재를 인정하려면 그 지위가 제도화되고 세습되어야 하는 바, 지석묘는 그 충분한 근거가 되지 못하는 것으로 판단한다. 송국리 52지구의 비파형동검 부장 석관묘는 물론 창원 덕천리 1호묘와 같은 대형 묘역의 지석묘가 단독으로 존재하고 있으므로 세습되었다고 보는데 조심스러워 하고 있다.(박양진 2006: 12-20)

지석묘에서 볼 수 있는 수준의 부장유물과 무덤시설은 계층사회에서의 수직적 계층화가 아니라 평등사회에서 볼 수 있는 수평적 차별화로서, 연령과 성별 차이에 따른 신분의 분화를 입증하는 정도의 수준일 가능성을 배제못한다고 판단하는 것으로 보인다. 그러한 판단은 청동기시대 집자리와 마을 유적에서 본격적인 사회적 계층화의 증거를 확실하게 제시하기 어렵다는 인식으로 뒷받침되고 있다. 따라서 평등사회에도 그 말기에 등장하는 Big man과 같은 지도자가 있으며, 지석묘의 상당수 피장자가 마을의 우두머리라 하더라도 그에 해당될 가능성이 있다고 보는 관점도 무시못한다.

양자의 의견을 조정하면 남한의 지석묘축조집단은 평등사회에서 계층사회로 이행하는 과도기 단계에 위치하며, 그 무덤에 묻힌 사람은 우월한 지위에 있는 사람이나, 개인성향의 지배자로 완전히 이행하지 못한 집단성향의 지배자로서 chiefdoms의 chief라 하더라도 아직 그 면모를 충분히 갖추지 못한 실력자라고 하겠다.

족장사회, 계층사회로의 이행을 입증하는데 실력자의 지위가 당사자에게만 인정되는 획득 지위인지 아니면 후손에게도 세습하여 인정하는 귀속지위인지를 판정하는 것이 중요하다. 후자임을 인정받으려면 일정 개인만이 아니라 혈연관계 있는 다수의 무덤에 다량의 유물을 부장하거나, 무덤규모를 크게 한 것이 인정되어야 한다. 또한 부장유물이나 무덤 규모에서 차별화된 유아묘가 확인되어야 하는데 그러한 사례는 거의 없다 시피 하다. 단순히 지석묘에 유아묘가 조성되었다고 보는 사례 만으로 세습화된 귀속지위라고 판정하기 어렵다.

한편 신진화론의 틀 속에서 계층사회의 발전에 대해서 갈등만을 강조하는 것은 문제가 있으며 통합에 중점을 둔 설명이 중요하다는 지적도 경청할만하다. 지도자의 시신을 매장한 무덤을 대형구조물로 구축한 것은 집단 내의 갈등을 조정하고 해결하기 위한 통합의 의미가 강하다고 설명한다.(김종일 2007: 162) 이 또한 지석묘사회가 공동체 성향의 사회라는 것을 뒷받침하는 것으로 판단된다.

그러한 관점에서라면 결국 하위 지역집단은 물론 상위지역집단의 어느 수준까지 통합의 원리가 적용되는지를 설명해야 하는 문제가 있다. 이와 관련하여 앞서 지적한 것처럼 세대공동체-농업공동체-지역정치체의 3단계의 개념을 야요이시대의 마을 유적에 적용시킨 일본 학계의 사례가 주목된다.(Kenichi Sasaki 1999: 331-336) 실제로 그러한 일본고고학의 접근방법이 남한지역의 연구자들에게도 영향을 주어 여러 학자들이 유사한 논의를 한 바 있다. 이러한 3단계 사회단위를 설명하는 기본 틀은 각각의 단위사회를 통합하는 중심 단위의 설정에 있다. 농업공동체이면 중심촌락, 지역공동체이면 하위의 농업공동체, 중심촌락을 어떻게 설정하는가 그리고 중심과 주변의 상호네트워크를 무엇으로 입증하는가에 있다.

이와 유사한 논의로 삼한관계 기록에 국, 읍락, 촌에 대응되는 마을과 무덤유적, 그리고 시공간적 범위에 대한 설명이 있다. 무엇보다도 3세기 기록에서 설명한 〈국〉이라는 정치체를 그 이전의 지역정치체에 적용이 가능한가 하는 문제이다. 전남 여수의 지석묘군에서 비파형동검을 부장한 무덤의 사례가 일정한 군집묘에 집중되어 있는 사실을 근거로 이 일대에 〈국〉이 형성되었다는 주장이 제기된 바 있다.(武末純一 2002) 이 주장이 타당하다고 한다면 기원전후한 시기의 문헌에 처음 등장한 한반도 남부 〈국〉의 기원이 기원전 1천년 전반기까지 거슬러 올라가는 셈이 된다.

이러한 주장은 〈국〉의 성립은 기원전 3-2세기경 이후라고 설명하는 고대사학자들과 다뉴경 등 다량의 청동기부장묘를 근거로 설명한 고고학자들의 관점과는 다소 차이가 난다.(이청규 2000) 이때 〈국〉의 개념에는 우월한 중심집단과 그 주변집단의 존재를 전제로 한 것인 바, 문제는 중심 촌락 혹은 국읍의 설정임은 두말할 것도 없다. 그러나 〈국〉은 수백호에서 수천호에 이르기까지 다양하므로 그 〈국〉의 개념을 동일한 기준을 내세워 설정할 필요가 없다. 고고학적으로 입증하는 것이 용이하지 않다 하더라도 각 단계마다 그 〈국〉의 구조와 지리적 범위에 대해서 진지하게 살필 필요가 있다. 일정한 지리적 범위에서 지석묘군의 군집상을 정리한 것이 좋은 사례가 될 수 있으며,(이동희 2007) 늦은 단계이기는 하나, 최근에 완주-전주의 혁신도시 부지내에 다뉴경 부장묘가 십여기 이상 확인되고, 6-7개의 군집묘가 근거리를 두고 위치한 사례 또한 좋은 참고가 된다.(호남문화재연구원 2011)

Ⅳ. 개별과 군집 무덤에 대한 논의

집자리가 다수의 인원이 공동소유 사용하는 시설물인 것과 달리 청동기시대 남한지역의 무덤은 망자가 다수 묻힌 경우는 거의 없고 대부분이 개인의 단독 무덤이다. 따라서 각각의 무덤을 통해서 얻을 수 있는 것은 개인에 대한 신상정보이다. 그러나 요동지역의 남단에서 한 묘역에 다수의 무덤이 있고 각 개별무덤에 10-20인의 인골이 함께 부장된 다인장의 적석묘가 성행하는 사실을 주목할 필요가 있다. 또한 요동과 서북한지역에 널리 축조되는 석붕묘 혹은 탁자식 지석묘의 경우 다수의 인골이 묻힌 다인장 무덤이라는 주장이 있다.(宮本一夫 2000) 그렇다고 한다면 한 묘광의 구조 특히 부장유물은 개인과 관련된 것이 아니라 일정의 단위혈연집단 전 구성원에 해당하는 것임을 주의하고 논의해야 한다.

단위무덤의 무덤시설과 부장유물을 근거로 각 피장자가 어떠한 신분의 사람인지, 그리고 등급화가 가능하고 불평등한 사회인지가 중요한 논의의 과제가 된다. 두말할 것 없이 인골자료를 통하여 성별, 연령 등의 체질학적 정보가 제시될 때 묻힌 사람과 관련하여 구체적이고도 의미가 있는 논의가 될 수 있다. 요서지역에 하가점하층문화의 수백여기 무덤 대부분에 보존상태가 양호한 인골이 남아 있는 대전자 유적이 바로 좋은 사례인 바,(中國社會科學院考古研究所 1998) 그와 유사한 사례가 한반도의 청동기시대 무덤 사례에서는 많지 않다. 남한지역에서 인골이 발견된 사례는 진주 남강의 대평리, 제천 황석리, 그리고 대구 달성 평촌리 등을 비롯한 소수의 예가 있을 뿐이다. 남한지역의 청동기시대 무덤 주인공에 대해 성별, 연령 등이 확인되지 않아 신분과 지위 등의 사회적 성격에 대해서 구체적으로 논의하기가 어려운 형편인 것이다.

무덤 주인공의 지위에 대해서 일정한 차이가 있다는 것을 판정하는 기준이 무덤의 시설규모와 부장유물의 질과 양이다. 무덤구조와 부장유물의 상호관계는 규모나 양을 따질 때 정비례할 수도 있지만 그렇지 않을 수도 있다. 요동과 한반도 전역에서 발견되는 대형의 지석묘에서 그 규모에 비해 유난히 부장유물이 적은 사실에 대해서 더욱 심각하게 받아들일 필요가 있다. 전자는 직접적으로 전문적인 기술을 보유하지 않은 다수의 많은 노동력이 동원된 것이지만 후자는 소수의 전문적 장인에 의해 원료가 취득 제작 조달된 산물이다.

무덤 규모는 일정하나 부장유물에 질적이나 양적으로 차이가 있는 경우, 무덤규모는 크게 다르지만 부장유물에는 차이가 없는 경우, 그리고 무덤 규모와 부장유물이 정비례하는 경우가 있는 것이다. 따라서 부장유물과 무덤시설은 각각 다른 차원에서 설명해야 한다. 다수의 노동력을 조직적으로 동원할 수 있는 권위 혹은 위세와 고도의 기술을 발휘할 수 있는 전문장인의 제작과 이를 공급할 수 있는 기반을 갖추고 있는지 여부가 일치하지 않기 때문이다. 나아가 부장유물 중에서 석기와 청동기는 그 제작과정이나 전문성에 큰 차이가 있어 이를 부장한 사람의 신분은 물론 그가 속하는 사회경제적 상태를 각기 달리 평가할 수 있다.

우선 확인되어야할 것은 이들 무덤시설을 축조하는 데에 무덤에 묻힌 당사자가 아니라, 죽은 사람이 소속된 집단의 구성원들이 동원된다는 당연한 사실이다. 여기서 집단이라고 할 때 가족구성원, 단위집단, 농업공동체, 혹은 그 상위의 지역집단 등 여러 수준이 있을 것이다. 이들 여러 수준의 집단 중 어느 집단이 무덤 축조와 제사에 참여하는지에 따라 죽은 사람의 사회적 지위가 판가름된다.

아울러 이들 집단 구성원이 무덤을 축조하게 된 동인이 강제적인 것인가 혹은 자발적인 것인가 하는 문제가 중요하다. 그에 따라서 공동협력체적인 성격이 강한 사회인지 개인적 실력자에 의해 강제력이 발동되는 사회인지 그 집단의 사회적 성격이 달라진다. 최근에 들어서 남한의 여러 연구자들이 지석묘집단을 기본적으로 전자의 관점으로 이해하는 경향이 높아지고 있다.

나아가 그 종류와 용도, 그리고 그 상징성을 통해서 설명할 수 있는 사실은 피장자가 담당한 대내적 사회적 역할이나 지위라는 것이다. 구체적으로 청동기시대에 남한의 무덤에 부장되는 유물을 살펴보면 무기로서 동검과 석검, 석촉, 장식품으로서 곡옥과 관옥, 식기 혹은 저장기로서 홍도 등이 있다. 각각을 대표하는 기종을 최소한으로 선택하여 부장한 것이다. 이와 관련하여 무엇보다도 문제가 되는 것은 요하유역의 청동기시대 무덤에 부장되는 유물의 조합에 일정한 차이가 있다는 점이다. 최근에 발굴조사된 요동지역의 본계 신성자나 서풍 동구 유적의 석관묘군의 사례에서 보는 것처럼 대부분 미송리형 단지를 기본으로 하여, 방추차, 반월형석도, 석부가 주로 부장된다.(遼寧省文物考古硏究所·鐵岭市博物館 2011) 그리고 일부의 석관묘 혹은 대석개묘에서 비파형동검을 부장한 사례가 있을 뿐이다. 요하유역에서 기원전 2천년기 이전에 신석기시대는 물론 청동기시대 초기에 각종 생산공구가 부장되거나 제의와 관련된 옥기가 집중 부장된 것과 비교가 된다. 이들 무덤유적의 부장품은 군사적 성격을 강조하지 않는 대신 당시 사회가 식량생산에 치중하거나 종교행위를 반영하는 것을 보여주고 있다.

또한 요동지역에 있어서도 무기가 부장되기에 앞서 기원전 2천년전기 중반 이전에 이미 마성자의 동굴무덤에서 보듯이 다량의 토기와 함께 생산공구가 부장된 예가 다수 확인된 바 있다. 그리고 기원전 1천년기에 접어들어서도 앞서 서풍 동구의 예에서 보듯이 무기가 전혀 부장되지 않는 사례가 다수 있다.(遼寧省文物考古硏究所·鐵岭市博物館 2011) 그러나 한반도의 경우 일부 무덤에 한정하여 마연토기 단지와 함께 발견되는 부장품은 화살촉과 마제석검의 무기 위주인 것이다.

각설하고 이들 부장유물 중에서 무엇보다 주목되는 것은 무기이다. 동검이건 석검이건 무기가 부장되었다는 사실은 당대에 집단 간의 무력적 갈등이 고조됨을 반영하는 것으로 판단된다. 그런 정황 속에서 집단을 통솔하고 결속력을 강화하는 상징적 도구를 부장하여 무덤에 묻힌 사람의 군사적 성격을 강조한 셈이다.

부장유물의 양적 수준이 어떻든 중국동북지역-한반도에 걸쳐 무기가 부장되는 것은 기원전 1천년기에 들어와서이다. 요서지역에서는 위영자 혹은 하가점상층문화와 십이대영자문화, 요동지역에서는 이른바 신성자문화 혹은 쌍방문화의 단계에 비파형동검이 부장된다. 마제석검은 거의 부장되지 않는다. 그러나 한반도에서는 이 시기에 비파형동검이 부장되는 경우도 있지만 대부분 마제석검이 부장되는 것이다.

한편 한반도 지석묘에 부장된 유물 중 청동단검과 마제석검은 소유상태와 조달과정에서 차이가 있음을 지적하고자 한다. 청동검에는 상당수가 사용한 흔적이 있거나 재가공한 것이지만 석검에는 마모흔이 없고 형식 자체가 비실용적인 것이 많다. 따라서 동검은 본인이 위세용으로 소유하거나 실제 사용하였던 무기일 가능성이 있지만, 석검은 대다수가 생시에 사용한 것이 아니라, 별도로 제작해서 조달한 것이라는 점에서 일정한 차이가 있다. 실제로 무덤에 주로 부장되는 것은 석검이고 동검은 예외적인 것인 바, 청동기시대 무덤은 집단 구성원의 사자에 대한 예우와 조달하여 부장하고자 하는 의지에 중점을 두어 설명되어야 할 것이다.

석검은 동검처럼 고도의 기술과 재정적인 후원을 갖춘 전문장인에 의해서 생산되는 것도 아니고, 무덤시설처럼 많은 노동력이 투여되어 축조되는 것도 아니다. 그것도 1-2점 정도 부장한 것이 대부분이므로 피장자의 직계 혹은 친족이나 혈연 집단의 의지와 능력으로도 쉽게 조달이 가능한 것이다. 이러한 점에서 마제석검을 부장한 무덤이라 하더라도 그 무덤의 주인공이 인정받는 지위와 실력은 일정한 한계가 있다.

그렇다고 하더라도 석검이 부장된 무덤이 전체 무덤에서 차지하는 비중이 지역 혹은 무덤군 별로 일정하지 않지만 매우 낮은 것이 대체적인 경향이다. 어느 지석묘 집단의 경우 20-30여기 중에 1-2기가 부장되는 사실로 보아 이를 구성원간의 등급화 나아가 계층화의 지표로 삼을 수 있고, 부장하지 않은 사람과 지위상에서 일정한 차이가 있다고 말할 수 있다. 바꾸어 말하면 그 신분은 그렇게 우월할 수 없다고 말할 수 없으나, 그렇다고 하여 부장유물의 차별이 무의미한 것이 아니라는 것이다. (이영문 2002, 배진성 2007)

부장유물을 통해서 살필 수 있는 또 다른 무덤의 주인공에 대한 설명은 신분과 위계화와 관련된다. 여러 연구자들이 동검과 석검 등 부장유물의 숫자와 종류를 따져 등급화하고 그것이 신분과 계급과 관련된 것으로 이해한다. 그러나 등급화가 가능하다고 해서 그것이 막바로 신분, 계급과 대응된다고 보는 것은 문제가 있다.

요서지역의 소흑석구 무덤군에서 다종다양한 유물이 풍부하게 부장된 수십기의 무덤 사례가 있어 이를 등급화하고, 각각 일정 신분에 대응하는 작업을 한 예가 있다. 소흑구석구 무덤에서는 청동기로 예기, 무기, 생산공구, 차마구, 장식품이 있다. 보고자는 이 유적의 무덤을 예기, 차마구, 무기, 생산공구, 장식품 모두 부장한 무덤을 1등급, 1등급 중 예기가 탈락한 무덤을 2등급, 2등급 중 차마구, 무기가 탈락한 무덤을 3등급, 3등급 중 무기가 탈락한 무덤을 4등급, 그리고 전혀 청동기가 부장되지 않는 상당수의 무덤을 5등급으로 하여 구분하였다. 그리고 1등급은 수령계층, 2등급은 무사계층, 3-4등급 이하를 평민 계층으로 설명하였는데, 이러한 설명방식을 고려하면 한반도의 동검·석검을 부장한 무덤의 사례는 모두 3-4등급의 평민이 되는 셈이 된다.(內蒙古自治區文物考古研究所外 2009, 이청규 2010) 물론 요서지역과 한반도의 고고학적 맥락이 당연히 다르므로 이를 막바로 대응하여 비교할 순 없지만, 양 지역간의 거시적인 맥락의 차이가 무엇인지 고민할 필요가 있다 하겠다.

한편 필자는 청동기시대부터 초기철기시대에 걸쳐 다뉴경을 부장한 무덤의 사례를 들어 이를 일정집단의 우두머리라고 규정한 바 있다. 그것은 동검보다는 동경이 적어도 한반도 초기철기시대에 수장급 표지유물이라는 관점에서 접근한 것이다. 분명히 아산 남성리, 함평 초포리, 화순 대곡리의 사례로 보듯이 1급의 우두머리 무덤에서는 다량의 청동기와 함께 다뉴경을 복수로 부장하였다. 그리고 동경이 갖고 있는 상징적인 위세를 강조하였다는 점에서는 나름대로 의의가 있는 것으로 이해된

다.(이청규 2000)

이에 대해서는 세가지 관점에서 검토해야할 사항이 있다. 우선 첫째 그 우두머리가 관장하는 집단의 공간적 범위와 구조에 대한 것이고(이희준 2011) 두 번째는 동경을 부장한 무덤 중에는 다른 유물이 부장되지 않은 사례가 있을 뿐만 아니라, 파경이나 부분경의 사례가 있어 이를 일괄하여 우두머리급으로 보기 어렵다는 점에서이다. 세 번째로 중국 동북지역과 한반도, 일본열도에 걸쳐 각각 동경에 대한 위세품으로서 인식의 차이가 있어 이를 일괄하여 보기 어렵다는 점에서 설명이 필요하다.

무덤은 개별적으로 조성되는 경우가 간혹 있지만, 일정 구역에 군집을 이루는 경우가 상당수이다. 다수가 묻힌 무덤은 1인 1묘의 경우 무덤시설 혹은 묘광의 숫자가 곧 묻힌 사람이지만, 1인 다인묘의 경우 단일무덤 자체가 군집묘에 해당하는 사례가 있다. 앞서도 지적했듯이 요동반도의 적석총 혹은 서북한지역의 탁자식 지석묘가 바로 그러하다.

무엇보다 이들 무덤의 축조연대가 얼마간 지속되는지, 그리고 그 무덤에 묻힌 사람들이 무덤에 근접한 거리 내의 마을유적과 어떻게 대응되는지 살펴야 한다. 그렇지 않으면 무덤을 통해서 설명할 수 있는 당시 사회상은 한계가 있을 수 밖에 없다. 또한 무덤군의 시간적인 폭이 길면 길수록 무덤 숫자는 많아진다. 한편 작은 마을보다는 큰 마을, 한 마을보다는 여러 마을의 구성원들이 단일 무덤군에 묻힐 때 또한 그러하다.

그러한 점에서 단위마을내의 세대공동체, 단위마을 자체, 그리고 여러 마을로 이루어진 마을 복합 공동체에 어떻게 대응되는지 검토하는 작업이 우선적으로 이루어져야 하지만 이를 밝힐 수 있는 방법이나 모델 또한 제대로 구축되지 못하고 있다.

동일지점 내에 무덤군과 인접한 마을 유구를 대응시킨 논의는 그렇게 많지 않다. 진안 안자천, 정자천 일대의 무덤군에 대한 시기구분과 인접한 단위지역과의 대등을 통해서 접근하려는 시도가 그 주요한 사례가 될 수 있다. 또한 사천 이금동의 군집묘에 대해서도 이러한 점에서 시기구분과 선후관계의 설정, 그리고 인접한 지역의 마을에 대응시킨 작업도 주목할만하다.

일정지역의 무덤에 그 집단 출신 모든 사람이 묻혔는가 그렇지 않으면 일부 사람들만 제한적으로 묻혔는가 하는 물음에 대한 충분한 답이 있어야 또한 동 집단의 사회적 성격을 제대로 설명할 수 있음은 물론이다. 모든 구성원이 묻힌 것이 아니라고 할 때 묻힐 수 있는 사람과 그렇지 않은 사람은 어떻게 가늠할 것인가 하는 문제가 있다.

한편 군집묘에 속하는 각각의 무덤이 분포하는 상태에 일정한 정형성을 보이는 사례를 통하여 무덤에 묻히거나 축조한 집단의 성격을 판가름하는 근거로 삼기도 한다. 개개 무덤이 일정한 간격을 유지하고 분산 조영되는 유형, 열을 이루되 일정한 간격을 유지하며 조영된 유형, 열을 이루면서 서로 연접한 유형, 일정한 구획시설 내에 무덤이 조영된 유형 등 여러 사례가 있다. 이들 각각의 분포 유형에 따라서 묻힌 사람들의 상호관계를 설명하고자 하는 노력이 여러 연구자에 의해 시도되고 있는 것이다.

열을 이루거나 연접하여 군을 이루는 유형을 계열묘라고 하여 묻힌 사람들을 동일한 혈연집단의 구성원으로 설명하는 경향이 강하다. 최근에 부여 송국리 유적의 주변무덤의 배열상태를 보아 1)종렬, 2)종렬과 이와 직교하는 방향으로의 배열, 3)일정한 형상을 갖추지 않은 단순군집으로 구분하고, 중심에서 거리가 먼 주변지역에 3)의 배열방식의 무덤군이 위치하는 것을 지적한 논문이 있다. 한편 종렬배치는 세대간의 차이를 보여주는 혈연집단, 병렬배치는 동일세대의 혈연집단으로 추정하기도 한다.(우정연 2011)

한편 대형묘역의 지석묘가 열을 이루지 않고 군집한 사례가 마산 진동리, 산청 매촌리 등지에서 확인된다.(이상길 1996, 윤호필 2009) 김해 율하리에서도 다중개석의 지하토광석곽시설을 갖춘 지석묘가 다수 군집되어 조성되어 있었다. 이 역시 유력개인묘 다수가 시설된 무덤군이다. 역시 인근에 대형 마을 유적이 확인되지 않아 그에 대응되는 무덤으로 볼 수가 없다.

이 경우 유력한 개인 다수가 한 지점에 묻히지만, 상호 긴밀한 혈연관계를 갖춘 집단에 속한 것이라기 보다는 혈연으로는 다소 거리가 있으나 지리적으로 인접한 집단에 속한 것일 가능성이 더 높다고 판단된다. 사정이 그렇다고 한다면 다시 이들 피장자의 소속이 세대공동체, 단위마을의 수준에 그치는 것인지 다수의 마을로 구성된 지역 정치체 어느 수준의 지도자인지가 문제가 된다.

일정마을과 무덤의 대응관계를 구체적이고도 분명하게 확인할 수 있는 사례가 일본 구주 사가현 요시노가리에 있는 대형 환호취락과 군집묘이다.(국립중앙박물관 2007) 이 유적에는 취락 사람들이 묻힌 일반 구성원의 무덤군과 유력한 개인이 묻힌 무덤군이 별개로 조성되어 있다. 후자의 경우 각 무덤마다 동검 1점씩 부장되고, 구획묘 형태의 분구묘에 군집된 상태로 매장되어 있다. 그 조성도 일정한 시기에 한정되어 있었다. 이러한 요시노가리의 구획묘 내의 각 피장자에 대해서 일본학자들은 이른바 마을의 영웅들로 이해하고 있는 바, 그 상호 직접적인 혈연관계에 있는 것으로 이해하고 있지 않는 사실이 한반도 청동기시대 군집묘를 이해하는데 참고가 될 수 있겠다.

한편 일정한 지리적 범위에서 지석묘의 하위집단, 중위집단, 상위집단에 대해서 각각에 해당하는 지석묘의 숫자와 구성을 살핀 연구가 있어 참고가 된다. 여수지역의 지석묘 사례를 꼼꼼하게 분석한 연구가 바로 그것인데, 각각의 단위집단을 표지로 하는 대형지석묘, 제단식 지석묘, 입석 등을 적절하게 내세운 것이 주목할만하다.(이동희 2007)

V. 맺음말

청동기시대의 남한지역 사회를 설명하려면 비파형동검 등의 청동기를 공유하고, 동일한 형식의 지석묘, 석관묘, 적석묘를 축조하는 중국동북지역, 북한과 연계된 광역적 영역에 걸친 사회네트워크의 맥락에서 접근될 필요가 있다.

그러한 관점에서 무덤자료를 통해 요동과 한반도 지역의 교류와 관계에 대해서 간략하게나마 설명하였다. 그러나 양 지역간의 교류를 다룸에 쌍방의 상호 이동이라는 관점에서 다룬 것이 아니라, 요동에서 한반도로의 일방적 전이의 관점에서 설명하였다는 점은 문제로 지적된다. 한반도에서 요동지역으로의 물자 전이가 전혀 없었으리라고 생각될 수 없지만, 실제로 그러한 증거를 구체적으로 제시하기 어려워 이에 대한 설명도 부족하였다고 할 수 있다.

그러한 맥락 속에서 남한지역 사회를 접근할 때 이른바 문화유형으로 규정되고 이를 공유하는 각 하위지역 집단의 사회적 정체성에 대한 설명이 주목되지만, 아직 이에 대한 모델과 방법론이 제대로 구축되지 못하고 있다.

그나마 하천이나 곡간의 자연지리적 경계를 공간적인 범위로 한 각 하위지역의 집단에 대한 논의가 활발한 편으로, 이를 지역정치체, 〈국〉, 혹은 〈읍락〉 또는 족장, 군장, 수장사회의 이름으로 접근하는 사례가 확인된다.

우월한 지위에 있는 지도자 혹은 실력자의 등장을 무덤시설과 부장유물을 통해서 고고학적으로 가장 많이 설명되고 있다. 이들 무덤을 구성하는 양자의 속성이 갖는 사회적 의미를 검토하여 무덤의 주인공이 우월한 지도자라 하더라도 세습화되고 귀속적이라기 보다는 집단성향의 획득적인 지위를 보유한 것으로 이해된다. 결론적으로 말하면 기원전 1천년기 중반 이전의 남한 청동기시대 사회에 대해서 족장사회 혹은 계층사회, 〈국〉의 초기적 특징을 갖는 사회로 이해하는 것이 적절하다 하겠다.

한편으로 이들 지역 공동체 이상의 사회를 구성하는 취락 내에 다양한 잣대로써 위계화의 증거를 찾고자 하는 노력이 있다. 그러나 대형취락 혹은 중심취락에서 그러한 증거가 일부 찾아지지만, 대부분의 취락에서 그러한 위계화 현상은 분명하게 확인되지 않는다. 마을을 구성하는 세대공동체와 가족에 대해서 주거지와 관련한 많은 주장을 검토한 결과 이에 대해서도 보다 충분한 논의가 이루어질 필요가 있는 것이다.

참고문헌

경북문화재연구원, 2008, 『김천 문당동유적』.
국립중앙박물관, 2007, 『요시노가리: 일본 속의 고대한국』.
김권구, 2005, 『청동기시대 영남지역의 농경사회』, 학연문화사.
김승옥, 2004, 「용담댐 무문토기문화의 사회조직과 변천과정」, 『호남고고학보』49, 5-45.
김승옥, 2006, 「분묘자료를 통해 본 청동기시대 사회조직과 변천」, 『계층사회와 지배자출현』, 한국고고학회편, 한국고고학학술총서 3.
김종일, 2007, 「'계층사회와 지배자의 출현'을 넘어서」, 『한국고고학보』53, 한국고고학회, 150-175.
동북아지석묘연구소, 2009, 「여수 GS칼텍스공장 확장예정부지 내 문화유적 발굴조사 현장설명회자료」.
박양진, 2006, 「한국 지석묘사회 '족장사회론'의 비판적 검토」, 『호서고고학』제14집, 호서고고학회, 5-24.
배진성, 2007, 『무문토기문화의 성립과 계층사회』, 서경문화사.
석광준, 2002, 『조선의 고인돌무덤 연구』, 사회과학원, 도서출판 중심.
송호정, 2003, 『한국고대사 속의 고조선사』, 푸른역사.
송호정, 2010, 「요서지역 하가점상층문화 묘제의 변천과 주변 문화와의 관계」, 『요하문명의 확산과 중국 동북지역의 청동기문화』, 동북아역사재단.
안재호, 2010, 「한반도 청동기시대 문화의 기원과 전파」, 『청동기시대의 울산태화강문화』, 울산문화재연구원.
오강원, 2006, 『비파형동검문화와 요령지역의 청동기문화』, 청계.
우정연, 2011, 「금강중하류 송국리형무덤의 거시적 전통과 미시적 전통에 대한 시론적 고찰」, 『한국고고학보』79.
유태용, 2003, 『한국 지석묘 연구』, 주류성.
윤호필, 2009, 「청동기시대 묘역지석묘에 관한 연구」, 『경남연구』1.
이동희, 2007, 「支石墓 築造集團의 單位와 集團의 領域」, 『호남고고학보』26.
이상길, 1996, 「청동기시대 무덤에 대한 일시각」, 『석오 윤용진교수정년퇴임기념논총』.
이성주, 2007, 『청동기·철기시대 사회변동론』, 학연문화사.
이영문, 2002, 『한국 지석묘 사회연구』, 학연문화사.
이청규, 2000, 「요령 본계현 상보촌출토 동검과 토기에 대하여」, 『고고역사학지』16, 동아대학교박물관.
이청규, 2000, 「국의 형성과 다뉴경부장묘」, 『선사와 고대』14.
이청규, 2010, 「신석기-청동기시대의 요서지역 무덤의 부장유물과 그 변천」, 『요하문명의 확산과 중국 동북지역의 청동기문화』, 동북아역사재단, 17-96쪽.

이형원, 2009, 『청동기시대 취락구조와 사회조직』, 서경문화사.
이희준, 2011, 「한반도 남부 청동기~원삼국시대 수장의 권력 기반과 그 변천」, 『영남고고학보』58.
이홍종, 2005, 「관창리취락의 경관」, 『송국리문화를 통해 본 농경사회의 문화체계』, 고려대학교 고려환경연구소.
하문식, 1999, 『고조선지역의 고인돌연구』, 백산자료원.
호남문화재연구원, 2011, 「전주·완주 혁신도시 개발사업(III구역) 부지내 문화유적 발굴조사-완주 신풍유적2차 현장설명자료」.
쇼다 신야, 2009, 『청동기시대의 생산활동과 사회』, 학연문화사.
內蒙古自治區文物考古研究所外, 2009, 『小黑石溝-夏家店上層文化遺址發掘報告』, 科學出版社.
瀋陽故宮博物館, 1975, 「瀋陽鄭家窪子的兩座靑銅時代墓葬」, 『考古學報』1975-1.
遼寧省文物考古研究所·本溪市博物館, 1994, 『馬城子-太子河上遊洞穴遺存』, 文物出版社.
遼寧省文物考古研究所·鐵岭市博物館 2011, 「遼寧 西豊縣東溝遺址及墓丈葬發掘簡報」, 『考古』2011-5, 31-50쪽.
朝中合同考古學發掘隊, 1986, 『崗上·樓上-1963~1965 中國東北地方遺跡發掘報告』, 六興出版.
中國社會科學院考古研究所, 1998, 『大甸子-夏家店下層文化遺址與墓地發掘報告』, 科學出版社.
華玉冰, 2008, 「中國東北地區石棚研究」, 吉林大學博士學位論文.
都出比呂志, 1989, 『日本農耕社會の成立過程』, 岩波書店, 東京.
武末純一, 2002, 「요령식동검묘와 '国'의 형성」, 『청계사학』16·17 합집.
宮本一夫, 2000, 『中國古代北疆史の考古學的研究』, 中國書店.
Choi Monlyong, 1984, A Study of the Yongsan River Valley Culture: The Rise of Chiefdom Society and State in the Ancient Korea, Dongsongsa, Seoul.
Kenichi Sasaki 1999, A History of Settlement Archaeology in Japan, JOURNAL OF EAST ASIAN ARCHAEOLOGY,VOL1-4, Brill, 325-352.

지석묘의 기원 연구를 바라보는 一視覺

-기원론에서 형성론으로-

배진성(부산대학교 인문대학 고고학과)

Ⅰ. 머리말 -연구사를 보는 개념틀-

일찍이 鳥居龍藏(1926)이 돌멘에 대해서는 정말 경탄할 만한 나라라고 하였을 만큼 한반도에는 지석묘가 많다. 그래서 다른 어떤 고고자료보다도 연구의 역사가 오래되었고, 지석묘의 기원에 대해서도 남방기원설·북방기원설·한반도 자생설 등으로 논의되어 왔다.[1] 그런데도 우리는 아직 왜 한반도에 유독 지석묘가 많은지, 이 거대한 건조물은 어떻게 해서 무문토기사회에 유행하게 되었을까하는 물음에 답하기가 쉽지 않다. 지석묘의 기원에 대한 연구사를 정리하면서, 언제·어디서·누구에게나 받을 수 있는 지극히 일반적이고 상식적인 물음에 대비해 보자. 이를 위해 起源論과 形成(過程)論이라는 틀에서 지석묘의 기원 연구를 점검해 보았다.

일반적으로 고고학에서는 어떤 특정 유물이나 유구의 출현 혹은 발생에 대해 起源·系統·系譜·形成·源流 등의 用語가 흔히 사용되고 있다. 그런데 각종 고고학(용어)사전에는 이러한 용어들을 설명하는 항목은 없다. 즉 이 용어들은 특별히 고고학적으로 개념화되었다기보다는 일반적인 의미로 통용되고 있는 것 같다. 그래서 국립국어원의 표준국어대사전을 기준으로 그 사전적 의미를 살펴보니, '起源-사물

---

[1] 지석묘의 기원 및 발생에 대해서는 金貞姬(1988), 田村晃一(1990), 李榮文(1993) 등이 그때까지의 흐름을 간략하게 정리한 바 있다.

의 근원', '系統-일정한 체계에 따라 서로 관련되어 있는 부분들의 통일적 조직', '系譜-학풍·인맥·사조 등이 계승되어 온 연속성 혹은 맥락', '形成-어떤 형상을 이룸', '源流-사물이나 현상의 본래 바탕' 등으로 설명되어 있다.

考古學的 用例에서 '계통'이나 '계보'는 개개의 형식은 물론 여러 형식이 서로 연결된 체계나 집합 속에서 사용할 때 그 의미가 빛을 발하므로, 구체적인 형식들이 설정된 바탕 위에서 쓸 때 더 어울린다. '원류'는 본래의 바탕이므로 근원을 뜻하는 '기원'과 별반 차이가 없다.

지석묘의 기원을 다루는 본고에서는 '기원'과 '형성'이라는 두 용어를 적용하였다. '기원'은 어떤 사물이 비롯된 근원, 즉 지석묘의 발생에 직접적인 영향을 준 지석묘 이전의 분묘 혹은 지석묘의 유래를 찾는 것이 주 목적이라면, '형성'은 어떤 사물이 왜 그러한 모습으로 되게 되었는지, 즉 왜 한반도에 지석묘가 나타났으며 어떠한 배경 때문인지 등등 발생의 과정을 밝히는데 중점이 두어지는 용어로 사용하고자 한다.[2]

Ⅱ. 전설에서 학설로

지석묘를 비로소 선사시대의 무덤으로 인식하고 학문적으로 조사하였던 것은 20세기 초반의 鳥居龍藏부터이다. 일제강점기의 지석묘에 대한 報告는 대구 대봉동지석묘를 제외하고는 답사 및 지표조사 보고에 준하는 것이었다. 그 내용은 주로 지석묘의 소속 시대, 명칭의 유래, 세계 각지 및 중국 동북지역과 한반도에서의 분포, 그리고 형태에 대한 것이 중심을 이룬다. 이때는 한반도 선사시대의 대표적 분묘인 지석묘에 대한 현상 파악에 연구사적 의의를 둘 수 있으며, 기원에 대해서는 주로 민간

---

2 이러한 의미에서 '형성과정'이 더 정확한 표현일 수도 있다.

에 전해오는 전설이 언급되는 정도였다. 예를 들어 옛날에 중국인들이 朝鮮의 地氣를 누르고 번영을 막기 위해 가져온 돌이라거나 天上의 神이 가져온 돌이라든가(鳥居龍藏 1926), 서북지역에는 麻姑할머니의 집이라는 전설(孫晋泰 1933) 등이 퍼져 있었다. 이러한 전설은 조선시대에 지석묘가 마을의 祭壇으로 사용되기도 하였던 사정과도 무관하지 않을 것이다. 또 고려시대 문인이었던 이규보의 東國李相國集에 支石은 옛날에 聖人이 고여놓은 것이라고 기록된 것을 보면[3] 이러한 전설은 상당히 오래 전부터 전해져 왔던 것 같다.

일제강점기의 경우 鳥居龍藏은 물론 그 이전 서양인들의 간략한 소개에서부터 돌멘의 세계적 분포가 단골로 언급되었던 것을 보면, 지석묘의 기원에 대해 세계의 거석문화와 전혀 무관하게 보지는 않았던 것 같다.[4] 하지만 당시는 한반도 지석묘의 기원을 구체화시킬만한 연구의 기반이 마련되지 않은 때였다. 그러한 가운데 20세기 중반경 藤田亮策(1949)은 세계적인 분포 범위 및 외부로부터의 문화전파에 의한 자극과 발달이라는 측면을 고려하면서, 만주와 한반도의 지석묘는 自生的이라기보다는 벼의 전래와 마찬가지로 南方으로부터 渡來한 것이라고 하여 이전의 연구에 비해 꽤 구체적으로 기술하였다. 즉 돌멘의 세계 각지의 분포, 아시아에서 벼의 재배지, 문화는 외부의 자극에 의해 더욱 발달한다는 점을 고려함으로써 학문적인 추론을 통해 지석묘의 기원을 제시하였던 것이다. 이른바 南方起源說의 시초라고 할 수 있겠다.

이로 인해 20세기 중반에 와서 지석묘의 기원론은 민간의 전설에서 비로소 學說로 되기 시작한다.

---

[3] "明日 將向金馬郡 求所爲支石者觀之 支石者俗傳古聖人之所支 果有奇迹之異常者"(李奎報, 『東國李相國集』 卷二三 南行日月記)
[4] 도유호(1959: 32)는 "지구상 어느 한 지역에서 생겨 나서 각지에 퍼졌다고 보는 편이 훨씬 더 많다"라고 서술하고 있어, 1950년대에도 일제강점기 당시의 인식이 계속되고 있었음을 짐작할 수 있다.

Ⅲ. 기원론의 전개

藤田亮策(1949) 이후 곧바로 八幡一郎(1952)은 기반식지석묘가 가장 이른 형태라고 하면서 이것이 동남아시아에서 도작문화와 함께 전래되었다고 하여 역시 남방기원설을 주장하였다.

그런데 한편으로는 다른 방향에서의 기원론도 전개된다. 우선 梅原末治(1946)는 지석묘는 지하의 석관묘가 지상으로 巨大化한 것이라고 하였다. 여기서의 석관묘는 남방적인 요소와는 거리가 멀고 북방적인 요소로 인식될 수 있는 것이었다. 이것을 인용하면서 三上次男(1951)은 지석묘는 정치적 발달 및 계층화 사회의 산물로 생겨났다고 하면서 지석묘 사회를 개인의 권한이 강화된 정치적 사회로 정의하고, 이러한 사회적 여건에 따라 이전부터 있었던 석관묘가 지상화·거대화 된 것이 지석묘라고 하였다.[5] 즉 세계적 분포를 염두에 둔 단일 기원에 의한 전파론이 아니라 동북아시아 속에서 지석묘의 기원을 찾으려는 견해이다.

이때까지의 기원 연구는 구체성이 결여된 추정으로 평가받을 여지도 없지는 않겠지만, 나름의 논리성을 동반하면서 학문적인 기원론이 전개되었다고 인식한다면 과대평가일까. 도작농경과 함께 남방에서 전래되었다는 설과 지하의 석관묘가 거대화하여 지상에 표출되었다는 설, 즉 남방기원설과 북방기원설이 함께 전개되면서 1950년을 전후한 시점에서 지석묘의 기원론은 이전보다 한 차원 진전된다.

---

5 더불어 중국 동북지역에서 석관묘야말로 원주민의 기본적이고 보편적인 묘제라고 하였다(三上次男 1958).

Ⅳ. 기원론에서 형성론으로

일제강점기의 연구에 기반한 1950년대 중반까지의 연구가 일본인학자 중심이라면, 1950년대 후반부터는 북한학자들의 연구가 돋보인다. 도유호(1959, 1960)는 유럽→동남아시아→중국 남방→산동→황해도·평안남도·요동지역이라는 전래 루트를 상정하고, 탁자식이 가장 이른 형태로서 농경과 함께 동남아시아 기원으로 보았고, 이것이 북방적인 석관묘·적석묘와 결합하여 변형지석묘(침촌리형)가 나타났다고 논리를 펼친다.

이러한 도유호의 견해는 도래지에 대한 추정과 그 근거 제시로써 종래의 남방기원설을 더욱 보강하고 있지만, 단지 남방기원설 자체로 끝맺지 않고 더 나아가 한반도의 거석문화를 규정하고 있는 점을 주목할 필요가 있다. 그는 지석묘와 석관묘는 유래 및 전래의 방향은 서로 다르지만 서북지역에서 융합됨으로써 한반도적인 거석문화가 형성되었다고 하였다. 즉 세계적인 거석문화나 동남아시아의 거석문화와는 달리 한반도의 거석문화에는 북방적 요소인 석관묘도 포함시켜 정의하였다. 이는 이전까지의 비교적 단순해보이기도 하는 기원론을 넘어 크게는 한반도 선사문화의 형성과정까지 담으려 하였던 것이다. 그래서 도유호의 연구는 기원론에서 나아가 형성(과정)론이라는 시각에서 볼 때 더욱 의미 있게 다가온다.

남한의 경우는 1967년에 『韓國支石墓研究』가 발간되면서 본격적인 연구로 접어드는데, 여기서는 이전의 남방기원설을 잠깐 언급하고 있으나 동남아시아와 한반도를 직접 연결시키기에는 밝혀지지 못한 부분들이 많다고 부언하였다.

이후 1970년대에 와서는 자체 발생을 강조하는 경향을 보인다. 金元龍(1974, 1976)은 세계의 지석묘를 굳이 연결시킬 필요는 없다고 하면서,[6] 한반도의 경우는 미누신스크 카라스크期의 巨石 아이디어에 의해 요동반도~대동강유역에서 형태가 갖추

---

6 1981년에도 남방기원설이 나왔지만(金秉模 1981), 사실상 세계적 분포를 염두에 둔 지석묘 기원론은 1970년대 이후로는 더 이상 통용되지 않는다.

어졌다고 하였다. 즉 자체발생설로서 시베리아 전통의 석관묘가 한반도 서북부에서 지석묘로 확대·발전하였다는 것이다(金元龍 1986: 92).[7]

이러한 한반도 서북지역 발생설은 석광준(1979)의 연구로 절정에 이른다. 그는 남방식과 북방식이라는 용어 대신 유적명을 사용한 침촌리형과 오덕리형으로 명명하고, 지석묘의 형태적 다양성과 발전방향을 고려한 결과 침촌리형이 가장 이른 형식의 지석묘이며,[8] 이것에서 변화·발전하는 가운데 정형적이고 완성된 형태의 탁자식지석묘가 파생되었다고 하였다.[9] 여기서 가장 이른 형식인 침촌리 제1유형의 매장주체부 구조가 석관묘와 거의 동일하므로 지석묘는 석관묘에서 기원한 것으로 보았다.[10]

이 연구는 지석묘를 치밀하게 편년하여 가장 이른 형식을 설정한 후, 그것을 구조적인 측면에서 석관묘와 연결시키고, 연안 장곡리 석관묘를 통해 석관묘에서 지석묘로의 과도적 형식까지 제시하면서 한반도 지석묘의 서북지역 발생설을 논한 것이다. 초기 형식의 발생 과정을 철저한 고고학적 검토로 풀어내려 한 점에서 단순한 기원론이 아니라 한반도 지석묘의 형성(과정)론이라고 하는 것이 더 어울릴 것이다.

이처럼 1970년대에는 외부로부터의 영향을 중시한 종래의 이른바 '기원론'은 급격히 쇠락하고, 자체의 발생과정을 중시한 '형성론'이 대세를 이루게 된다.

---

7 任世權(1976)도 유럽이나 동남아시아를 거론하는 기존의 전래설보다는 한반도 자체발생설을 주장하였으나 그 근거에 대한 언급은 없다.
8 석광준(1979) 이전에 有光敎一(1969)은 탁자식과 같은 완성된 형태의 분묘가 처음부터 나타났다고 하기는 어려우며, 변이가 풍부하여 다양하게 분류될 수 있는 이른바 변형지석묘(침촌리형)가 탁자식이나 기반식에 앞서 출현한 것으로 보았다. 하지만 변형지석묘의 기원이나 발생과정에 대한 언급은 없었다.
9 이러한 석광준의 지석묘 구조 및 변천과정의 연구는 다양한 지석묘 파악에 유리하며(田村晃一 1990: 275), 탁자식지석묘의 발생과정을 잘 설명하고 있어 그 이전에 비해 획기적인 연구라는(甲元眞之 1980: 262) 평가를 받기도 하였다.
10 이 안은 근래의 연구(석광준 2002b)에서도 변함없다.

V. 형성론의 확산

　1980~90년대에는 남방기원설은 자취를 감추고,[11] 북방적 요소인 석관묘의 영향으로 한반도에 지석묘가 발행하였다는 1970년대의 논의가 확산된다.
　金貞姬(1988)는 接地形(개석식 혹은 침촌리형)을 초기 형식으로 보면서, 한반도의 북방에서 전래된 석관묘의 영향으로 한반도 서북부에 接地形支石墓가 나타나고 그것이 남한으로 전해졌다고 하였다. 석광준의 안과 상통하는 것으로 역시 형성론으로 이해할 수 있겠다. 이어서 田村晃一(1990: 295~298)도 침촌리 제1유형 지석묘는 중국 동북지역에 없기 때문에 한반도 서북부에서 고안되어 확산되었다고 하는 석광준의 자생설을 지지하면서, 석관묘의 영향이라 하더라도 그에 의해 지석묘가 처음 발생한 곳은 중국 동북지역이 아닌 한반도 서북지역인 점을 강조하고 있다. 李榮文(1993: 213)도 지석묘의 기원에 대해 석관묘를 중시하였지만, 요령지역의 석관묘와 제단으로 기능하였던 탁자식지석묘가 결합함으로써 지석묘가 일반 묘제로 정형화되었다고 하였다. 즉 이 견해는 앞의 석광준·金貞姬·田村晃一 등과는 달리 탁자식을 가장 이른 지석묘로 인식하고 있어, 석관묘와 결합하였다는 결론은 같지만 내용의 전개에는 차이가 있다.
　한편, 한반도 지석묘의 기원에 대한 논의는 아니지만, 宮本一夫(1997)는 요동지역 대석개묘의 발생 배경을 검토한 바 있다. 그는 石棚, 즉 탁자식지석묘는 再葬을 포함하여 복수매장이 이루어지는 集團合葬墓이고, 여기에 석관묘 등의 영향으로 單人葬인 大石蓋墓(개석식)로 변화하였다고 하였다. 이 역시 단순한 기원론보다는 과정과 원인을 규명하는 형성론적 접근이다.

11　卵生神話라는 민속학적 근거를 가미한 남방기원설이 나오기도 하였지만(金秉模 1981) 파급효과는 미약하였다.

Ⅵ. 근래의 연구와 전망

1. 근래의 연구

2000년대에 들어와서도 한반도 지석묘의 발생에 있어 중국 동북지역의 자료는 여전히 주목되고 있으며, 남한 각지에서 전기의 분묘들이 다수 확인됨에 따라 이를 토대로 분묘의 기원 문제도 다각도로 검토되고 있다.

中村大介(2008)는 매장주체부의 구축위치와 형식을 조합하여 분류하면서, 요동지역의 탁자식은 요동반도 南端에 분포하는 積石墓의 계통을 이은 것이라고 하였다. 이전에 田村晃一(1990)이 석관묘의 영향이라는 석광준의 견해를 지지하면서, 한편으로는 요동반도의 적석총도 한반도 지석묘의 기원을 생각할 때 고려해도 좋을까라고 조심스럽게 언급한 바 있다. 中村大介가 田村晃一의 견해에 영향을 받았는지는 알 수 없지만, 그는 매장주체부가 지상에 있는 탁자식이 가장 먼저 나타난 지석묘라는 인식하에[12] 지상식인 요동반도 남단의 적석묘에 주목했던 것이다. 安在晧(2009, 2010: 12)도 최근 남한에서 다수 확인되는 구획묘의 기원을 중국 동북지역에 두면서, 요동반도의 적석묘에 보이는 묘역시설 개념을 재지의 지석묘에 절충시켰다고 구체적으로 언급한 바 있다. 그러나 적석묘는 지상식이지만 탁자식지석묘와는 비교가 어려울 만큼 형태적·구조적 차이가 크고, 부장 토기의 편년에서 적석묘가 이르지만 그렇다고 해서 탁자식의 기원이 적석묘에 있다는 근거가 되지는 않는다. 또 적석묘는 요동반도 남단에 한정되어 지석묘와는 분포권 자체가 다르며, 남한의 구획묘와 연결시키는 것도 무리한 감이 없지 않다.

한편, 최근 남한 각지에서 확인되고 있는 周溝(石棺)墓의 기원에 대해서는 외부의 영향보다는 남한 무문토기사회의 계층화(金權中 2008), 지석묘의 변용이거나 모방(中

---

12 구체적으로 명시하지 않고서 북한의 경우 탁자식에도 이른 시기의 부장품이 확인된다고 하였는데, 그가 근거로 한 문헌(석광준 2002a)에서 이른 시기의 탁자식지석묘라고 자신할 수 있는 예가 얼마나 있는지는 의문스럽다.

村大介 2008), 同時期의 주거지 평면 형태와 규격의 유사성에 주목하는(李柱憲 2000) 등 다양한 견해들이 나오고 있다.

그리고 특정 형식의 비교가 아니라 분묘를 축조하는 습속에 주목하여 분묘의 출현이 검토되고 있다. 남한 전기의 분묘가 요동지역 석관묘의 영향을 받았다 하더라도 특정 형식의 분묘를 수용한 것이 아니라 분묘를 축조하는 습속이 전해진 것이며, 이로 인해 청천강 이남지역에 분묘 및 부장품에서 공통성이 표출되고, 이는 동북아시아에서 지석묘의 분포가 밀집되어 있는 범위와도 무관하지 않다는 것이다(裵眞晟 2011, 2012). 이 역시 기원론이라기보다는 형성(과정)론에 가깝다.

2. 전망 -맺음말-

앞에서 일제강점기부터 현재에 이르기까지 약 100년에 걸친 지석묘 연구 가운데 기원에 대한 주요 논의들을 정리해 왔다. 민간의 전설에서 세계적 분포를 고려하면서 비로소 학설로 되고, 남방기원설과 북방기원설로 기원론이 전개되었다. 이어서 도유호(1959)를 기점으로 한반도 거석문화의 형성과정이 논해지고 석광준(1979)에 이르러 더욱 체계화되면서, 추정의 기원론이 아니라 고고자료에 기반한 형성(과정)론으로 구체화되었고, 이러한 추세는 현재에도 계속되고 있다.

한반도에서 지석묘의 발생은 단지 한 종류의 무덤이 생겨났다는 것 그 자체로 끝나는 문제는 아니다. 지석묘는 농경·집단·의례·계층과 같은 무문토기사회의 주제어를 대변하기도 한다. 따라서 지석묘의 출현을 전후한 무문토기사회의 흐름과 특징, 중국 동북지역과의 관련성, 외형이나 구조만이 아니라 출토 유물과 매장습속 등 분묘에 함축되어 있는 다양한 측면을 복합적으로 고려하면서 지석묘의 발생을 논하는 것이 바람직하다. 그래서 기원론보다는 형성론의 관점을 견지하는 것이 지석묘의 발생은 물론 무문토기사회를 읽어내는데 더 유익할 것이다.

참고문헌

金權中, 2008, 「靑銅器時代 周溝墓의 發生과 變遷」, 『韓國靑銅器學報』 第三號, 韓國靑銅器學會.
金秉模, 1981, 「韓國巨石文化 源流에 관한 硏究(1)」, 『韓國考古學報』 10·11, 韓國考古學會.
金元龍, 1974, 『한국의 고분』 교양 국사 총서 2, 세종대왕기념사업회.
_____, 1976, 『韓國文化의 起源』, 서울: 探求堂.
_____, 1986, 『韓國考古學槪說』 第三版, 서울: 一志社.
金載元·尹武炳, 1967, 『韓國支石墓硏究』, 國立博物館.
金貞姬, 1988, 「東北아시아 支石墓의 硏究」, 『崇實史學』 第5輯, 崇實大學校 史學會.
도유호, 1959, 「조선 거석 문화 연구」, 『문화유산』 2.
_____, 1960, 『조선 원시 고고학』, 과학원 출판사.
裵眞晟, 2011, 「墳墓 築造 社會의 開始」, 『韓國考古學報』 80, 韓國考古學會.
_____, 2012, 「청천강 이남지역 분묘의 출현에 대하여」, 『嶺南考古學』 60, 嶺南考古學會.
석광준, 1979, 「우리 나라 서북지방 고인돌에 관한 연구」, 『고고민속론문집』 7, 과학, 백과사전출판사.
_____, 2002a, 『각지고인돌무덤조사발굴보고』, 사회과학출판사.
_____, 2002b, 『조선의 고인돌무덤 연구』, 사회과학원.
孫晋泰, 1933, 「朝鮮Dolmen에 關한 調査 硏究」, 『民俗學』 第五卷 第八號.
安在晧, 2009, 「松菊里文化成立期の嶺南社會と彌生文化」, 『彌生文化誕生』 彌生時代の考古學2, 東京: 同成社.
_____, 2010, 「韓半島 靑銅器時代文化의 起源과 傳播」, 『靑銅器時代의 蔚山太和江文化』, 蔚山文化財硏究院 開院10週年 紀念論文集, (財)蔚山文化財硏究院.
李榮文, 1993, 『全南地方 支石墓 社會의 硏究』, 韓國敎員大學校 博士學位論文.
李柱憲, 2000, 「大坪里型 石棺墓考」, 『慶北大學校考古人類學科20周年 記念論叢』, 慶北大學校 人文大學 考古人類學科.
任世權, 1976, 「韓半島 고인돌의 綜合的 檢討」, 『白山學報』 第20號, 白山學會.

甲元眞之, 1980, 「朝鮮支石墓の再檢討」, 『鏡山猛先生古稀記念古文化論攷』.
宮本一夫, 1997, 「中國東北地方の支石墓」, 『東アジアにおける支石墓の總合的硏究』, 平成6年~8年度 科學硏究費補助金(基盤硏究(A)(2))硏究成果報告書.
藤田亮策, 1949, 「ドルメンの分布について」, 『歷史』 一輯. 東北史學會.
梅原末治, 1946, 『朝鮮古代の墓制』.
三上次男, 1951, 「滿鮮古代における支石墓社會の成立」, 『史學雜誌』 60編 1号.
_____, 1958, 「中國東北地方(滿洲)における箱式石棺墓」, 『古代史談話會 古墳と時代(二)』.
有光敎一, 1969, 「朝鮮支石墓の系譜に關する一考察」, 『古代學』 第16卷2~4号, 古代學協會.

田村晃一, 1990, 「東北アジアの支石墓」, 『アジアの巨石文化』, 東京: 六興出版.
鳥居龍藏, 1917, 『大正五年度古蹟調査報告』, 朝鮮總督府.
_____, 1926, 「朝鮮のドルメン」, 『東洋文庫歐文紀要』, 第一卷.
中村大介, 2008, 「東北アジアにおける支石墓の成立と傳播」, 『中國史研究』第52輯, 中國史學會.
八幡一郎, 1952, 「北九州ドルメン見聞記」, 『考古學雜誌』38-4.

남한지역 청동기시대 분묘공간 조성의 다양성

이형원(한신대학교박물관)

I. 머리말

한국고고학에서 취락이라는 용어는 연구자의 관점에 따라 크게 두 가지로 나뉘어 사용되고 있다. 하나는 분묘군에 대응하는 것으로서 주거의 집합체인 주거군을 뜻하며, 또 다른 하나는 주거군과 분묘군을 포함하여 생산지, 의례공간, 도로 등을 포괄하는 의미이다. 전자가 협의의 취락 개념이라면 후자는 광의의 취락 개념으로 볼 수 있다. 필자는 넓은 의미의 취락 개념을 따르며, 여기에서 중점적으로 다루는 무덤에 대해서는 기본적으로 死者 처리 시설이면서 집단의 영역 표시 기능을 갖는 것으로 이해한다.

이번 연구에서는 청동기시대 취락 내에서 분묘공간이 주거공간과 어떠한 관계를 가지면서 조성되는지를 살펴보고자 하는데, 이를 위해 대규모로 발굴된 유적이나 주거공간과 분묘공간이 함께 확인된 유적들을 검토하였다. 연구 대상 범위는 시간적으로는 청동기시대[1] 전기간을 시야에 넣었고 공간적으로는 남한 전역을 다루고 있으므로 비교적 거시적 관점에서 분묘공간의 조성에 대해서 고찰한다.

---

[1] 본고의 청동기시대 시기구분은 4분기안, 즉 미사리식토기 주체-조기, 가락동·흔암리·역삼동식토기 주체-전기, 역삼동·송국리식토기 주체-중기, 수석리식토기를 주체로 하는 시기를 후기로 나누는 입장을 취한다(李亨源 2011).

Ⅱ. 취락구조론과 분묘공간

우선, 분묘공간 조성에 대해 본격적으로 검토하기에 앞서 필자가 생각하고 있는 청동기시대의 취락 구조에 대해서 간단하게 설명해 놓고자 한다. 청동기시대 취락의 공간구조는 발굴조사를 통해 다양하게 나타나고 있다. 이를 크게 몇 가지 유형으로 나눠보면, ①주거공간만으로 이루어진 취락을 비롯하여 ②주거공간과 저장공간, 또는 ③주거공간과 분묘공간으로 구성된 취락, 그리고 ④주거와 저장, 분묘공간이 함께 확인되는 취락이 있으며, 마지막으로 ⑤주거, 저장, 분묘공간에 대규모 의례공간이 부가되어 중심취락을 형성하는 취락 등이 있을 것으로 생각된다. 전체적으로 볼 때, 청동기시대 조기에는 아직 무덤이 확인된 바 없으며, 전기 전반의 예도 소수에 불과하다. 전기 후반이 되어서야 일부 취락에 분묘공간이 가시화되기 시작하여, 중기의 송국리유형 시기가 되면 묘역이 활발하게 조성된다(이형원 2009).

한편, 최종규(2004·2005)는 송국리유형 시기의 취락구조를 주거역과 묘역이 동일지역에 공존하는 '일체형 취락'과 서로 떨어져 있는 '분리형 취락'으로 구분한 바 있다. 일체형은 다시 墓地高位所在型, 墓地低位所在型, 墓地·居住地同位型(주거중심형, 묘지중심형, 묘지·거주지분할형)으로 세분하였다. 이 분류안은 매우 적절한 것으로 생각되며 필자 역시 이 견해에 적극 찬동한다. 다만, 일체형과 분리형은 모두 묘역의 존재를 상정한 것으로, 묘역을 갖지 않는 취락은 고려하지 않았으며, 일체형의 타당성 여부, 또한 취락의 입지에 따른 구분(구릉지, 평지)도 이루어지지 않은 점은 아쉽다.

그런데 위와 같은 다양한 조합의 취락구성은 생활영역인 주거역과 사후영역인 분묘역으로 이분할 수 있는데, 두 영역의 관계에 대해서는 풀어야할 과제가 많이 있다. 먼저 주거지와 무덤의 수가 어떻게 대응하는지가 관심의 대상이 될 수 있다. 개별 주거의 거주원 가운데 무덤에 들어갈 수 있는 사람은 누구인지, 더 나아가 주거군이나 취락 내에서 분묘조성이 허용된 범위는 어디까지인지를 밝혀야 한다. 여기에서 무덤에 묻히는 사람도 중요하지만, 그가 속한 개별 세대(주거)나 세대공동체(주거군), 취락공동체(취락)의 분묘조성을 둘러싼 여러 가지 사회적 관계를 따져야 한다. 또한 거주영역에서 볼 수 있는 젠더, 세대, 계층의 양상이 분묘역에서는 동일하게 나타나는지 혹은 그렇지 않은지도 살펴야만 한다. 더 나아가 단위취락만을 대상으로 할 것이 아니라, 이를 넘어선 취락군 수준에서의 양상도 분석해야만 한다. 물론 시기에 따른 변화 양상의 파악도 중요하고, 지역별 공통점과 차이점도 규명해야 하는 등 연구 주제가 너무 많다. 당연한 얘기지만, 고고학적 맥락이나 관점에 따라서 다양한 해석이 이루어질 수도 있을 것이다(李亨源 2010a).

Ⅲ. 분묘공간 조성의 다양성

여기에서는 단일 유적의 청동기시대 취락 내에서 시기에 따라 분묘공간이 어떻게 조성되고 변화해 가는지에 대해서 김천 송죽리유적의 예를 들어 살펴보고, 이어서 남한지역의 청동기시대 시기별 묘역의 존재 양태를 검토해보기로 한다.

1. 단위 취락 내 분묘공간의 변천

발굴조사가 이루어진 청동기시대 유적 가운데 전기에서 중기에 걸치는 기간의 주거역과 묘역의 관계를 비교적 선명하게 알 수 있는 것은 김천 송죽리유적이다(金權九·裵成爀·金才喆 2007). 보고서에 의하면 송죽리유적은 크게 3단계로 시기가 나뉘는데, 필자 역시 이를 대체적으로 인정하면서 세부적으로 약간의 조정을 거쳐 〈도면 1·2〉를 작성하였다. 이를 필자의 편년(이형원 2009·2010b·2011)에 대입하면, 1단계는 미사리식주거지와 미사리식토기(돌대각목문토기, 절상돌대문토기), 가락동식토기, 구순각목토기 등으로 볼 때, 전기 전반에 해당한다. 2단계는 둔산식주거지와 구순각목

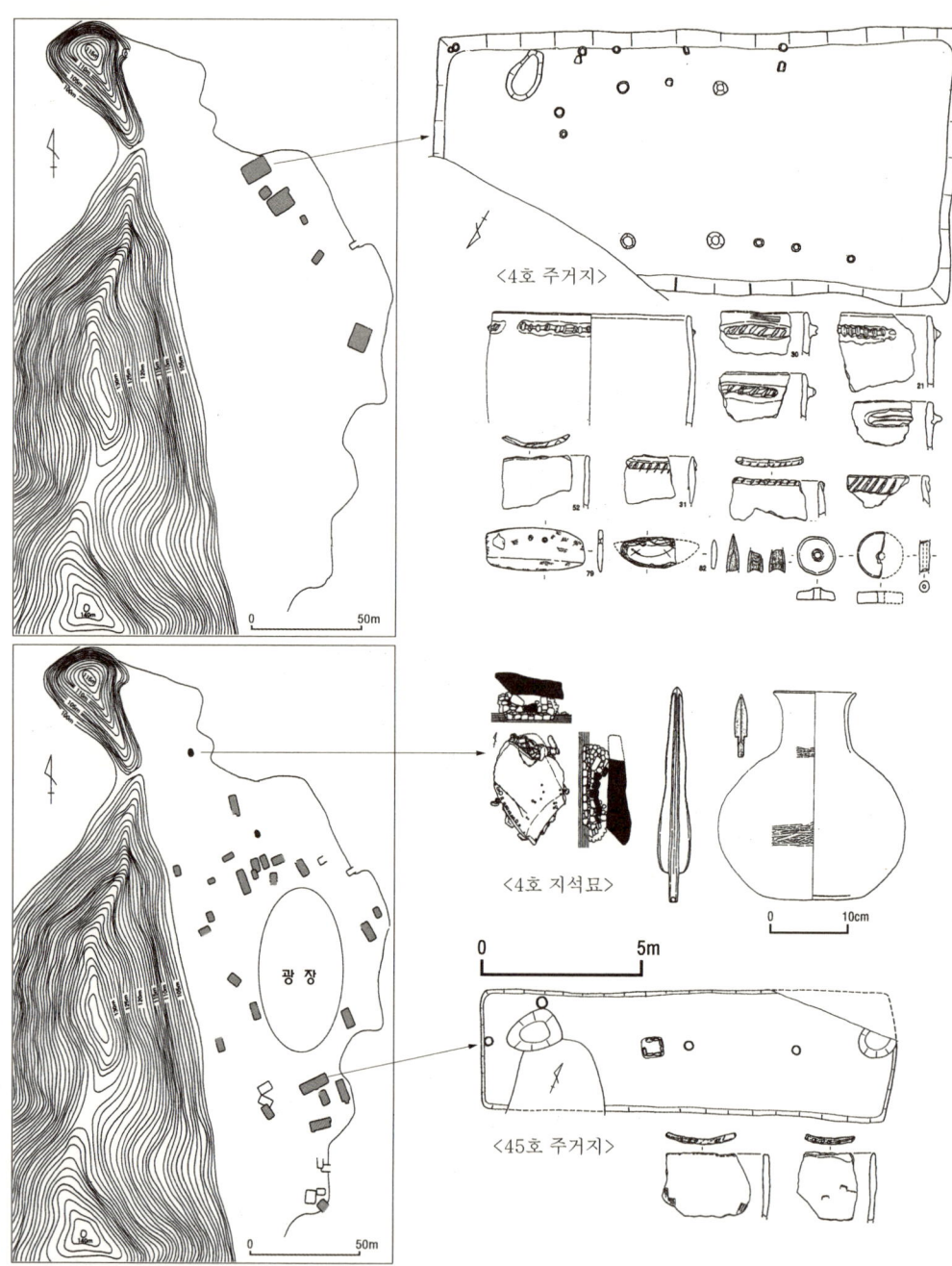

|도면 1| 김천 송죽리 전기 전반 취락(상)과 전기후반 취락(하)의 분묘공간

토기가 중심을 이루는 전기 후반이며, 3단계는 원형주거지와 유구석부 등이 확인되는 중기에 해당한다.

송죽리 1단계인 청동기시대 전기 전반은 소규모 취락으로 주거지 몇 동만으로 이루어졌다. 모두에서 언급한 바와 같이 청동기시대 조기와 전기 전반에는 무덤이 잘 확인되지 않거나, 극히 일부에 지나지 않는다는 것을 그대로 반영하고 있다(도면 1의 상).

송죽리 2단계인 청동기시대 전기 후반은 취락규모가 확대되었는데, 광장을 중심으로 주거지들이 환상으로 배치되어 있다. 이 시기의 분묘는 2기 분포하는데, 4호 및 18호 지석묘이며,[2] 4호 지석묘와 바로 인접한(1m 정도 떨어진) 곳에서는 비파형동검이 바닥에 꽂힌 채 노출되었는데, 취락을 위한 의례행위가 있었던 것으로 추정된다. 전기 후반부터 취락 내의 무덤 조성이 가시화되는 양상을 잘 보여주는 사례로서, 4호 지석묘는 주거지 가운데 가장 규모가 큰 편인 45호 주거지와 관련될 가능성이 높은데, 이 지석묘는 취락 지도자의 무덤이면서 동시에 취락을 위한 기념물로도 기능했을 것으로 추정된다. 다시 말해서, 이 시기는 청동검의 의례행위에서 볼 수 있듯이 무덤은 지도자의 매장을 위한 것이기도 하지만, 집단 전체를 위해서 조성된 것으로 보인다. 이는 취락의 상징성을 갖는 4호 지석묘가 취락의 최북단에 주거공간과 일정한 거리를 두고 배치된 점에서도 뒷받침된다(도면 1의 하).

송죽리취락의 마지막 3단계는 청동기시대 중기로서, 취락 내에 주거지와 분묘가 각각 몇 기씩 군집을 이루면서 주거공간과 분묘공간을 형성하고 있다(도면 2). 전기 후반에 비해, 분묘군의 확대와 주거군별 군집의 명확화가 눈에 띈다. 그리고 주거군과 분묘군의 세트관계가 어느 정도 간취되는 것도 특징인데, 〈도면 2〉에서는 대문자 A, B, C, D의 각 주거군과 소문자 a, b, c, d의 각 분묘군의 대응이 이에 해당한다.[3] 이 가운데 취락의 중앙부에 위치하는 주거 A군의 37호 주거지는 면적이 23.9㎡로서,

---

2 4호와 18호 지석묘에 부장된 적색마연호와 발형토기는 2단계 주거지 출토품과 같은 형식이다.
3 이는 각각의 군집이 하나의 세대공동체에 해당할 가능성이 높다. 다만, 청동기시대 중기에 속할지라도 주거 간 중복현

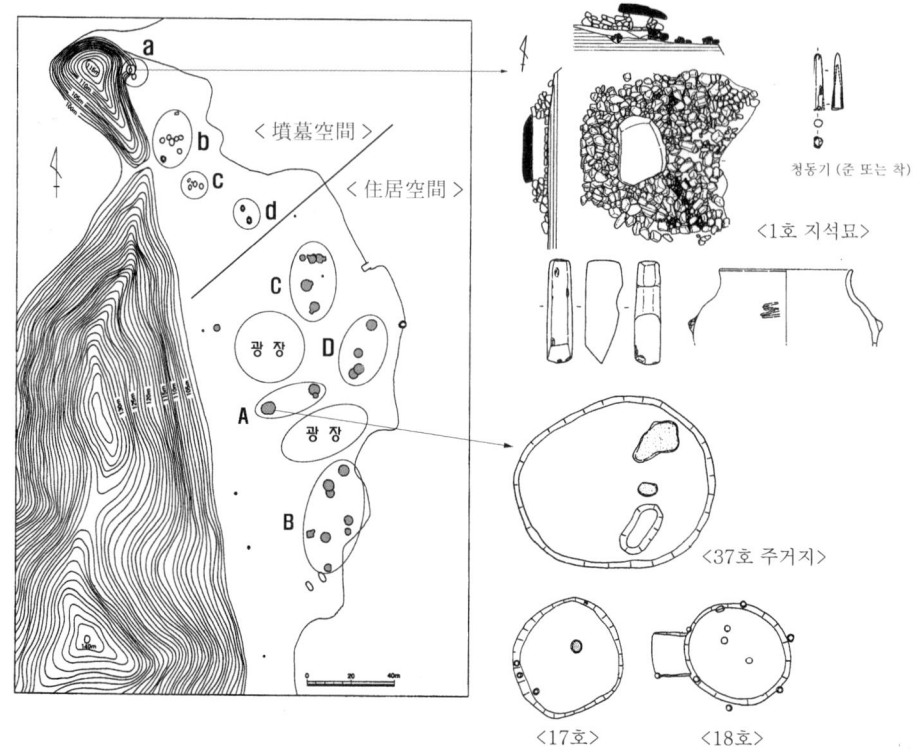

| 도면 2 | 김천 송죽리 중기 취락의 분묘공간과 주거공간의 대응관계

여타 19동의 주거지 면적이 10㎡ 전후인 점에서 큰 차이가 있다. 또한 면적 17.5㎡로 두 번째로 규모가 큰 38호 주거지도 A군에 속해 있는 점에서 볼 때, A 주거군은 취락 내에서 유력 세대공동체로 추정된다. A주거군에 대응하는 a분묘군의 1호 지석묘는 규모가 가장 크며, 여기에서 준 또는 착의 형태를 가진 청동기가 출토된 점에서도 38호 주거지와 1호 지석묘가 밀접하게 관련된 것으로 볼 수 있다. 결국 A주거군과 a분묘군은 모두 하나의 같은 세대공동체의 거주역과 분묘역으로 해석할 수 있는데, A 주거군은 취락의 중앙에 입지하면서 양 쪽의 광장을 사이에 두고 다른 주거군과 배

상을 포함한 세분된 편년에 의해 共時性에 대한 문제가 제기될 수는 있다고 본다. 그렇지만 이 경우에도 주거군과 분묘군, 또는 군집 내의 수적 대응관계는 그대로 유지될 것으로 생각되기 때문에 해석에 큰 무리는 없을 것으로 판단된다.

치되어 있는 입지적 우월성과 전술한 주거 규모의 탁월성 등에서 거주영역을 대표한다고 볼 수 있으며, a분묘군 역시 입지, 규모, 부장유물 등에서 전체 분묘군을 압도하는 것으로 생각된다. 또한 a분묘군의 1호 지석묘는 취락의 최북단에 입지하는 점에서 취락 전체를 상징하는 거석기념물로도 기능했을 가능성이 높을 것이다(李亨源 2010a).

그렇다면 전술한 바와 같이 청동기시대 중기의 송죽리 3단계취락은 주거역과 묘역의 상관관계를 구체적으로 어느 정도 수준까지 파악할 수 있을까. 주거는 20동이며, 무덤은 17기로 이 가운데 군집을 형성하지 않는 26호 주거지와 19호 지석묘를 제외하면, 주거 19동에 무덤 16기의 조합을 생각할 수 있으며, 각 군집별 대응 관계는 다음과 같다.

| 표 1 | 김천 송죽리3단계취락(중기)의 주거와 분묘의 대응관계

주거군 / 주거수	분묘군 / 분묘수	비고
A / 2	a / 2	대형주거와 분묘, 청동기 소유
B / 8	b / 8	주거지 중복 1례
C / 5	c / 4	주거지 중복 1례
D / 4	d / 2	주거지 중복 1례
기타 비군집 1동(26호)	기타 비군집 1기(19호)	
총 4군 20동	총 4군 17기	

단순하게 생각하면 주거 1동에 1명 정도씩[4] 무덤에 매장된 것으로 볼 수 있을 것인데, 주거지 사이에 중복된 사례가 3군데 있는 것을 감안하면 주거 17동과 분묘 17기로 정확히 1:1로 대응하게 된다. 이를 있는 그대로 받아들이면 개별 세대(가족)의 구성원 가운데 한 명만 무덤에 묻힌 것으로 해석할 수도 있을 것이다. 물론 몇 가지 전제가 필요하다. 먼저, 취락의 공간적 범위에서 주거역과 묘역의 전체가 발굴되었

---

4 수치상으로는 1(주거) : 0.84(무덤)의 비율을 갖는다.

으며, 모든 무덤은 한 사람만을 위한 것이었고, 이와 더불어 주거와 분묘가 서로 어느 정도의 시간적 선후관계를 가지면서 축조되었겠지만, 취락이 지속적으로 영위되었다는 것도 전제로 해야 한다. 이와 같은 전제는 대체로 인정할 만한 것으로 별 문제는 없다고 생각한다. 그렇지만, 모든 주거의 거주인 가운데 한 사람만이 무덤에 묻혔다고 볼만한 근거를 찾기는 쉽지 않다. 또한 생계경제와 관련하여 집단이 회귀적 이동을 한다면, 하나의 개별 세대는 유적에서 확인되는 주거지 1동만이 아니라, 2-3동의 주거지를 남겼을 가능성도 있다. 설령 회귀적 이동을 하지 않는다고 하더라도 화재를 비롯한 여러 가지 이유로 하나의 세대를 한 동의 주거에만 국한시키는 것에는 주의를 요한다. 이렇게 볼 경우, 세대당 2인 매장을 상정할 수 있다. 이 외에도 청동기시대 조기와 전기에 무덤이 잘 보이지 않는 현상은 물론이거니와 중기단계의 모든 사람들이 무덤에 매장된 것은 아니라는 점은 대체로 인정할 수 있다. 그것은 사회조직이 복잡하고 위계화된 집단이라면 더욱 그러할 것인데, 계층에 따라서 무덤에 묻히는 사람과 그렇지 않은 사람들로 구분될 수 있을 것이다. 이 관점에서 보면 주거와 분묘의 상관관계는 분묘가 주거에 비해 상대적으로 적게 나타날 것인데, 뒤에서 다룰 부여 송국리취락이나 보령 관창리취락의 분묘공간이 이를 잘 보여주고 있다.

어쨌든 김천 송죽리유적의 중기취락은 주거역과 분묘역의 관계를 검토하는 데 매우 중요한 자료임에는 틀림없으며, 현재로서는 주거군과 분묘군이 일대일로 대응하는 것으로 해석될 여지가 많다고 생각한다. 다만 그 내면의 구체적인 실상에 근접하기 위해서는 더 많은 취락과 비교하면서 여기에 민족지자료를 참고하여 연구를 진전시켜야 할 것이다.

2. 시기별 분묘공간 조성의 다양성

1) 조기

미사리식토기, 즉 돌대각목문토기가 주체를 이루는 시기의 무덤이 발굴된 예는 아직 없다.

2) 전기

돌대문토기와 더불어 가락동식토기, 흔암리식토기, 역삼동식토기가 성행한 시기로, 전기전반보다 전기후반의 취락에서 분묘공간이 확인되는 예가 늘어나고 있는 상황이다.

전기전반의 취락에서 분묘와 주거지가 함께 발굴된 유적으로는 홍천 외삼포리유적이 있다(도면 3). 여기에서는 돌대문토기와 절상돌대문토기, 이중구연거치문토기, 그리고 이단병식마제석검,[5] 삼각만입석촉이 공반되는 전기전반의 주거지(3·5호)와 세장방형주거지에서 공렬토기와 이단경식석촉이 출토되는 전기후반의 주거지(1·2·4호)와 더불어 삼각만입석촉이 1점 부장된 할석형 석관묘 1기가 확인되었다. 주거지와 무덤에서 나온 석촉을 비교해보면, 석관묘는 전기전반의 주거지와 관련될 가능성이 높다.[6] 이러한 편년안이 타당하다면 홍천 외삼포리 1단계 취락은 주거지 2동(3호 및 5호)과 석관묘 1기로 구성된 취락구조를 보인다. 분묘와 주거가 근접해 있는 것이 특징이다.

제천 능강리유적은 주거지 3동과 지석묘 2기로 이루어졌다(도면 5). 3동의 주거지와 1호 지석묘가 같은 지역에 위치하며 2호 지석묘만 150여 미터 떨어진 곳에 자리잡고 있다. 복수의 위석식노지, 단사선문이 시문된 가락동식토기, 삼각만입석촉 등

---

5 필자는 조기와 전기를 구분하는 기준 가운데 토기와 함께 마제석검의 존재를 중시한다.
6 홍천 외삼포리유적의 보고자는 석관묘를 전기후반의 공렬토기 출토 주거지와 연결시키고 있다. 필자 역시 청동기시대 전기에서 중기에 걸치는 분묘의 전개양상을 고려할 때, 수긍할만하다고 생각하지만, 석촉의 유사성과 5호 주거지의 마제석검을 함께 볼 때, 전기전반으로 귀속시켜도 별 무리는 없다고 본다.

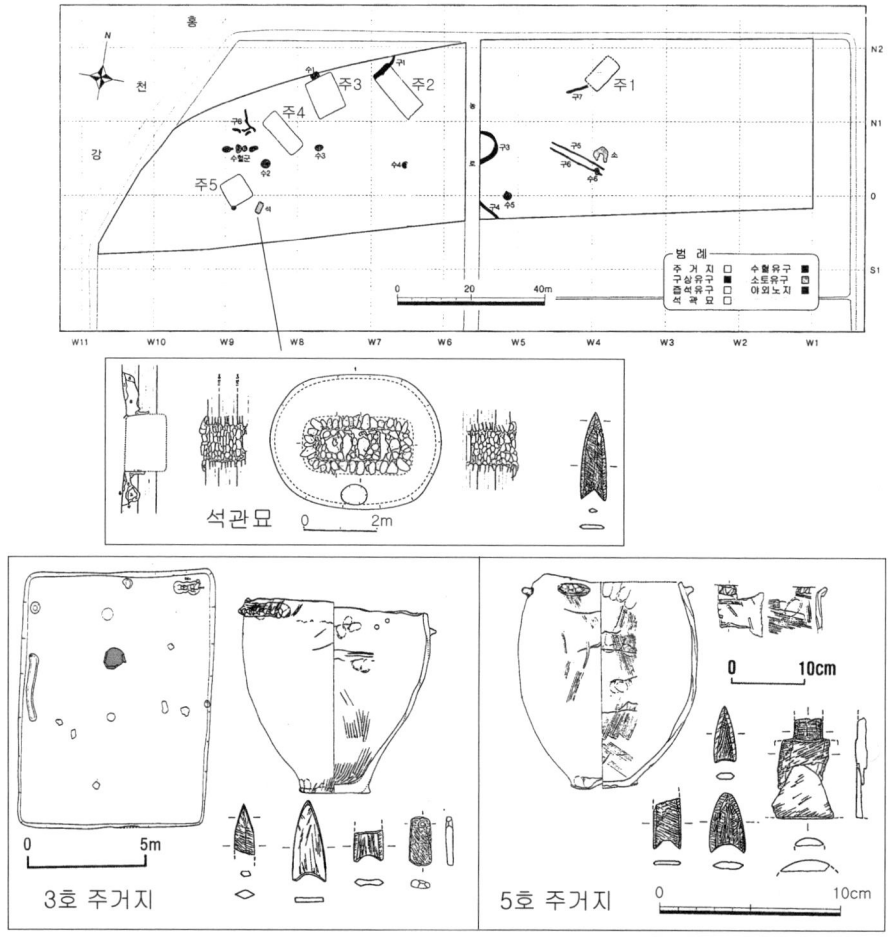

| 도면 3 | 전기(중부) 홍천 외삼포리취락의 분묘공간

으로 보아 전기전반에 해당한다.[7] 분묘공간, 즉 1호 지석묘가 주거역과 근접한 동일 공간에 분포하는 양상은 위의 홍천 외삼포리유적과 닮았다. 자료가 너무 적어 단언하기는 힘들지만 외삼포리취락이 홍천강변의 평지에, 능강리취락이 구릉부에 조영

---

7 이 유적은 필자의 가락동유형 Ⅱ기에 해당하는 전기중엽으로 편년되는데, 이 글에서는 남한 전역의 양상을 폭넓게 검토하기 위해 편의상 기존의 중부지역 전기전엽(가락동유형 Ⅰ기, 역삼동·흔암리유형 Ⅰ기)과 중엽(가락동 Ⅱ기, 역삼동·흔암리유형 Ⅱ기)을 전기전반으로, 전기후엽(가락동유형 Ⅲ기, 역삼동·흔암리유형 Ⅲ기)을 전기후반으로 2분하여 사용한다.

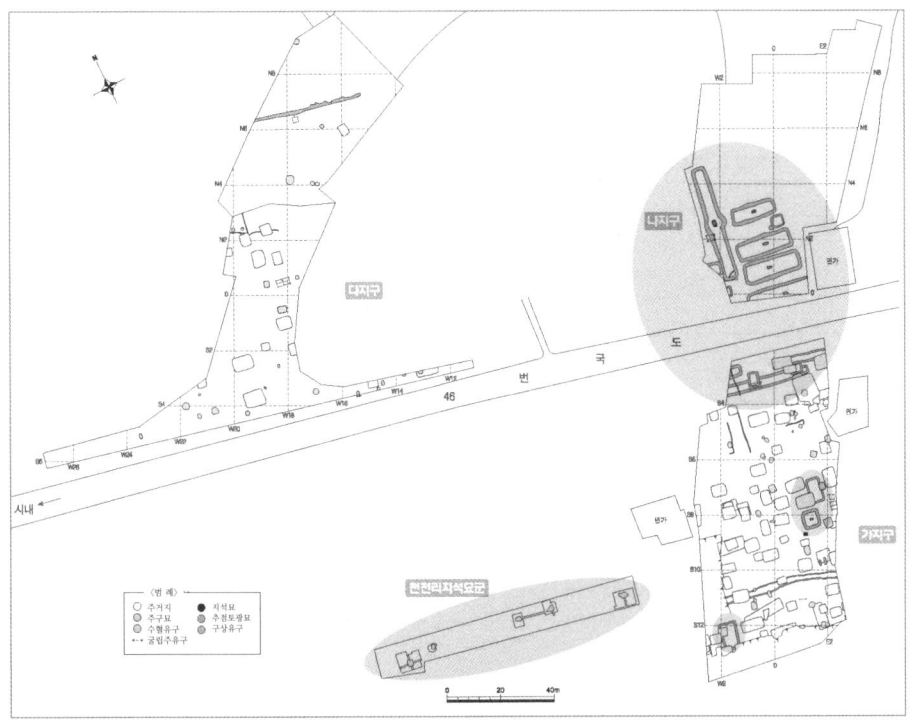

| 도면 4 | 전기-중기(중부) 춘천 천전리취락의 분묘공간

된 차이가 있음에도 불구하고 서로 유사한 취락구조를 보이는 것은 어쩌면 시간성이 반영된 결과일지도 모르겠다.

전기후반의 유적에서 분묘공간과 주거공간의 관계를 살필 수 있는 유적은 대전 신대동(도면 5)을 비롯해서 청원 황탄리, 연기 송원리유적 등을 들 수 있다. 신대동과 황탄리취락은 주거역과 묘역이 서로 100여 미터 정도 거리를 두고 떨어져 있다. 송원리취락은 몇 개의 능선을 포함하는 넓은 범위에 전기전반에서 후반에 걸치는 주거지 56동과 중기의 송국리식주거지 2동, 그리고 지석묘 2기가 분포한다(도면 6). 지석묘 2기는 조금씩 이동된 이유에서인지 매장주체부는 불분명하지만, 이 지석묘들이 확인된 1지구의 구릉지역은 주거지가 전혀 분포하지 않는 점에서 볼 때, 분묘공간으로 조성된 것이 분명하다. 집단을 대표하는 권위자의 무덤이자 취락을 상징하는 영역 표시 기능을 가진 것으로 추정된다. 논쟁의 여지가 있지만 이 시기의 생업

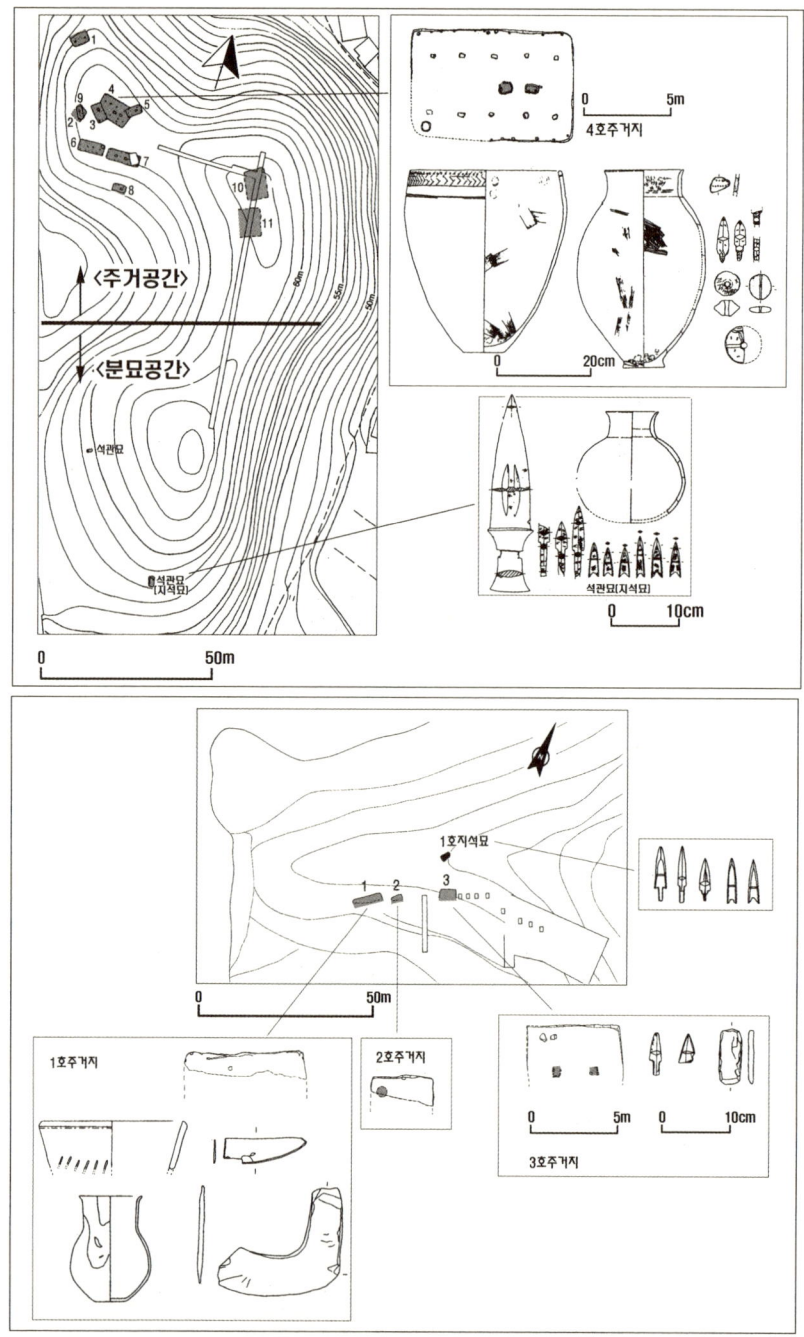

| 도면 5 | 전기(호서) 대전 신대동취락과 제천 능강리취락의 분묘공간

경제를 이동성이 강한 화전농경으로 볼 경우, 일정한 기간을 주기로 집단의 전체 또는 일부가 주거영역을 옮겨다니면서 다시 본거지로 회귀하는 패턴이 반복적으로 이루어질 것이다. 이 때 타집단에 대한 배타적 점유권을 확보하기 위해서는 그 집단의 영역을 나타내는 상징물이자 기념물이 필요할 것이다. 송원리 취락의 영역 표시를 이 2기의 지석묘가 담당했을 것이다. 지석묘가 자리 잡은 곳은 주변이 잘 조

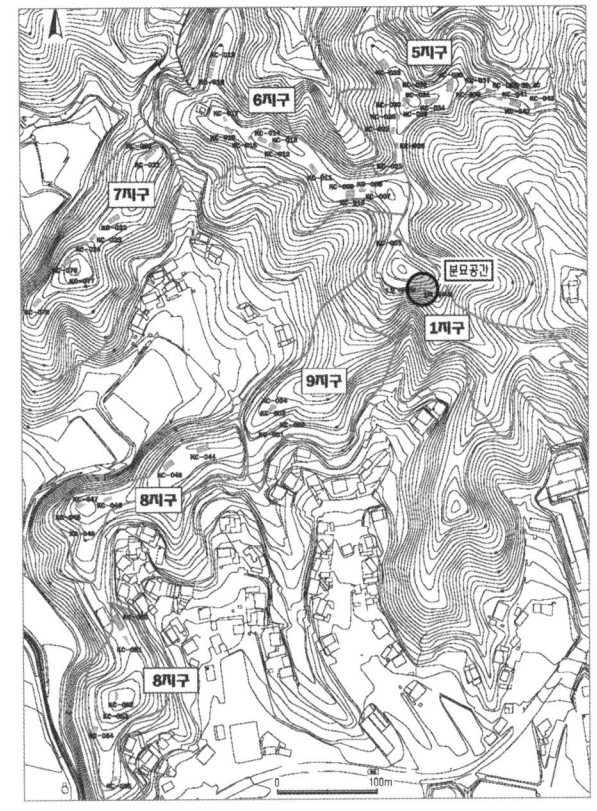

| 도면 6 | 전기(호서) 연기 송원리취락의 분묘공간

망되며, 또한 주변에서 잘 보이는 장소이고, 구릉 능선에 선상으로 배치된 주거공간의 중간 부분에 해당한다. 이와 같은 정황을 고려하면 분묘공간을 기준으로 삼아 주거공간이 순차적으로 조영되고 폐기되었을 것이며, 지석묘에 매장된 자는 송원리집단을 최초로 이끌었던 지도자와 관련되거나 또는 송원리지역을 주생활 무대로 삼고자 했던 시점의 지도자의 무덤에 해당할 것이다.

청동기시대 전기의 무덤이 간헐적으로 발굴되고 있는 상황이지만, 전체적으로 볼 때 분묘공간의 조성이 매우 미약하다. 전술한 바와 같이 이 시기의 농경이 논농사보다는 화전이나 밭농사 중심으로 이루어졌을 경우 당시 취락 단위의 이동은 매우 빈번했을 것이다. 이는 토지활용방식과 농경기술의 수준과 밀접한 관련이 있을 것

인데, 무엇보다 화전농경의 지력소모로 인한 휴경기간이 가장 큰 문제였을 것이다. 이는 단위 취락(집단)의 동일지역에 대한 정주도를 떨어뜨리는 요인으로 작용했을 것이며, 이것이 대부분의 전기 취락에 분묘공간이 조성되지 않은 이유로 생각된다.

3) 중기

송국리유형의 물질문화가 유행하는 시기, 또는 그와 병행하는 단계가 되면 취락 내에 분묘공간이 활발하게 조영되는데, 이를 지역별로 살펴보기로 한다.

① 중부지역

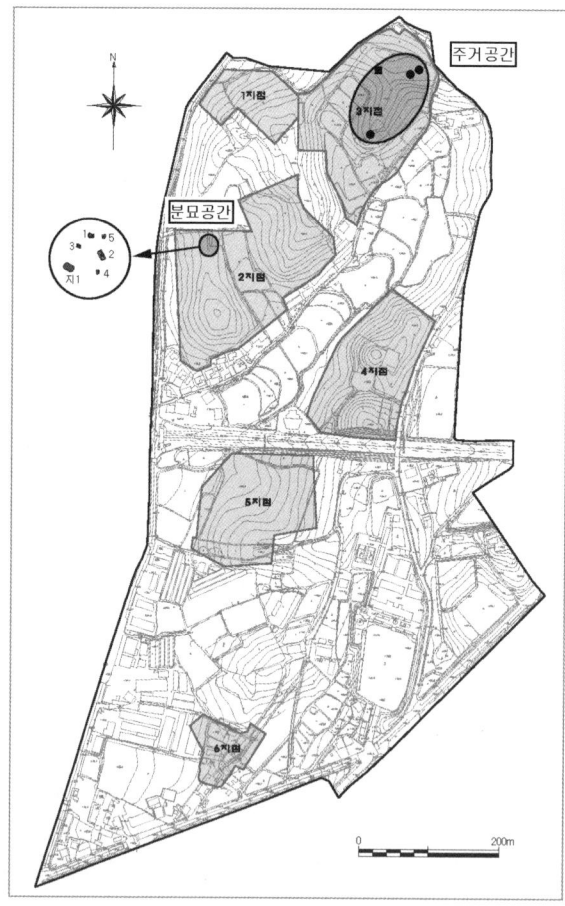

| 도면 7 | 중기(중부) 안성 만정리취락의 분묘공간

중부지역의 춘천 천전리 유적에서는 주구묘가 전기 후반부터 중기의 이른 시기에 걸쳐 묘역을 형성하였으며, 주구묘 이후에는 지석묘군이 그 묘역을 대신하게 된다(도면 4). 평지에 주거공간과 분묘공간이 근접해 있지만 서로 분리되어 군집을 이루고 있는 양상이다. 이와 달리 낮은 구릉부에 입지한 안성 만정리 신기취락은 묘역과 주거역이 250여 미터 이격되어 있는 점에서 차이가 난다(도면 7).

② 호서지역

　호서지역의 분묘공간은 구릉지역에서 확인된 것이 주류를 이룬다. 서천 오석리유적이나 공주 산의리유적과 같이 구릉 정상부에 조영된 묘역과 여기에서 각각 20여 미터와 70여 미터 거리를 두고 주거역이 위치한다(도면 8). 두 유적 모두 분묘공간은 환상을 띤다. 오석리유적에 대해서는 동시기성을 배제하더라도 주거지 13동에 비해 무덤의 수가 25기로 훨씬 많은 점을 고려하여 오석리집단을 묘지의 관리와 장송의례를 담당하는 墓祀集團으로 해석한 견해(安在晧 2004)도 있지만, 주거 1동에 2사람씩 무덤에 매장된다고 생각하면 무덤과의 대응관계는 별 무리가 없다고 볼 수 있으며, 현재 밝혀진 오석리유적의 범위가 당시 취락의 전모를 보여주는 지도 검토가 필요하다. 이와 같이 주거공간과 분묘공간이 분리된 양상은 계곡부를 사이에 두고 상당히 멀리 떨어진 지점에 배치된 경우도 있는데, 대전 대정동유적과 서천 이사리·월기리유적이 그러하다. 대규모 발굴조사를 통해서만 확인 가능한 예로서, 대정동취락이 주거역과 묘역간 이격 거리가 300여 미터이며, 이사리·월기리취락은 600여 미터에 달한다(도면 9).

　부여 나복리유적은 약간 다른 양상이다. 200여 미터 거리의 구릉 남쪽과 북쪽 지점 2개소에 분묘공간이 존재하고, 그 사이에 2개의 주거군이 서로 50여 미터 정도 떨어져 분포하고 있다. 이는 나복리취락이 2개의 집단으로 구성되어 있으며, 취락 전체 영역의 가장자리에 묘역을 만들어 경계를 나타낸 것으로 이해된다.

　보령 관창리유적과 부여 송국리유적은 여러 연구자들에 의해 청동기시대의 중심취락으로 언급되고 있는 유적이다. 두 유적의 분묘공간은 주거공간에 비해 그 규모가 현저히 작은 것이 특징이다. 관창리취락의 195동 주거지에 대응하여 14기로만 구성된 분묘역이 형성되었다는 것은 아무래도 특정 계층만이 취락의 공동묘지에 매장되었다는 것을 보여주는 것으로 보아도 좋지 않을까 한다(도면 10). 송국리취락의 분묘공간 역시 관창리의 경우와 같은 관점에서 해석할 수 있을 것이다. 관창리와 달리 취락의 전체 양상을 파악하기 어려운 것이 한계일 수밖에 없으나, 동검묘를 비롯

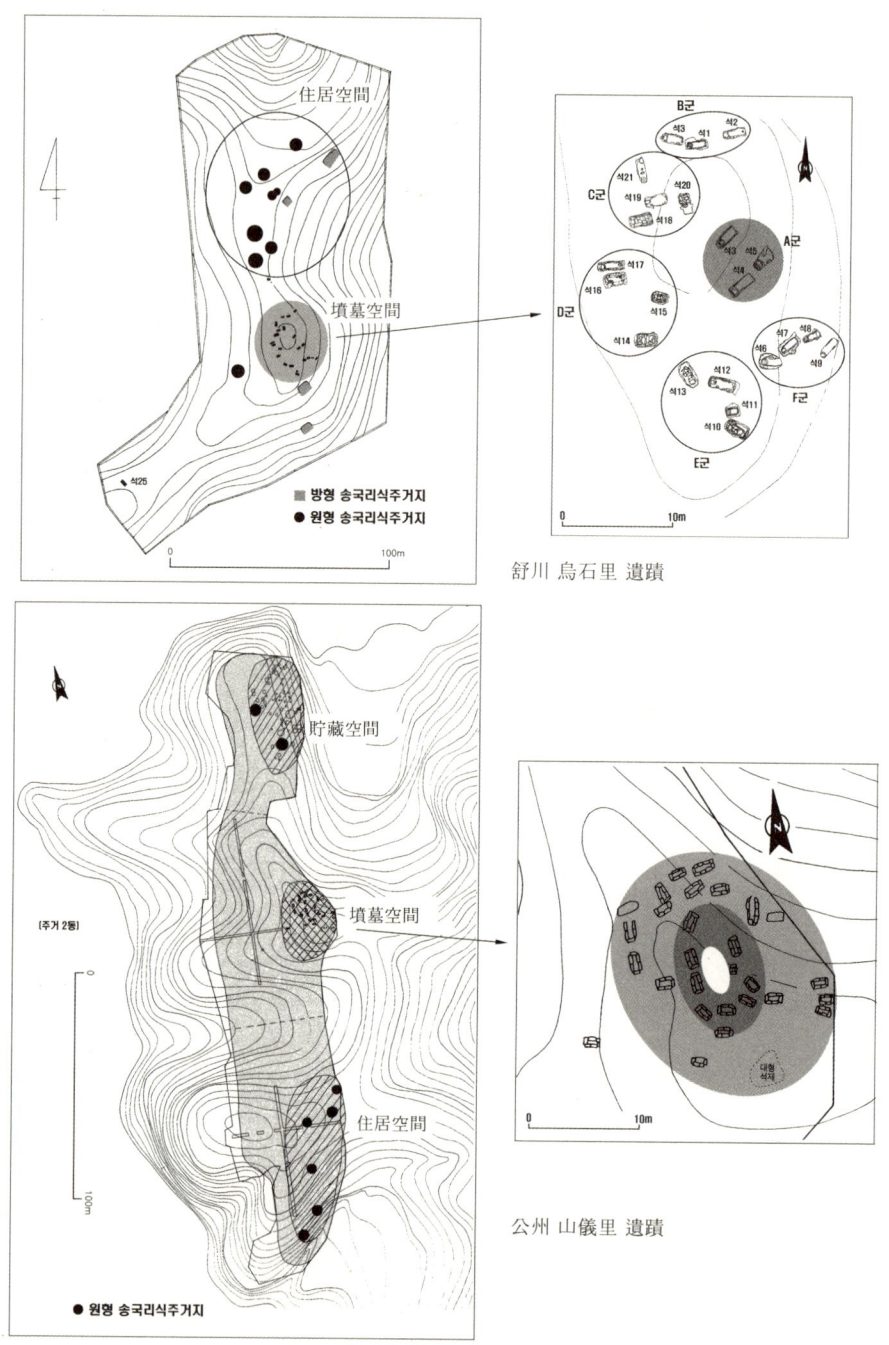

| 도면 8 | 중기(호서) 공주 산의리취락과 서천 오석리취락의 분묘공간

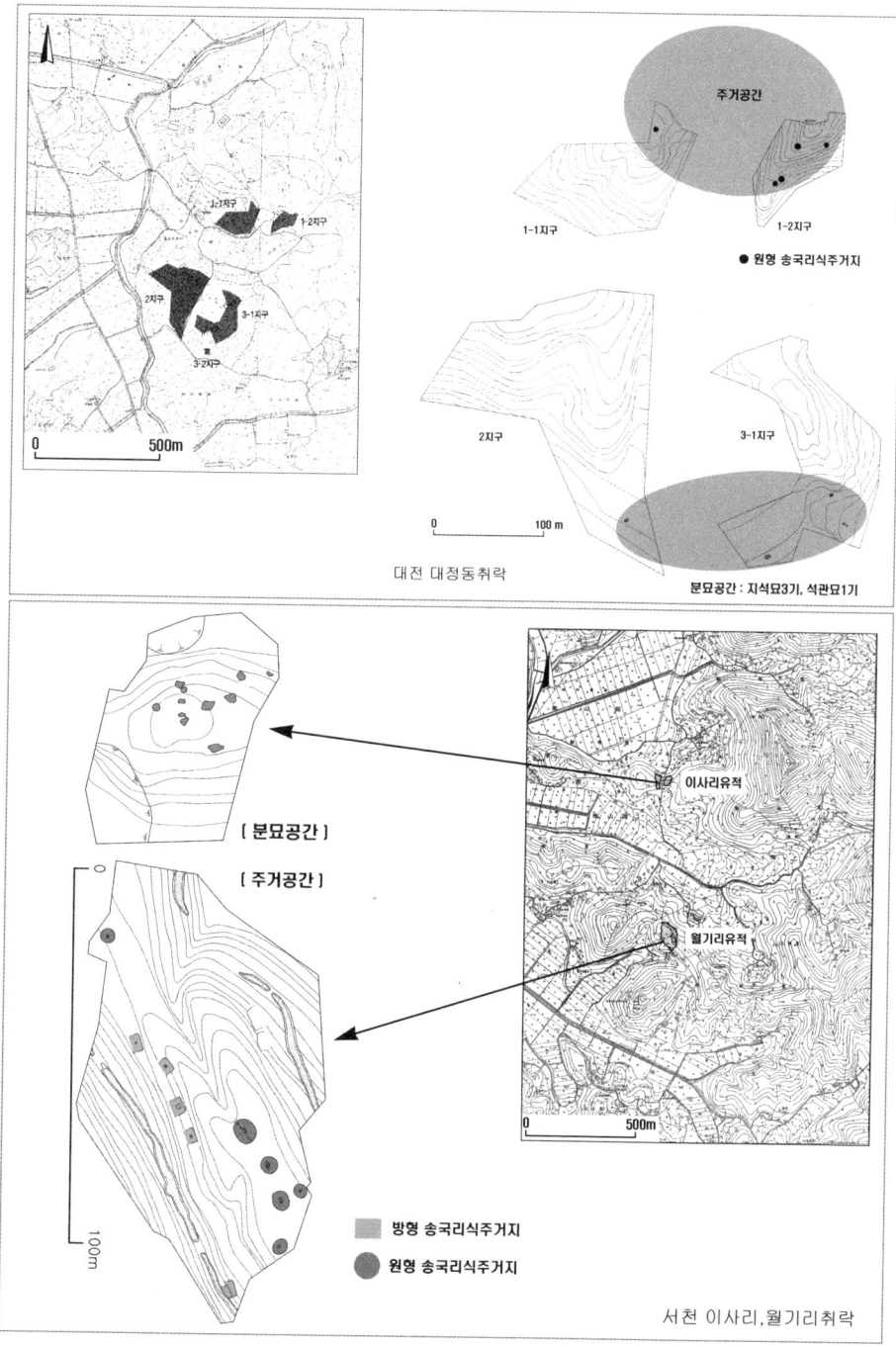

| 도면 9 | 중기(호서) 대전 대정동취락과 서천 이사리·월기리취락의 분묘공간

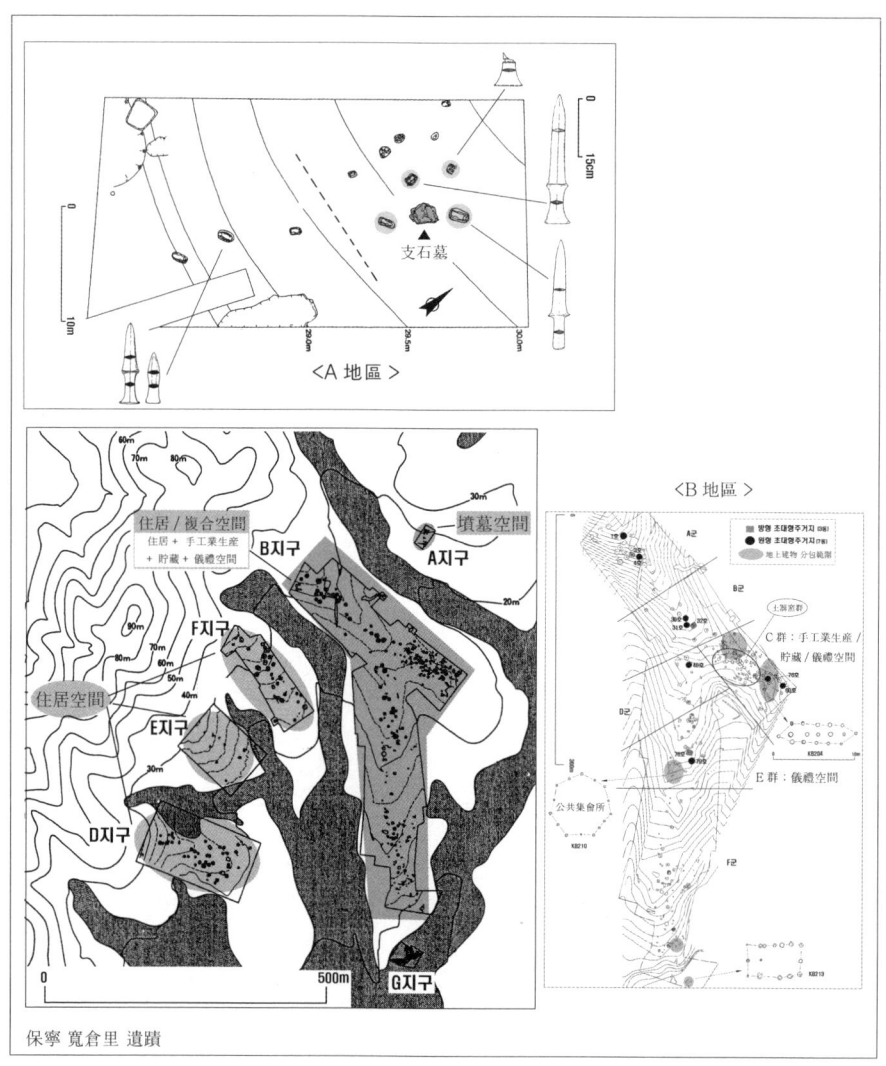

| 도면 10 | 중기(호서) 보령 관창리취락의 분묘공간

하여 모두 7기[8]의 무덤이 확인된 52지구의 분묘군을 상위계층을 위한 매장영역으로 추정하는 데에 무리는 없다고 생각한다. 관창리 분묘공간과의 차이는 최상위의 무덤에 청동기와 장신구류, 석제 무기 등 풍부한 부장품이 존재한다는 점이다(도면 11).

---

8 이중구연단사선문이 시문된 가락동식토기가 출토되어 전기 무덤으로 판단되는 5호 석관묘는 제외한 수치다.

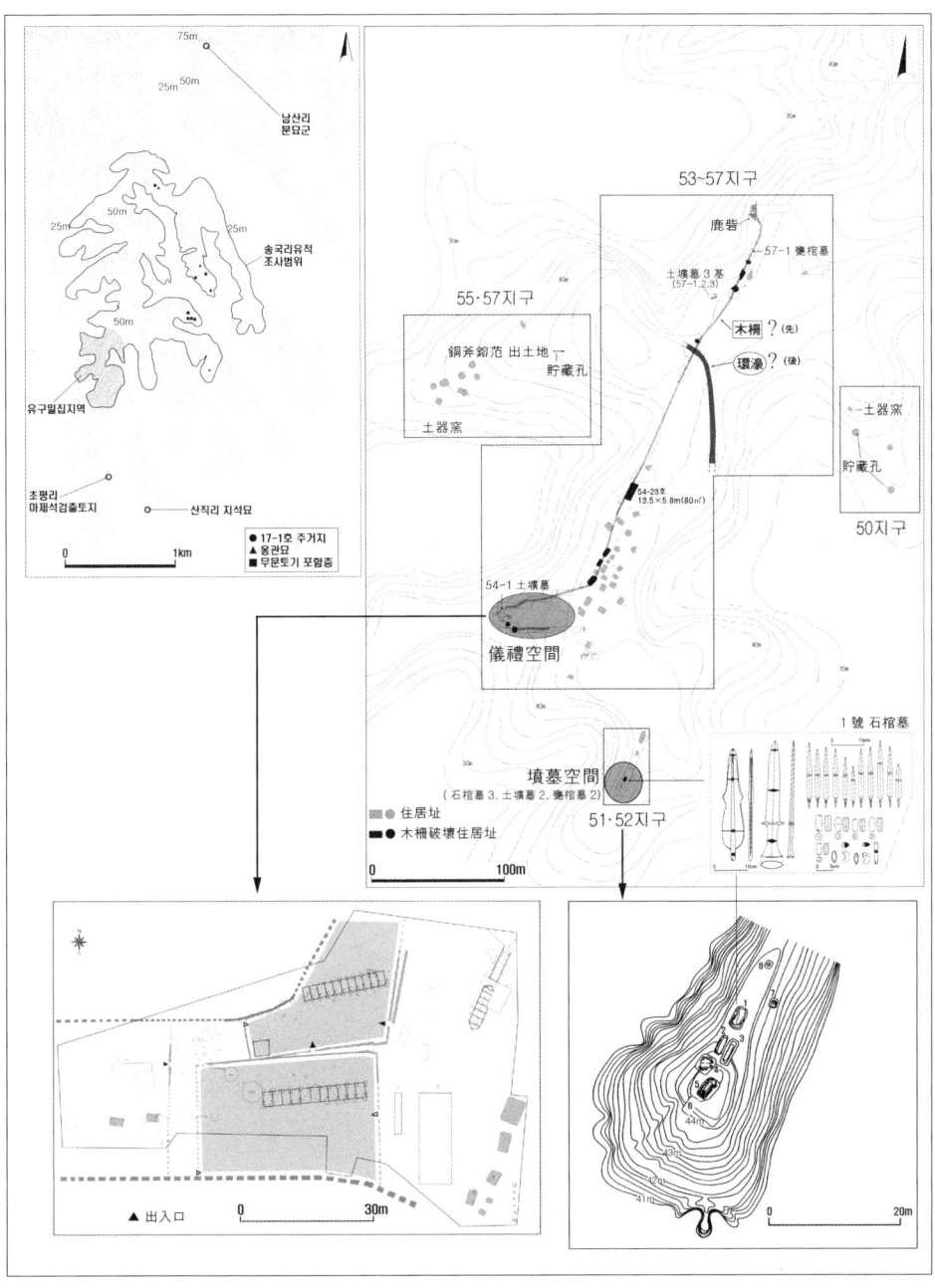

| 도면 11 | 중기(호서) 부여 송국리취락의 분묘공간

③ 영남지역

　소규모 취락은 진주 안간리유적과 같이 구릉 사면에 분묘공간과 주거공간이 혼재하는 예가 있는데, 주거 1동과 무덤 1기, 또는 주거 2동과 무덤 2기씩 세트 관계를 보이면서 일대일로 대응되는 것 같다(도면 12). 양산 소토리유적은 묘역이 구릉 정상부에 자리 잡고 있으며 주거역이 사면부에 배치된 양상이다(도면 13).[9] 최종규(2005)는 묘지와 거주지와의 조합을 일체형과 분리형으로 대별하고, 소토리와 같은 경우를 墓地高位所在型으로 보았다. 필자는 이 양자의 관계를 혼재형과 분리형으로 나누어 주거지와 분묘가 특정 공간에 집중하지 않는 것과 분리되는 것으로 파악하고자 한다. 이를 적용하면 안간리는 혼재형에 소토리는 분리형에 해당한다.

　대구 동천동유적과 청도 진라리유적은 비교적 많은 수의 주거지가 발굴된 반면에 무덤의 수는 상대적으로 훨씬 적다(도면 14 및 도면 15). 두 취락의 무덤은 주거역의 가장자리에서 약간 떨어진 곳에 축조된 점에서 취락의 범위를 설정해주는 것으로도 보이는 한편, 묘역의 전모가 드러났는지에 대해서는 의문이 남는다. 동천동취락은 주거공간과 경작지 사이에 분묘공간이 조영된 것으로도 볼 수 있는데, 비슷한 예는 진주 대평리취락에서도 확인할 수 있다.

　환호취락으로 저명한 울산 검단리유적은 지석묘2기와 석관묘1기 등 무덤은 3기만 확인되었으며, 보고자는 환호가 폐기된 이후의 검단리3단계로 파악하였다. 다만 환호축조 이전부터 묘역이 조성되기 시작했을 것으로 추정하여 현재 발굴된 무덤들이 있는 곳을 분묘공간의 동쪽 경계로 이해하고 있다. 구릉 사면의 상부에 주거역이 있고 최하단부에 묘역이 분포하는 양상이다(도면 16). 분묘역으로 예상되는 미발굴 서쪽지역에 어느 정도의 무덤이 더 존재할지 알 수는 없지만, 주거지와 무덤의 수적 관계는 현격한 차이가 난다. 지금까지 울산지역에서 확인된 청동기시대 무덤의 조사 현황을 감안하면(李秀鴻 2007; 黃昌漢 2010), 검단리취락에 대규모 분묘군이 존재한

9　중복관계로 볼 때, 정상부에 주거지가 먼저 조성되기 시작한 것으로 보이지만 무덤이 들어서면서부터 완전히 묘역으로 바뀌었다.

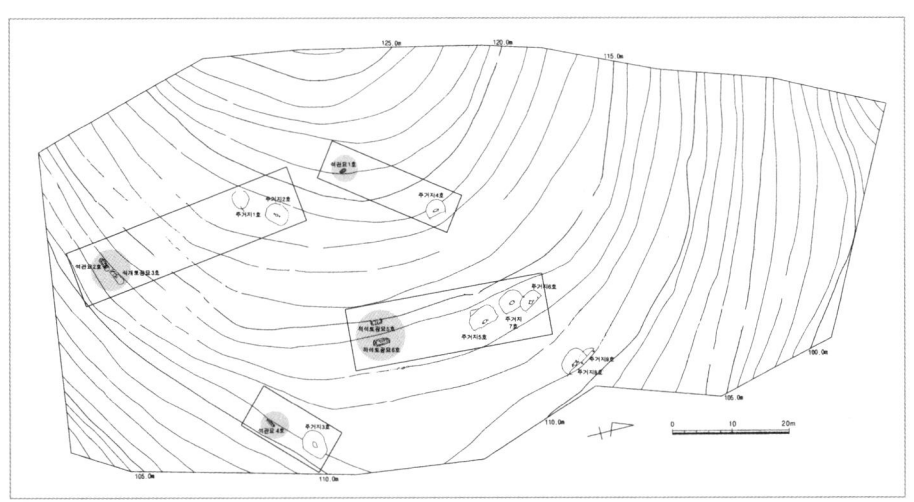

| 도면 12 | 중기(영남) 진주 안간리취락의 분묘공간

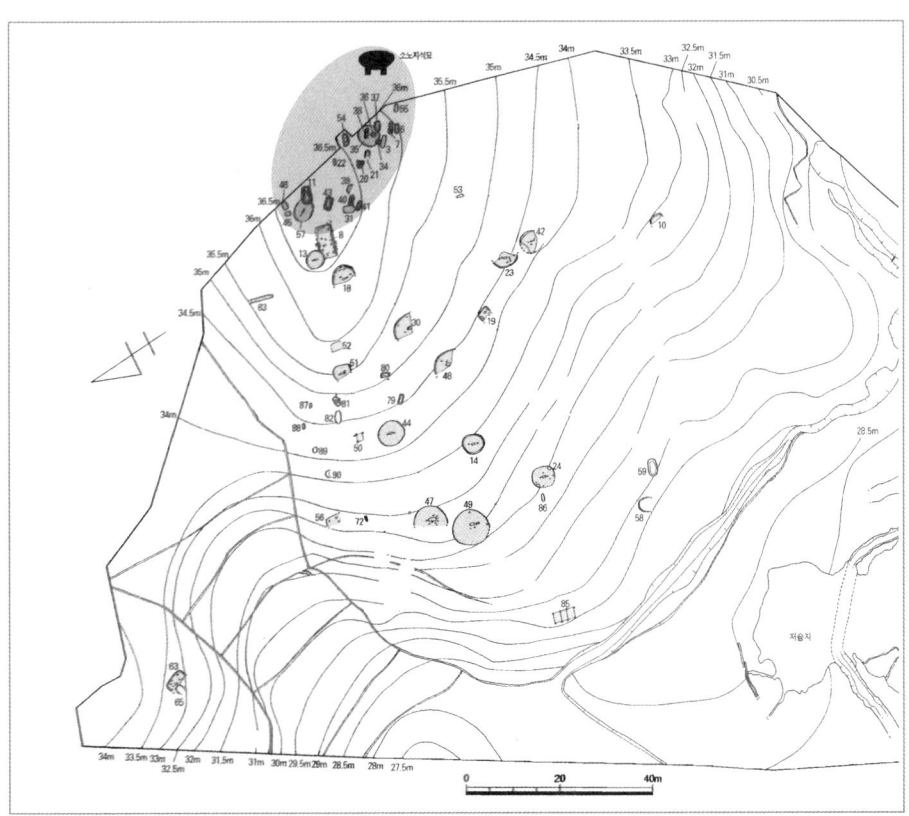

| 도면 13 | 중기(영남) 양산 소토리취락의 분묘공간

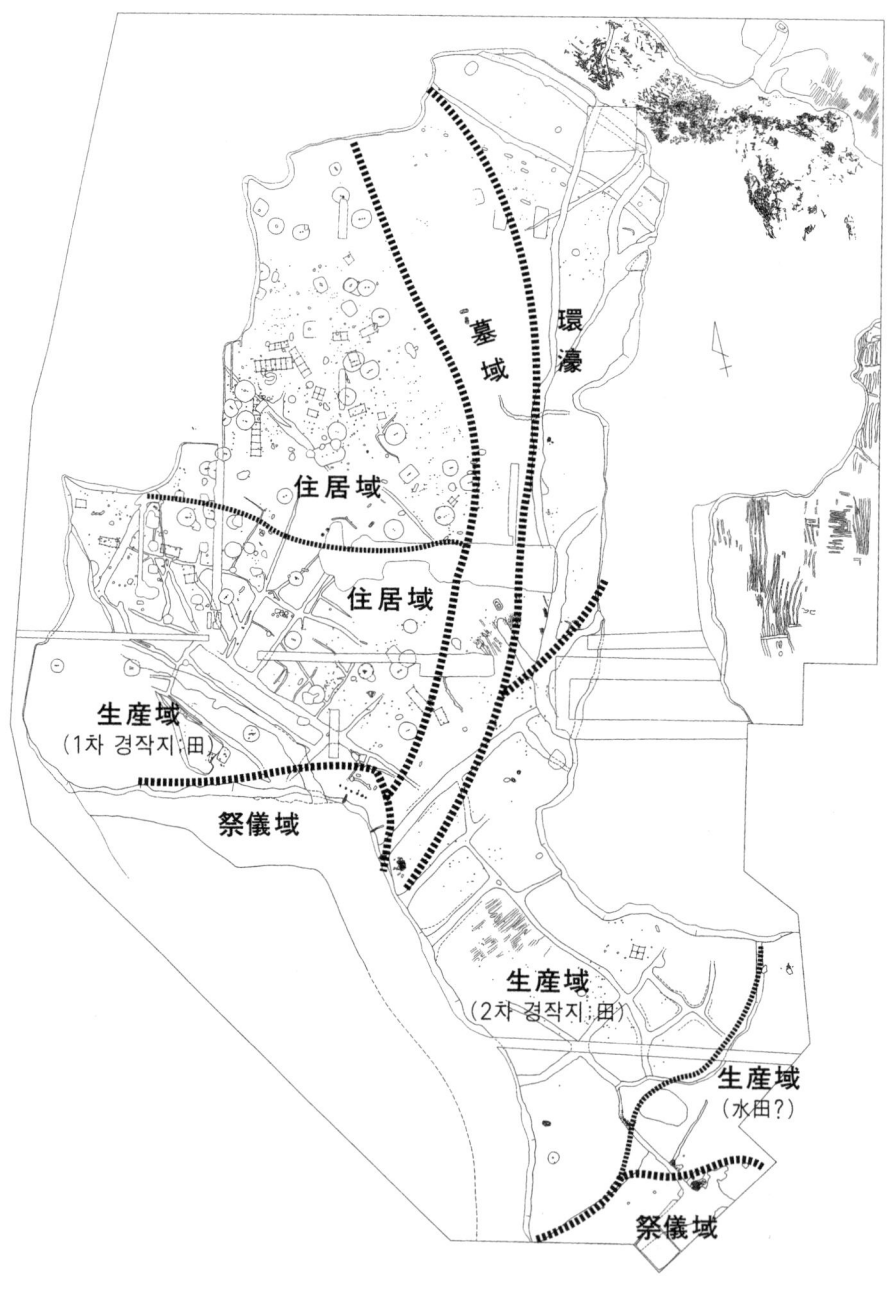

| 도면 14 | 중기(영남) 대구 동천동취락의 분묘공간

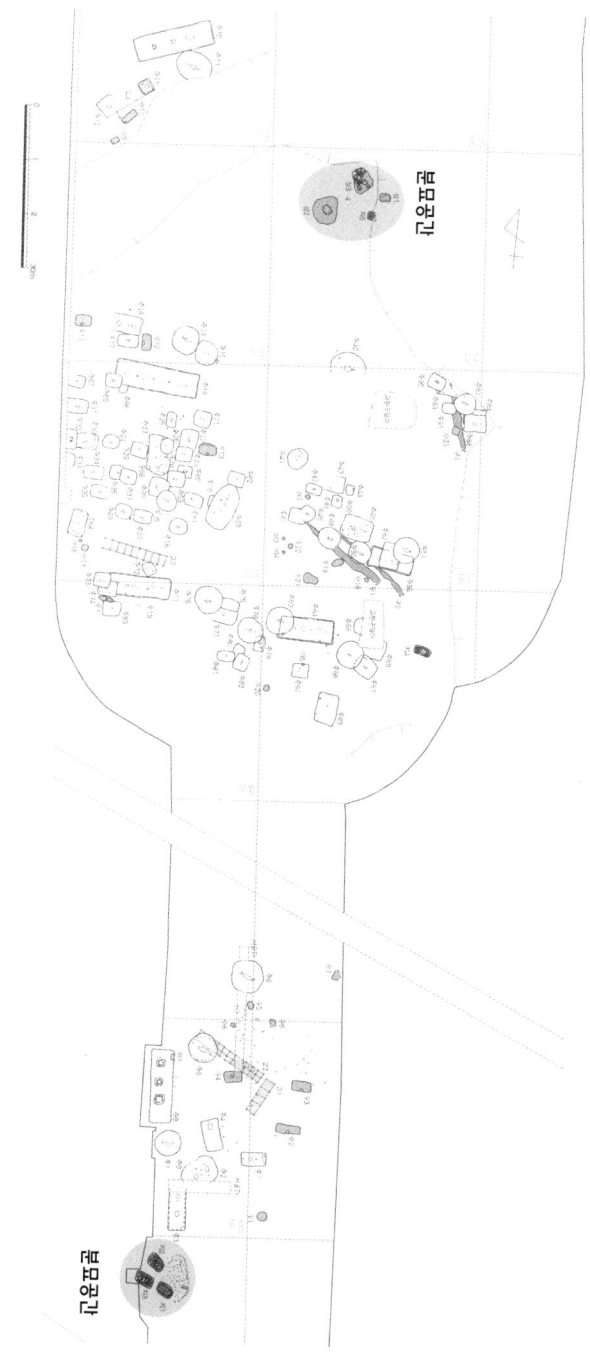

| 도면 15 | 중기(영남) 청도 진라리취락의 분묘공간

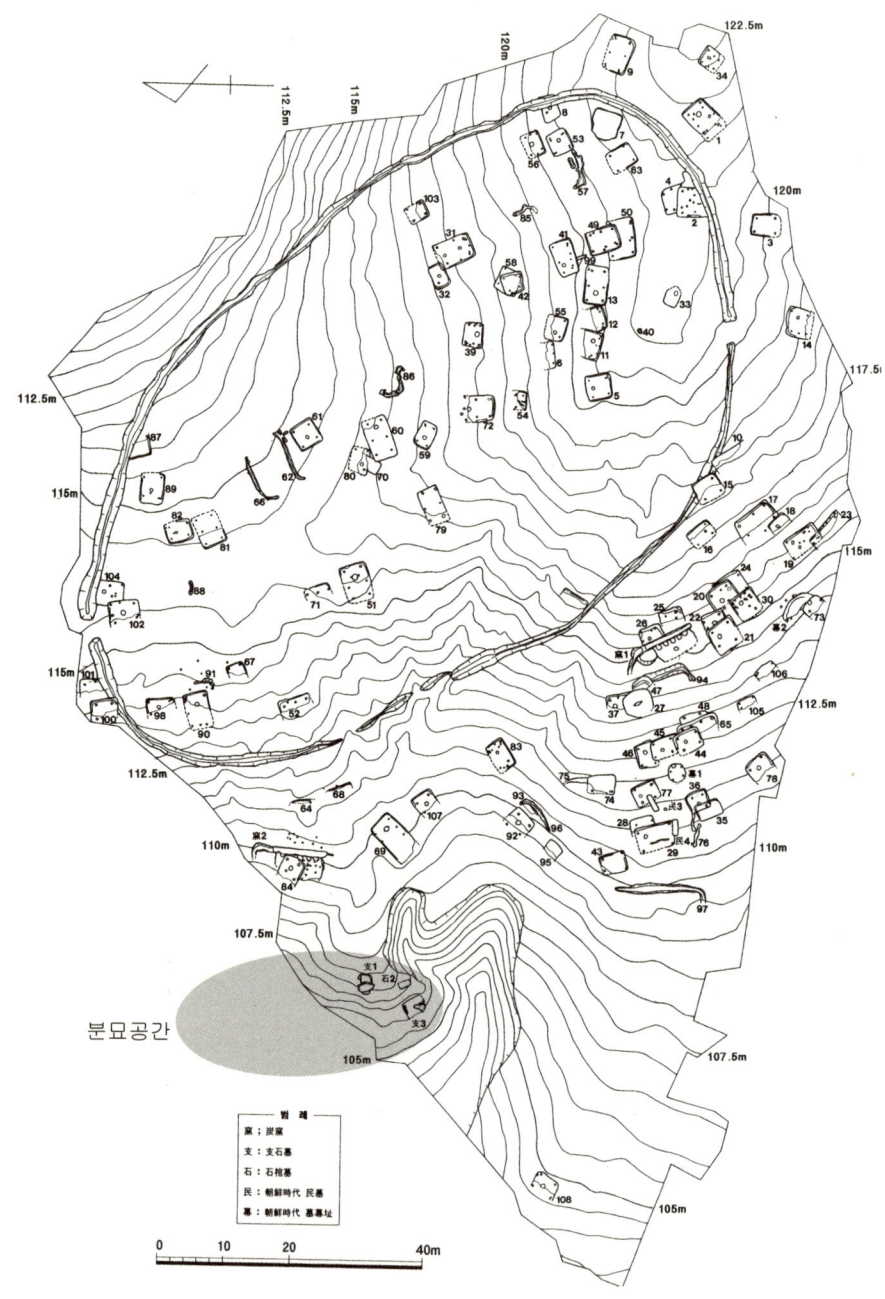

| 도면 16 | 전기말-중기(영남) 울산 검단리취락의 분묘공간

다는 것을 상정하기는 어려울 것으로 생각된다. 울산지역은 다른 지역에 비하면, 가시적인 무덤 축조에 소극적이었거나[10] 아니면 사회적으로 분묘가 조성되기에는 적합하지 않은 환경이었을지도 모르겠다.

영남지역 최대 규모의 발굴유적 가운데 하나인 진주 대평리유적은 취락구조와 관련하여 최근 전체적으로 검토된 연구성과가 발표되었는데(고민정 2010), 여러 가지 유익한 정보를 제공해 주고 있다. 이에 따르면 분묘공간이 주거역과 농업생산지를 구분하는 구간에 축조된 점에서 경계의 역할뿐만 아니라 농경의례와도 관련된다고 하며, 환호의 내부에 중심묘역을 조성한 것도 하나의 특징으로 파악하고 있다(도면 17). 그런데 묘역을 환호의 안쪽에 두었다는 것은 검토의 여지가 있다고 생각한다. 다른 환호취락에서 이러한 예가 보고된 바도 없거니와 일부에서 확인되는 중복관계나 공간분포상의 정황을 보면, 분묘는 환호의 밖에 배치되거나 또는 환호와 관계없다고 보는 것이 좀 더 설득력이 있지 않을까 한다.

대규모 묘역이 주거역과 함께 확인된 유적은 사천 이금동취락과 김해 율하리취락이 대표적이다. 이금동취락은 대형 의례공간을 사이에 두고 분묘공간과 주거공간이 배치된 구조로서, 취락은 중기가 중심이지만 전기후반부터 조성되기 시작했다(도면 18). 보고자는 주거역에서 보이는 3개의 군집 양상과 묘역의 3열구조가 서로 관련될 가능성을 타진하였는데[11](崔鍾圭 2003), 필자 역시 긍정적인 생각을 가지고 있다. 다만 이금동취락이 존속한 전기간을 감안하더라도 주거지 24동(장방형5, 원형19)에 74기의 분묘는 잘 어울리지 않는다. 주거역이 더 확대될 가능성과 함께 복수의 취락(주거역)에 대응하는 묘역일 가능성이 높다. 율하리취락도 무덤 106기와 주거지 51동이 발굴되었으며 전기후반의 유구 몇 기를 제외하면 대부분 중기로 편년된다(도면 19·20). 취락의 구조는 이금동과 다른 양상을 띠는데, 최대규모의 묘역이 조영된 A지구에 75기의 무덤이 밀집되어 있으며, D지구는 주거지만 17기, B지구는 주거지13+무

---
10 風葬이나 水葬 등 고고학적으로 확인이 어려운 경우도 상정할 수는 있을 것이다.
11 청동기시대 묘역에서 가장 흔하게 보이는 형태는 列狀構造와 環狀구조이다.

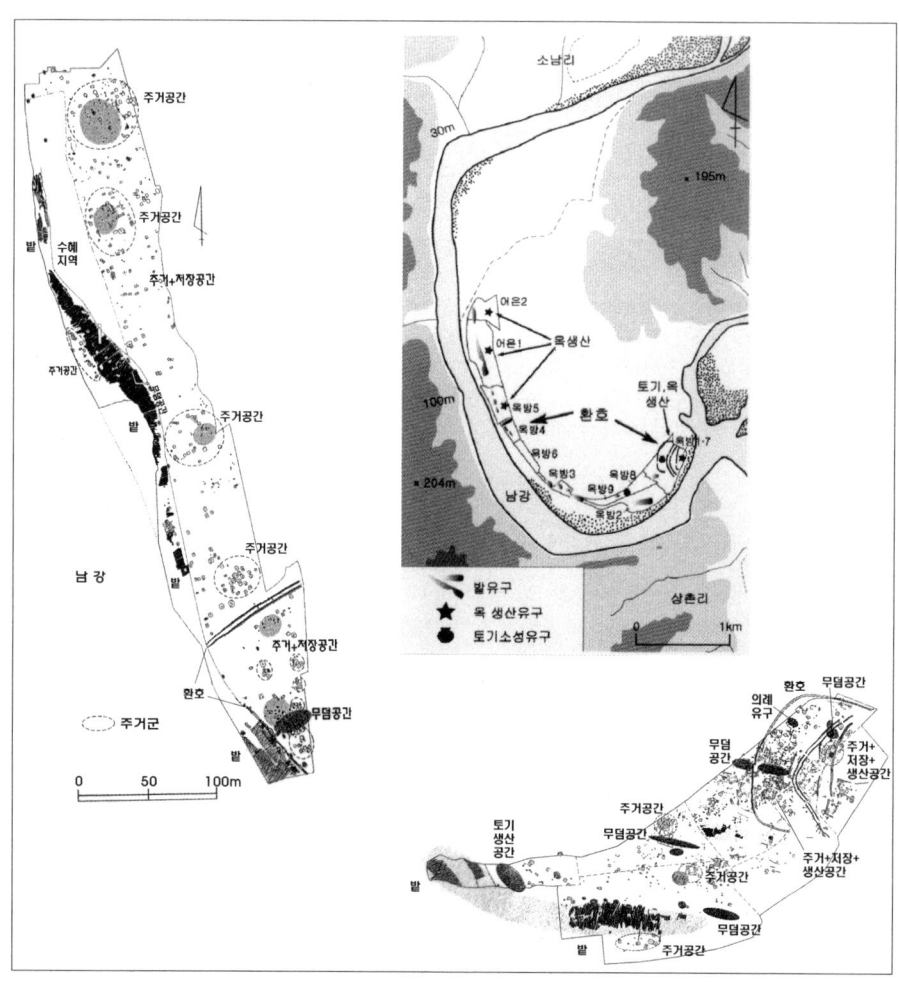

| 도면 17 | 중기(영남) 진주 대평리취락의 분묘공간(고민정 2010 수정편집)

덤 18기, C지구는 주거지8기+무덤6기, E지구는 주거지10기+무덤6기로 구성되어 있다. B·C·E지구 각각의 구역은 대략 주거와 무덤의 대응 비율이 어울리는 듯 보이는 것에 비해서 A지구와 관계될 만한 주거공간은 분명하지 않다. D지구를 포함하여 미발굴 지역에 몇 개소의 주거역이 분포할 개연성이 높으며, 이 각각의 주거역들은 하나의 단위 취락에 해당할 것으로 생각한다. 그리고 A지구의 분묘공간은 다시 4-5개의 소군으로 나뉘는데, 이것이 단위 취락들과 대응되는 것으로 보인다. 한편, A1

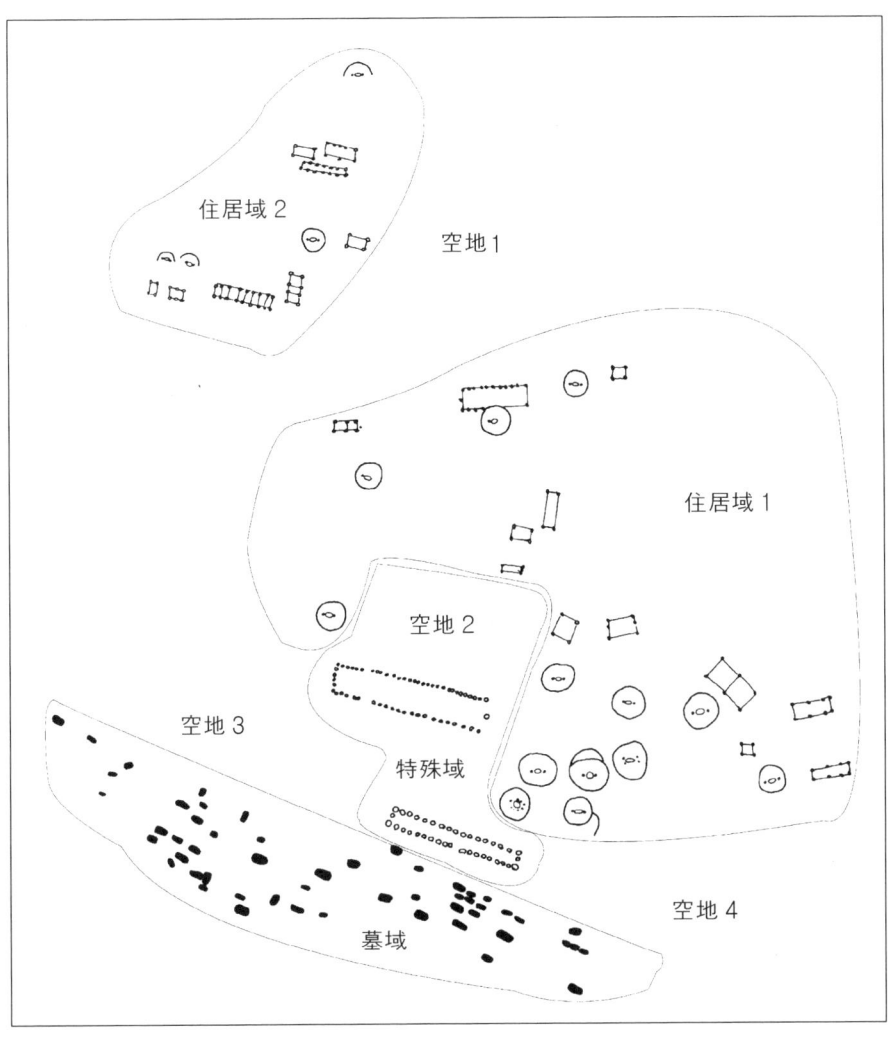

| 도면 18 | 중기(영남) 사천 이금동취락의 분묘공간(慶南考古學硏究所 2003)

지구 남단에 있는 A1-1호 지상건물지는 보고자가 지적한 바와 같이 분묘공간에 인접한 곳에 배치된 의례공간으로 추정되는데, 전술한 사천 이금동이나 부여 송국리 취락의 예와 유사하다.

분묘역과 주거역의 관계는 영남지역의 중심취락인 이금동이나 율하리의 경우 공동체 성원의 다수가 무덤에 매장된 반면에, 관창리나 송국리와 같은 호서지역의 중

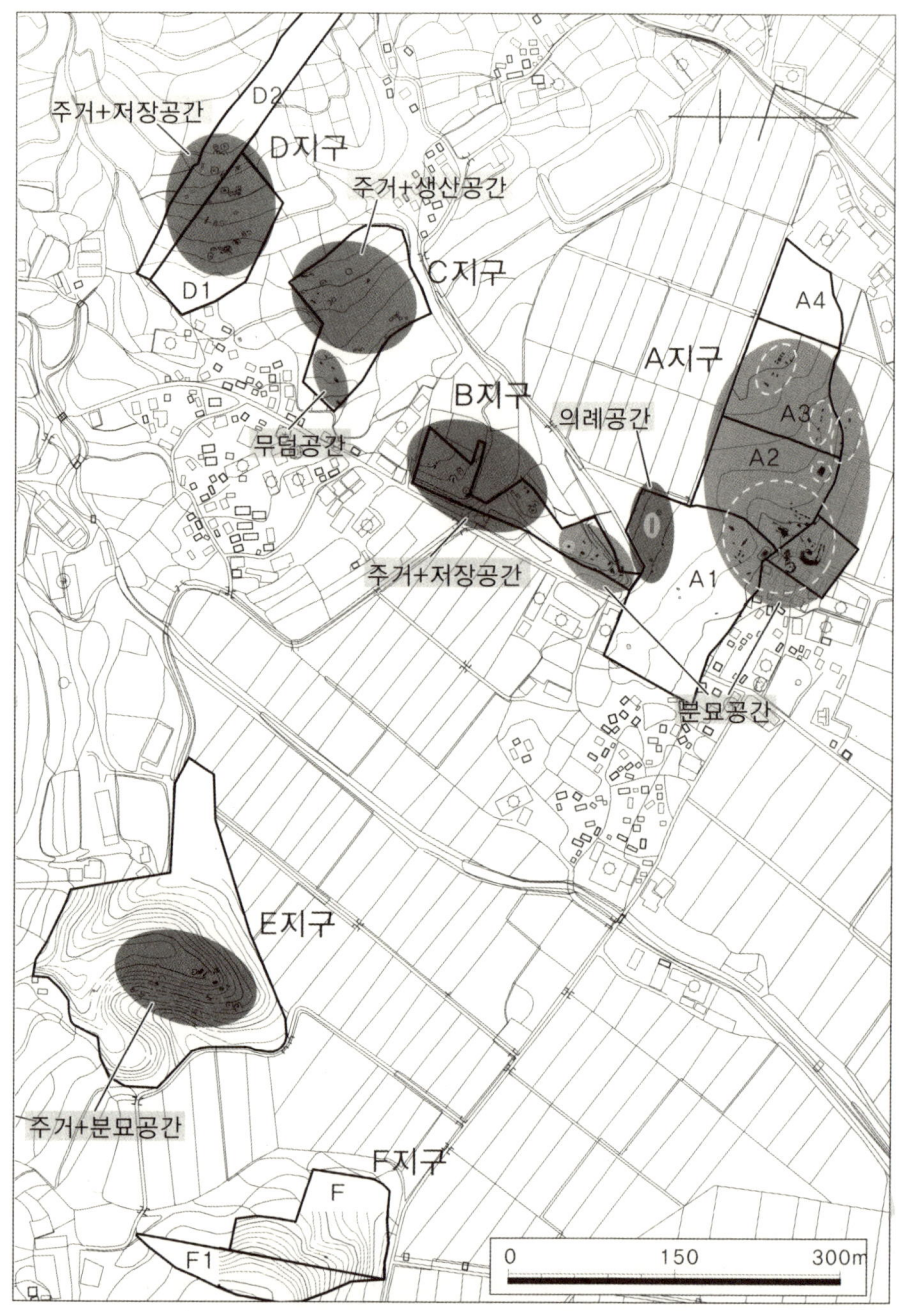

|도면 19| 중기(영남) 김해 율하리취락의 분묘공간

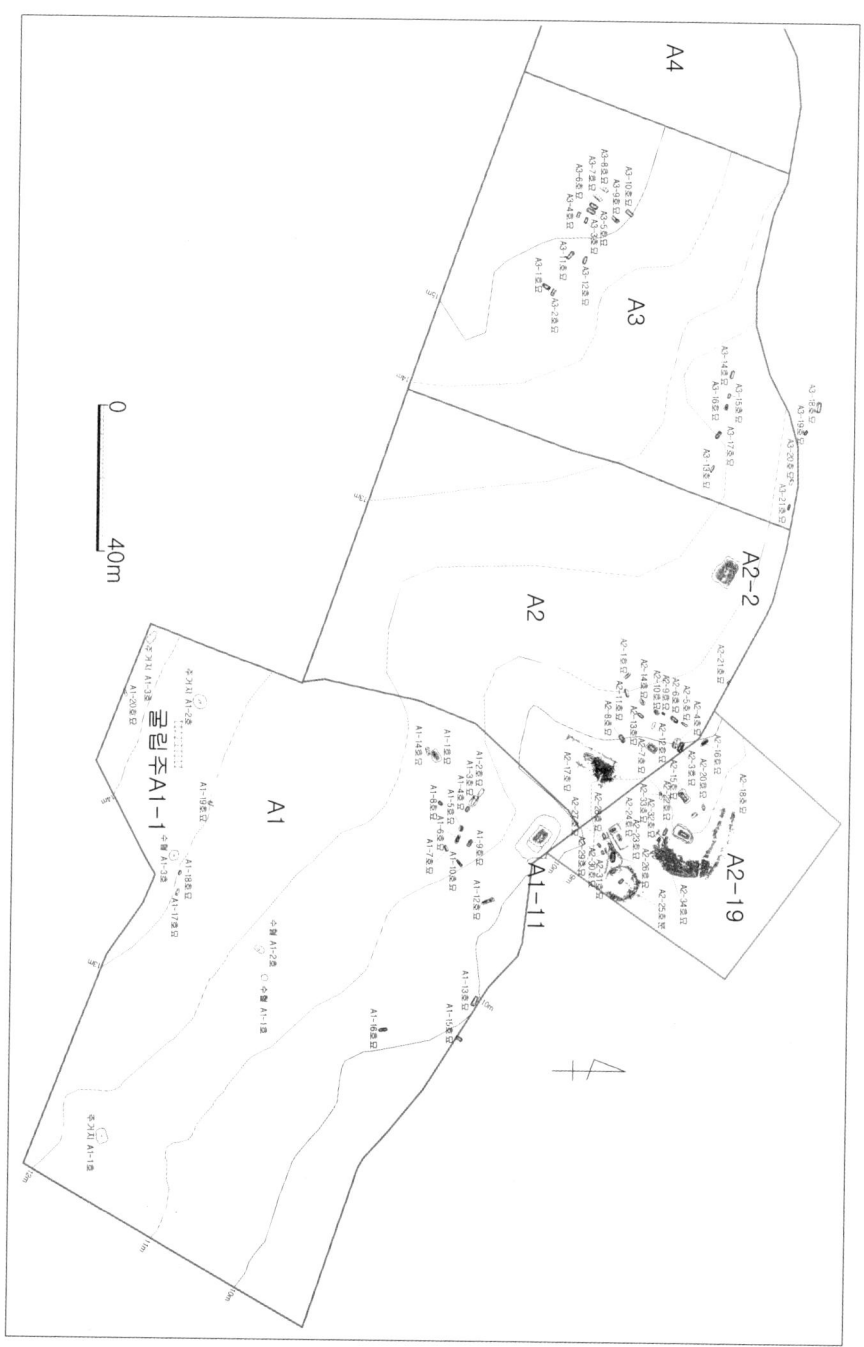

| 도면 20 | 김해 율하리취락의 A지구 분묘공간

심취락에서는 상위계층에 해당하는 특정 부류의 사람들만을 위해 제한적인 공간에 묘역을 조영한 것으로 추정된다. 후술할 호남지역의 대규모 분묘공간도 비슷한 관점에서 바라볼 필요가 있을 것이다. 이러한 현상이 나타나게 된 것은 지역별로 또는 취락별로 사회조직을 운영하는 원리가 다르게 작용된 결과가 반영되었기 때문일 것이다.

④ 호남지역

한반도에서 지석묘가 가장 많이 분포하는 호남지역은 그 동안 많은 발굴조사가 이루어졌음에도 불구하고 분묘공간과 주거공간의 관계를 살펴볼 수 있는 양호한 취락유적이 거의 없었다고해도 과언이 아니다. 다행히 장흥 갈두유적과 신풍유적의 조사성과를 통해서 그 해결의 실마리가 찾아지기 시작하는 것 같다. 갈두취락은 크게 3구역으로 나누어 볼 수 있는데, 중심부에 가장 규모가 큰 갈두西취락이 있고 그 양쪽으로 갈두東취락과 송정취락이 분포한다(도면 21). 갈두서취락은 지석묘 61기, 주거지 34동이 발굴되었지만, 미발굴지역을 포함하면 그 수는 더 늘어날 수 있다. 묘역과 주거역의 규모뿐만이 아니라, 개별 주거지 가운데 면적 48.9㎡(갈두가지구 13호)와 33.2㎡(갈두지석묘가군 9호)에 달하는 대형 주거지는 이 갈두서취락에만 분포한다. 이 갈두취락은 원형점토대토기 또는 삼각무경촉이 출토되는 주거지와 지석묘가 존재하는 점에서 청동기시대 후기까지 존속한 것으로 판단된다. 장흥 신풍취락은 갈두취락의 앞에서 탐진강과 만나는 유치천을 따라 동북쪽으로 3km 정도 떨어진 곳에 위치한다. 여기에서는 주거지 51동과 지석묘 34기가 발굴되었으며, 주거역의 북서쪽에 또 다른 지석묘군이 보고된 것을 고려하면 분묘역과 주거역은 거의 일대일로 대응할 가능성도 열어 놓을 필요가 있을 것이다(도면 22).

한편, 지석묘 최대 밀집지역이면서 청동기 출토 수량 역시 최다인 여수반도지역은 분묘공간의 양상이 밝혀지고 있지만 주거역에 대한 정보는 거의 알 수 없는 실정이다. 대규모 묘역 주변에서 기껏해야 주거지 몇 동만 확인되는 정도에 지나지 않는

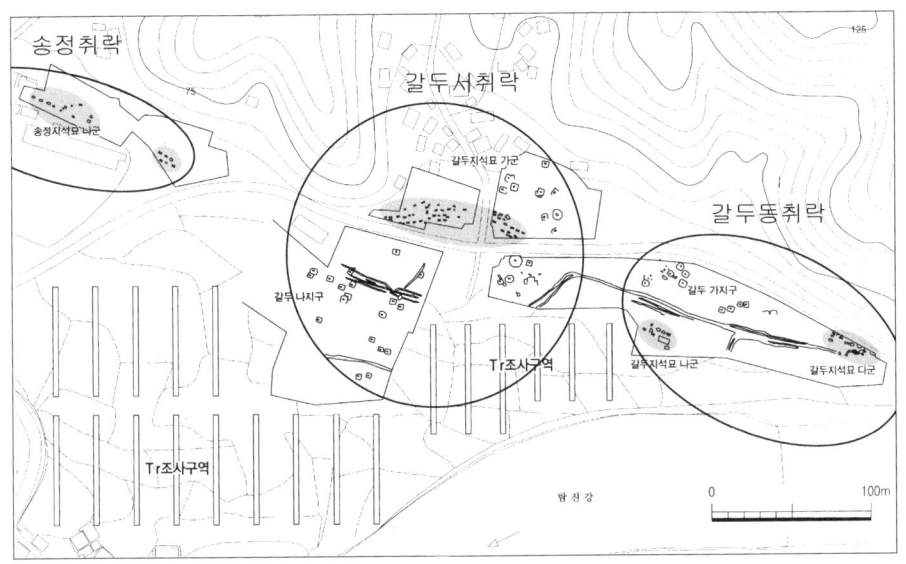

| 도면 21 | 중기(호남) 장흥 갈두취락의 분묘공간

| 도면 22 | 중기(호남) 장흥 신풍취락의 분묘공간

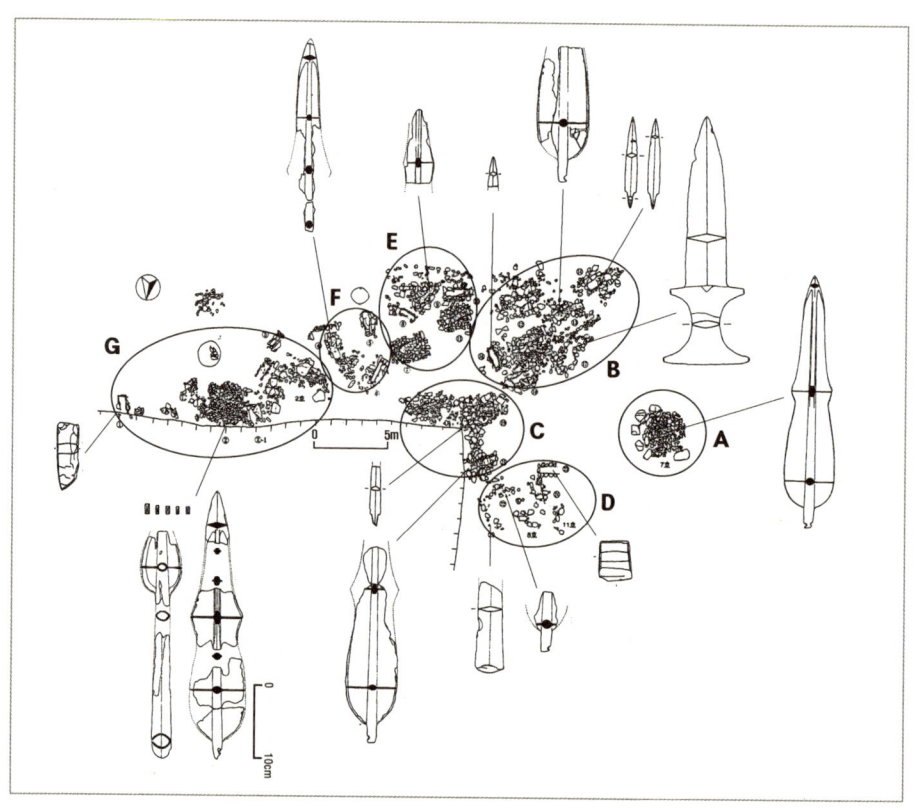

| 도면 23 | 중기(호남) 여수 적량동 상적유적의 분묘공간

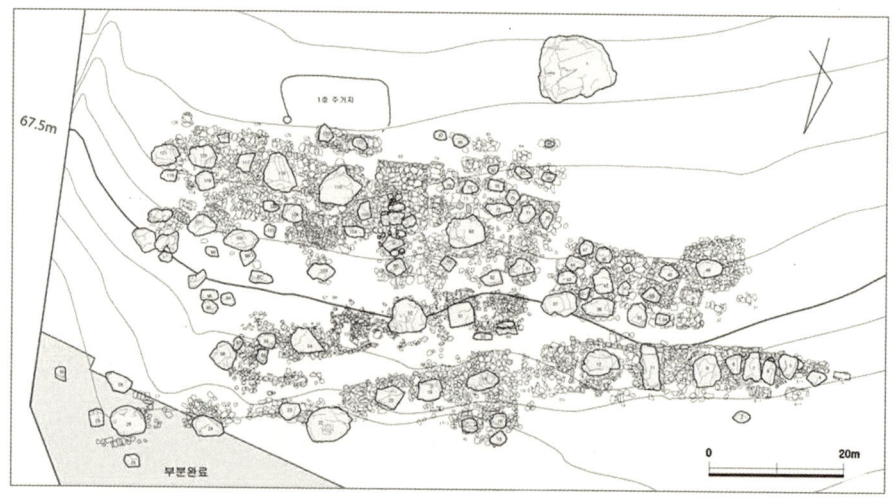

| 도면 24 | 중기(호남) 여수 월내동 상촌유적(지석묘군Ⅲ)의 분묘공간

다. 여수 적량동 상적유적이나 월내동 상촌유적이 대표적이다(도면 23·24). 이 거대 규모의 분묘역과 관련된 주거역이 인근에 존재할지 아니면, 비교적 떨어진 곳에서 발굴조사의 손길을 기다리고 있을지 궁금하다. 앞서 검토된 장흥 갈두유적이나 신풍유적의 취락구조에 비춰본다면 분묘역과 그다지 멀지 않은 곳에서 주거역의 흔적이 확인되기를 기대해 본다. 여수반도의 분묘유적에 대한 분석을 통해 지석묘 축조집단의 단위와 집단의 영역을 추적한 연구가 주목되는데(이동희 2007), 주거역과 분묘역의 유기적인 관계를 검토함으로써 더욱 설득력 있는 주장이 제기될 수 있을 것으로 생각된다. 이와 더불어 장흥지역의 발굴성과나 경상도 남해안지역의 양상도 함께 고려하면 좋을 것이다.

4) 후기

원형점토대토기를 표지로 하는 수석리식토기가 유행한 시기의 유적에서 분묘공간이 주거공간과 함께 발굴된 예는 매우 적은 편이다. 고성 송현리B지구취락은 구릉 정상부에 석관묘 1기만 상징물처럼 자리 잡고 있으며 주거지들은 아래쪽의 사면부에 열상으로 분포하고 있다(도면 25). 이와 달리 고성 제진리취락은 주거역이 구릉의 정상부 능선 쪽에 있고 묘역은 석관묘 3기가 사면 쪽에 20-60m 정도씩 이격되어 있다(도면 26).

안성 반제리취락은 의례와 관련된 환호와 함께 72동의 주거지와 적석목관묘 3기가 확인되었다. 발굴된 범위로 볼 때, 취락의 전모가 밝혀졌을 가능성이 높지만 주거역의 규모에 비해 분묘역의 규모가 너무 작다. 사면 하단부에 들어선 묘역은 취락의 경계에 해당하는 것으로 추정된다(도면 27).

영남지역에서는 합천 영창리유적(도면 28)이나 사천 방지리유적(도면 29)과 같이 환호취락 외부의 입구 쪽에 비교적 작은 규모의 분묘공간이 조영된 것을 확인할 수 있다. 이와 같이 마을 입구에 무덤을 축조하는 것은 외부로부터 마을을 보호하려는 의도로 해석하는 견해가 있다. 즉 무덤이 가지는 상징성(조상신, 외경대상, 신성지역)을 통해 내부를 단속하고 외부의 세력을 견제하는 역할을 한다는 것이다(尹昊弼 2007). 이는 앞 시기의 진주 대평리취락에서도 볼 수 있는 현상이다.

청동기시대 후기의 분묘축조가 미약한 것은 어떠한 이유에서일까. 전기와 마찬가지로 집단의 빈번한 이동과 관련될지, 아니면 외래계인 점토대토기집단이 재지계 지석묘집단과의 갈등관계 속에서 불안정한 사회적 환경과 관련되는지 검토해 볼 필요가 있을 것이다. 또는 송국리식주거지나 지석묘 등에서 점토대토기문화와 관련된 유물이 빈출하는 양상을 볼 때, 송국리유형과 수석리유형의 물질문화가 장기간 공

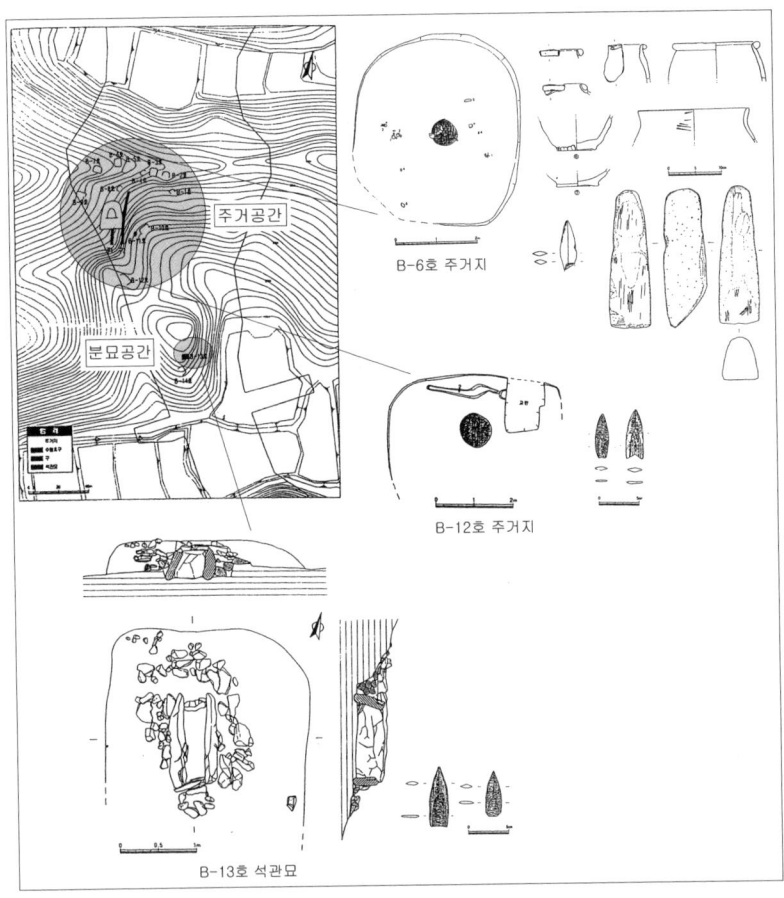

| 도면 25 | 후기(중부) 고성 송현리B지구 취락의 분묘공간

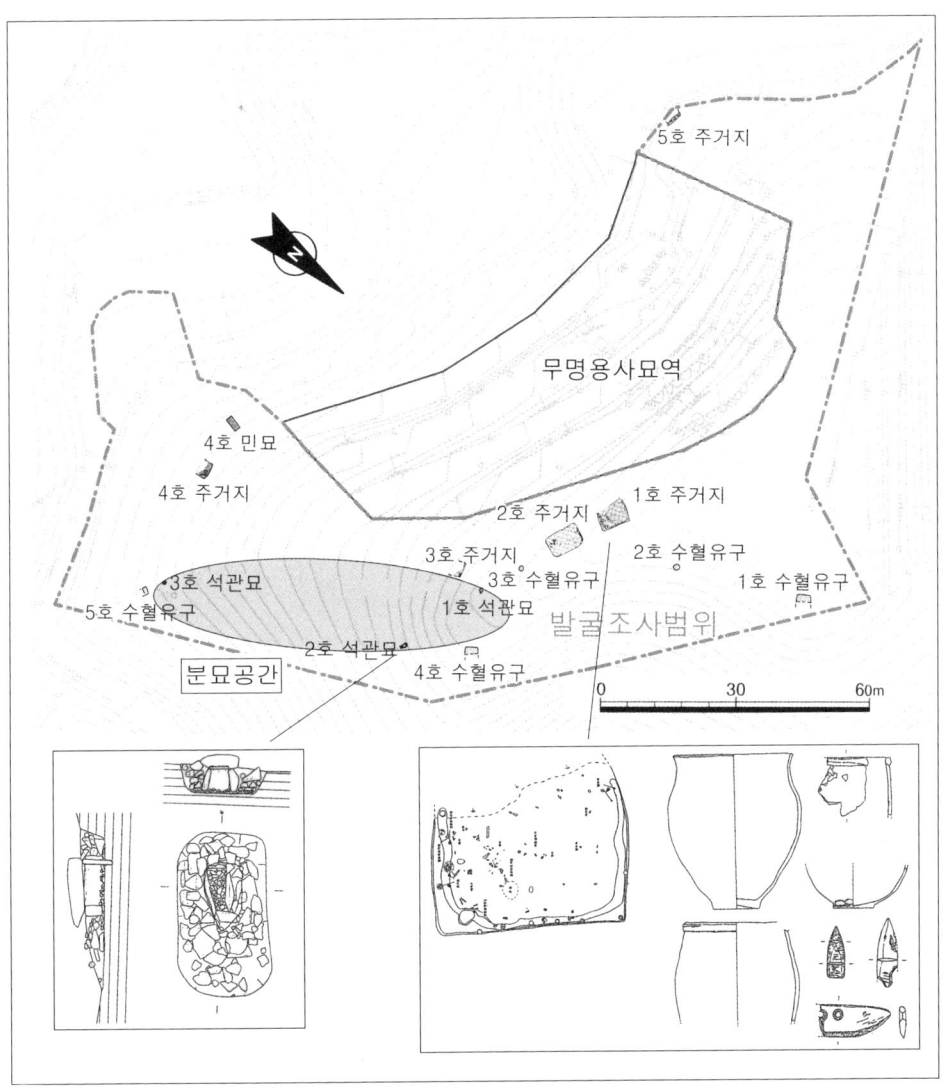

| 도면 26 | 후기(중부) 고성 제진리취락의 분묘공간

남한지역 청동기시대 분묘공간 조성의 다양성 83

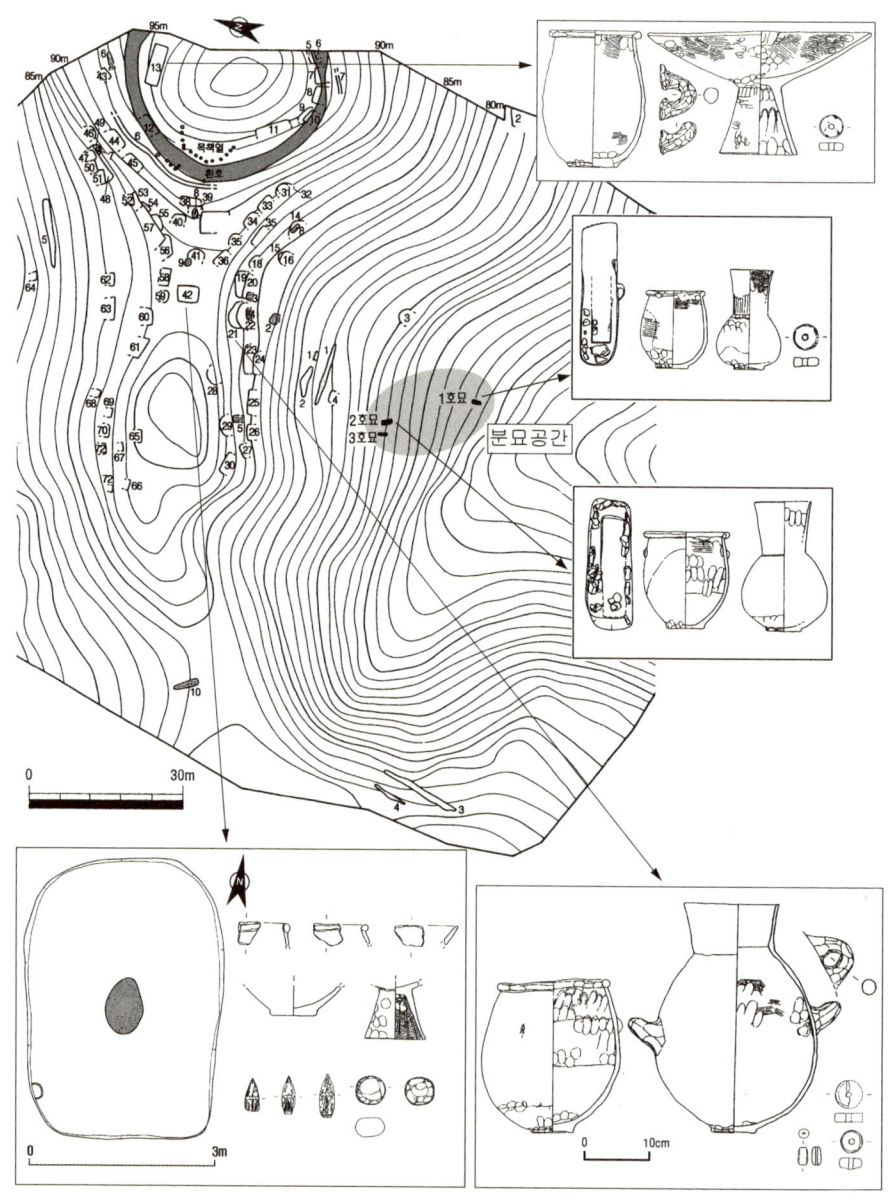

| 도면 27 | 후기(중부) 안성 반제리취락의 분묘공간

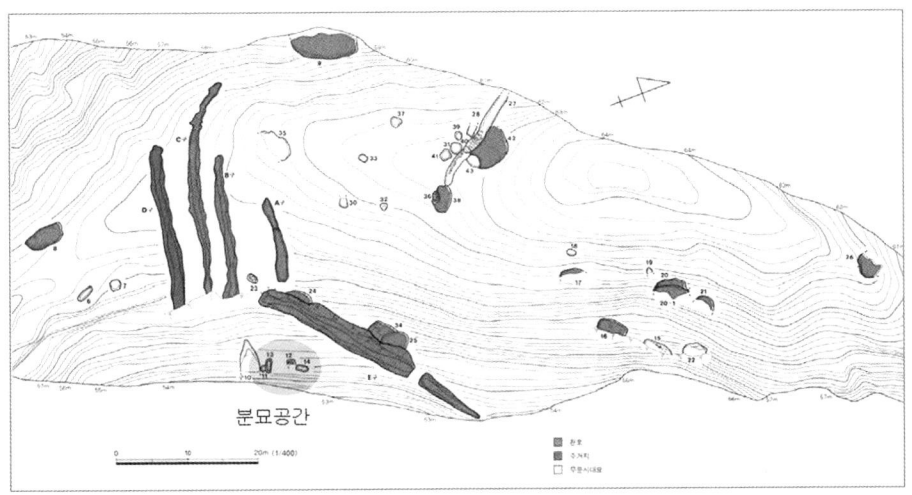

| 도면 28 | 후기(영남) 합천 영창리취락의 분묘공간

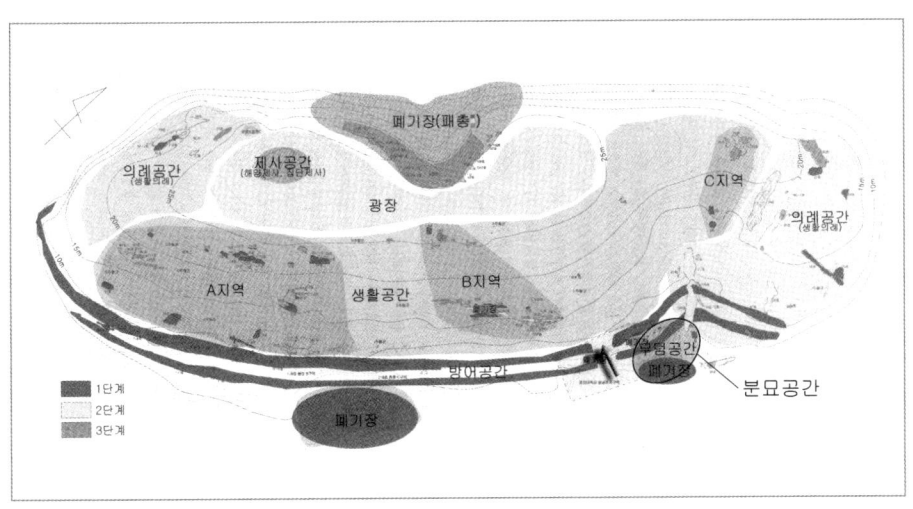

| 도면 29 | 후기(영남) 사천 방지리(1단계)취락의 분묘공간

존한 것으로 보는 주장에도(이홍종 2006; 김장석 2009) 귀를 기울여야하지 않을까 한다.[12]

Ⅳ. 맺음말

본고는 청동기시대의 분묘공간 조성에 대해 정치한 분석을 시도한 것이 아니라 대략적인 양상을 살펴본 것이기 때문에 그 해석에 있어서 많은 약점들이 내포되어 있을 것이다. 우선, 주거역과 묘역이 함께 발굴된 자료를 중심으로 다룬 까닭에 무덤이 대규모로 분포하는 분묘공간에 대해서는 복수의 여러 취락이 관련되었을 것이라는 막연한 추정밖에 할 수 없는 것이 현실이다. 그리고 고고학 연구에 있어서 가장 기본적이고 중요한 共時性의 문제를 비롯해서 주거역과 분묘역의 유기적인 관계 또는 취락 경관에 대한 해석 등에 대해서는 선학제현의 비판과 질정을 통해서 수정될 필요가 있을 것이다. 다만 이 글은 큰 틀에서 분묘공간의 형성을 살펴본 것에 불과하다는 것을 다시 한번 밝혀 놓고자 하며, 또한 현재 청동기시대 분묘에 대한 학계의 연구가 무덤 그 자체 또는 부장품에 대한 형식분류와 편년, 지역성, 기능이나 성격 등에 집중되고 있는 현상에서 벗어나고자 노력한 것에 나름대로 위안을 삼고자 한다. 앞으로 삶의 영역과 죽음의 영역을 종합적으로 연구할 수 있는 분위기가 조성되기를 기대해 본다.

※ 이 글은 2011년 10월 7일에 경남대학교에서 개최된 제5회 한국청동기학회 학술대회에서 발표한 내용을 수정·보완한 것이다.

---

12 실제로 김승옥(2007)은 지석묘 가운데 이단 지하 굴광을 하고 최하단에 석곽, 석관, (석개) 토광형의 매장주체부를 갖거나 매장주체부 상면에 다중의 개석을 설치한 사천 이금동유적을 비롯해서 창원 덕천리, 여수 적량동, 승주 우산리, 보성 덕치리유적 등의 일부 지석묘를 후기로 편년하여 지석묘 사회를 검토한 바 있다.

참고문헌

고민정, 2010, 「남강유역 청동기시대 후기 취락구조와 성격」, 『嶺南考古學』54.
金權中, 2008, 「靑銅器時代 周溝墓의 發生과 變遷」, 『韓國靑銅器學報』3.
김승옥, 2007, 「분묘자료를 통해 본 청동기시대 사회조직과 변천」, 『계층사회와 지배자의 출현』, 한국고고학회편, 사회평론.
김장석, 2009, 「호서와 서부호남지역 초기철기-원삼국시대 편년에 대하여」, 『湖南考古學報』33.
安在晧, 2004, 「中西部地域 無文土器時代 中期聚落의 一樣相」, 『韓國上古史學報』43.
安在晧, 2009, 「靑銅器時代 泗川 梨琴洞聚落의 變遷」, 『嶺南考古學』51.
尹昊弼, 2007, 「Ⅴ.고찰-2.遺構」, 『泗川 芳芝里遺蹟Ⅲ』, 慶南發展硏究院 歷史文化센터.
이동희, 2007, 「支石墓 築造集團의 單位와 集團의 領域-麗水半島를 中心으로-」, 『湖南考古學報』26.
李秀鴻, 2007, 「경남지역의 청동기시대 묘제와 고인돌」, 『아시아 거석문화와 고인돌』제2회 아시아권 문화유산 국제심포지엄, 동북아지석묘연구소.
이형원, 2009, 『청동기시대 취락구조와 사회조직』, 서경문화사.
李亨源, 2010a, 「靑銅器時代 住居와 聚落 硏究의 爭點 檢討」, 『考古學誌』16.
이형원, 2010b, 「청동기시대 조기 설정과 송국리유형 형성 논쟁에 대한 비판적 검토」, 『고고학』9-2.
李亨源, 2011, 「中部地域 粘土帶土器文化의 時間性과 空間性」, 『湖西考古學』24.
이홍종, 2006, 「무문토기와 야요이토기의 실연대」, 『한국고고학보』60.
崔鍾圭, 2003, 「梨琴洞 集落의 構造」, 『泗川 梨琴洞 遺蹟』, 慶南考古學硏究所.
崔鍾圭, 2004, 「梨琴洞からみた松菊里文化の一斷面」, 『福岡大學考古學論集』, 小田富士雄先生退職記念事業會.
崔鍾圭, 2005, 「所土里遺蹟에서 본 松菊里文化의 一斷面」, 『梁山 所土里 松菊里文化 集落』, 慶南考古學硏究所.
黃昌漢, 2010, 「蔚山地域 靑銅器時代 墓制의 特徵」, 『靑銅器時代의 蔚山太和江文化』, 蔚山文化財硏究院 開院 10週年 紀念論文集, 蔚山文化財硏究院.

〈발굴보고서는 생략함〉

무덤을 통해 본 청동기시대 사회구조의 변천
-수장의 출현과 불평등 제도화 양상의 불안정성-

김권구(계명대학교 한국문화정보학과)

I. 머리말

묘제와 장제 속에는 과거 사회의 내세관과 계세사상을 포함한 각종 신앙체계뿐만 아니라 죽은 자를 보낸 후 산 자들이 희망하는 권력관계를 재생산 하려는 사회적 전략과 의미부여가 반영되고 피장자의 정체성, 해당 사회의 구조와 사회분화의 정도를 파악하는데 도움이 되기 때문에 동서양을 막론하고 묘제와 장제의 결과물인 무덤에 대한 연구는 고고학에서 큰 비중을 차지해 왔다.

청동기시대의 무덤으로는 지석묘, 석관묘, 토광묘, 옹관묘 등이 있으며 이들을 포함하여 주구석관묘, 석개토광묘, 이단토광하부구조를 가진 지석묘, 구획식 묘역지석묘 등 다양한 변형의 무덤이 확인되고 있다. 이글의 목적은 이러한 청동기시대 무덤을 중심으로 당시 사회구조의 변천과 위계화 진행양상을 검토해보는 것이다. 청동기시대 취락사이의 위계양상이 규모상으로 적어도 소형취락-중형취락-대형취락으로 또는 기능상의 특성에 따라 상위취락-중위취락-일반취락으로 구분되고 있는데(송만영 2007:44, 이형원 2009:226-242, 河眞鎬 2008:120-121) 이러한 취락에서의 전개양상을 염두에 두고 지석묘 등 무덤에서의 양상을 검토하는 것이 필요하다. 즉 청동기시대 사회구조의 변천과 불평등의 존재여부와 출현양상을 검토하기 위해서는 무덤의 규모, 입지, 묘역의 존재여부, 무덤을 가지지 못한 집단이나 구성원의 존재가능성,

부장품의 종류와 양뿐만 아니라 취락의 구조와 규모 그리고 인구규모, 잉여물보관 유구의 존재양상 등을 종합적으로 고려해야 함을 잊어서는 안된다.[1]

또 청동기시대 사회의 특성을 살펴볼 때에는 평등과 불평등의 개념을 다시 생각해 볼 필요가 있다. 왜냐하면 실제 평등사회라고 간주하는 구석기시대 수렵채집집단에도 능력과 성별 그리고 나이의 정도에 따라 귀속적이지는 않더라도 불평등적 요소가 존재했을 가능성이 크기 때문이다(박양진 2006:12).

II. 주요 연구 흐름과 문제제기

1. 주요 연구흐름

청동기시대 사회가 어느 정도 위계화 되었는가의 문제는 사회발전단계의 문제와 관련되어 계속 논란거리가 되었다. 또 계서(rank), 위계(hierarchy), 계층(stratification), 계급(class)의 개념[2]에 대한 약간의 혼란도 있었으나 현재에는 청동기시대 사회의 성격 규정[3]과 관련하여 평등사회, 불평등사회, 평등사회에서 불평등사회로 다가가는 중간적 단계의 크게 세 가지 입장이 각기 존재하고 있다. 또 그것이 중심과 주변의 문제이건 아니건 지역별로 사회분화단계가 다양하였음을 주장하는 견해가 있었고 사회분화정도를 나타내는 지표를 고고학적으로 어떻게 정할 것인가와 그 기준이 지역별로 시기별로 다양하였을 가능성도 제기되었다. 그 구체적인 논의내용을 살펴보면 다음과 같다.

---

1 참고로 평등사회로 간주되는 선사시대 수렵채집사회는 유동생활, 낮은 인구밀도, 사회 경제적 불평등의 부재 등의 특성을 가지고 있는 것으로 생각되는데(알랭 떼스타 지음, 이상목 옮김, 2006:7), 이러한 특성은 정착농경에 기반을 둔 불평등 사회들의 특성과 다양한 방식으로 대비된다.

2 그 동안 계서, 위계, 계층, 계급의 개념에 대하여 여러 연구에서 언급된 바 있다(이형원 2009:256-258, 배진성 2007a:200-202 그리고 2007b:145-147, 김승옥 2007:61-139).

3 이청규(2007:11-23, 2010:125-150), 김경택(2004:47-85) 등 청동기시대 사회성격에 관한 논의가 이루어진 바 있다.

지석묘사회가 혈연에 기반을 둔 계급이 발생한 족장사회이며 지석묘는 족장사회 상류층의 공동묘지이며 조상숭배를 위한 기념물이라는 견해(최몽룡 1999:15, 최몽룡 외 2005:244, Mong-Lyong Choi 1984:138-155), 지석묘사회가 평등사회에서 계급사회로 발전되어가는 과정으로 유력자의 출현이 이루어지던 사회(李榮文 2001:448)이지만 각 집단 간의 상호협동에 의하여 지석묘가 축조되는 공동체사회의 성격을 보유한다는 견해(李榮文 1993:286), 지배자집단과 일반주민의 묘역이 분리되어 차별화되기도 한다는 견해(김길식 1994:184), 청동기시대 후기에는 유력개인묘가 등장하고 지역지배자도 등장하여 평등사회에서 불평등사회로 넘어가는 과도기라는 견해(김승옥 2007:104-109, 116), 청동기시대 후기에 여수반도 등 특정지역에서는 수장사회에서 국(國)으로 진전한다는 견해(武末純一 2002), 자발적 협력체제에 의한 지석묘가 축조되는 평등사회라는 견해(노혁진 1996:119-183), 무문토기시대 전기 전반대에는 평등사회였다가 여천 적량동 혹은 부여 송국리의 사례에서와 같이 유력집단 또는 유력개인이 출현한다는 견해(최종규 1995:108-110), 청동기시대 사회를 산포형(개인군집형)-대봉동형(유력가족형I)-덕천리형(유력가족형II)으로 나누고 그 순서로 변화했다고 추정하면서 청동기가 부장된 묘의 피장자만이 상위계층은 아니라는 견해(이상길 1996:91-114), 남해안지역 거대 묘역축조집단은 경제력과 인력동원이 가능하기 때문에 유력개인과의 관련성이 상정된다는 견해(한송이 2010:52-54), 대부분의 분묘가 열상으로 정연하게 배치되며 원형과 방형의 묘역이 따로 존재하며 각기 소형의 군집을 이루는 여의곡유형, 열이 다소 흐트러지고 원형과 방형묘역이 혼재하는 이금동-진동유형, 그리고 열(列)의 개념이 파괴되고 단독으로 묘역이 존재하는 덕천리유형의 3개의 유형으로 구획묘를 나누고 그러한 양상은 권력자의 등장을 암시한다는 견해(이상길 2006, 2007:190-1920), 청동기시대 후기 창원 진동리와 창원 덕천리와 같은 초대형분묘를 수장묘로 정의하고 동검출토묘를 최상위에 둔 계층사회였다고 주장을 하면서 또한 거대한 묘역 내지는 구획시설로 대표되는 금강상류역의 여의곡은 동검묘는 없지만 그 일대의 거점집단이며 송국리단계에는 각 지역의 상위집단이 상호대등한 위치에서 권역을 유지하였다는 견해(裵眞晟 2007a 223-:226, 2007b), 송국리와 관창리의 분묘공간에서 수장(首長)의 존재는 인정되지만 그 수장가계의 권력이 장기간 지속되었다는 근거를 찾기 어렵다고 주장하며 청동기시대 후기사회를 단순계층사회로 간주하는 견해(이형원 2009:256-257), 여수반도 적량동 지석묘집단의 경우처럼 족장사회로의 진입이 빨랐던 곳과 늦었던 곳이 있었으나 지석묘사회는 단순족장사회에 해당된다는 견해(이동희 2005:94, 298), 지석묘사회에서 비파형동검 등 특수유물의 보유집단과 보유하지 않은 집단 사이의 계층분화가 시작한다는 견해(平郡達哉 2004:87) 등의 여러 해석은 청동기시대의 사회구조와 성격에 대한 시각의 다양성을 잘 말해주고 있다.

그리고 평등사회, 계서사회, 복합족장사회에 관한 지금까지의 논의(김승옥 2007:61-92-116, 박양진 2006:14, 이형원 2009:257)와 우리나라 청동기시대 유적 발굴 자료의 양상을 고려하여 평등사회와 계서사회의 특성을 다음과 같이 정리할 수 있다.

| 표1 | 평등사회와 계서사회의 주요특성[4]

	평등사회	계서사회(ranked society) 혹은 단순수장사회(simple chiefdom society)	복합수장사회(complex chiefdom society)
사회적 특성	수평적 차별화, 사회적 분화(남녀노소)	심화된 수평적 차별화, 불평등 제도화의 출현과 불안정적 전개	수직적 계층화, 불평등의 제도화
사회적 지위	임시지도자, 획득적 지위	한시적 수장(지배자), 획득적 지위, 귀속적 지위의 출현과 불안정적 전개	세습수장(지배자), 귀속적 지위의 제도화
경제적 특성	호혜적 교환, 비전업적 수공업전문화, 경제적 분화 (성별 및 기능적 분업)	재분배의 출현과 전개 반(半)전업적 수공업전문화 또는 전업적 수공업전문화, 부분적인 경제적 전문화 혹은 경제적 전문화	재분배의 제도화, 전업적 수공업전문화, 경제적 전문화

---

4 Peebles와 Kus(1977:421-445)는 취프덤 또는 계서사회의 표식으로서 재분배는 제외하면서 대신 묘제와 장제상의 차별화, 의례에 의하여 제한되는 대외관계망, 취락관계, 생업상의 자율성, 그리고 비전업적 수공업전문화를 그러한 단계에 속한 사회의 분별가능기준으로 제시한바 있다. 그러한 주장과 우리나라 청동기시대사회의 양상 등을 고려하여 수정 제시한 것이 〈표1〉이다.

2. 문제제기

과거 청동기시대 묘제의 연구는 주로 지석묘를 대상으로 진행되었으나 대체로 피장자의 생존시 지위가 높고 역할이 크고 많을수록 무덤의 축조에 많은 사회적 에너지를 사용한다는 가설[5]이 주류를 이루었다. 그러한 가설은 반드시 틀렸다고 할 수는 없지만 그렇다고 언제나 옳은 것만도 아니다. 왜냐하면 실제 관련 유구와 유물의 출토양상은 기대했던 가설과 일치하지 않는 경우도 다수 확인되기 때문이다. 예를 들어 사천 이금동 A-1호 지석묘나 창원 덕천리 1호 지석묘의 경우에서 보이듯 지석묘 상석이나 하부구조의 규모가 크거나 입지가 우월하거나 중심적인 곳에서 반드시 비파형동검 등 우월한 내용과 양의 부장품이 출토되지 않는 점이 이러한 가설을 일률적으로 적용하는 것이 위험할 수도 있음을 암시한다(李相吉 1996, 崔鍾圭 2004, 裵眞晟 2007b:170-171). 다단토광과 내부적석 그리고 다중개석의 요소를 가지고 있는 복잡한 지석묘에서 빈약한 부장품이 출토되는 양상은 동 유형의 지석묘 축조집단이 외부적인 파워의 과시에 만족한 것이고 작은 규모의 지석묘에 묻혔는데 비파형동검 등의 부장품을 가진 것은 취락구성원의 시선 때문에 내부적인 파워만을 과시하는 것으로 위안을 삼았을 것이라는 지적(추연식 2001:185-186)도 다양한 시각에서 기존 연구가설을 보완해야 함을 암시한다.

이 논문은 이러한 문제의식 속에서 청동기시대 사회에 관한 과거연구의 성과와 기준을 일률적으로 받아들일 수는 없으며 청동기시대는 평등사회에서 불평등사회로 진행되던 시대로서 지역별, 시대별로 다양한 변수(속도, 규모, 생업, 이념적 토대와 전략, 인구규모, 경쟁, 교역, 기술 등)의 영향을 차별적으로 받아가며 사회위계화가 이루어졌다고 보면서 그에 대한 이해는 장기 지속적 전통과 지역성 속에서 시도되어야 함

---

5 매장의례과정에서 소비되는 에너지의 양과 관련 행위의 복잡도가 피장자의 사회적 지위와 비례한다는 시각은 사실 신고고학자들의 연구에서 주로 채택되었다(고일홍 2010: 9).

을 강조하고자 한다. 새롭게 사회관계를 재생산하는 메커니즘의 측면에서 왜 특정 묘제가 필요하게 되었고 확산되었는가와 그러한 묘제와 묘역이 축조되는 메커니즘과 불평등의 관리방식에도 관심을 두어야 하며 불평등의 연구에 있어서 중요한 것은 불평등이 언제 출현하였는가보다는 불평등이 어떻게 관리되고 제도화[6]되는 가임을 강조하고자 한다.

Ⅲ. 분석방법과 무덤의 분류

1. 분석방법과 편년의 틀

사회구조의 변천이나 사회적 불평등의 출현과정을 추적하기 위해서는 마을 내 주거지의 배치양상과 규모의 차별성 존재양상, 마을 간의 규모와 기능의 분화와 차별성 분석을 통한 중심취락의 존재여부와 그 중심취락에 거주하던 유력자의 존재여부와 기능, 무덤의 입지와 규모의 차별성, 부장품의 종류와 양의 차이, 사회적 불평등이 출현할 필요가 있을 정도의 인구규모증대, 많은 노동력의 동원을 필요로 하는 기념물 등의 건축과 관리(거대한 환호축조, 거대한 지석묘의 축조, 그리고 수로나 경작지개간 등), 그리고 사회적 불평등을 정당화하는 의례와 이데오로기의 존재를 포함한 다양한 변수를 검토해야 하고 그 결과를 종합적으로 고찰하여야 한다(김권구 2005:200-207). 우리나라 청동기시대 후기(송국리식 토기단계와 검단리식 토기단계)의 경우에는 분명히 인구가 청동기시대 조기(돌대문토기단계)와 전기(혼암리식 토기단계, 가락동식토기단계 등)보다 증대된 것으로 나타나(김권구 2005:166-170) 그 원인과 결과의 선후관계의

---

[6] 여기에서 제도화(institutionalized)란 이들 차별화가 상속되면서 사회적으로 재생산되는 것을 말한다. 따라서 제도화의 경우 그 제도를 지속시키며 뒷받침하는 경제적 토대와 재정 그리고 이념적 토대 등도 주목하여야 한다. 청동기시대의 경우 농경의 집약화와 확산 그리고 잉여의 발생을 토대로 한 지석묘축조의 구획성과 과시양상을 통하여 계서관계를 확대재생산하고자 했을 가능성이 있다.

문제는 차치하고라도 불평등의 존재여부추적에 있어서 주목된다.

그러나 이 글에서는 앞에서 언급한 여러 가지 변수 중에서 무덤을 통해서 본 사회적 불평등의 출현과정을 추적하는 것임으로 다른 변수들은 주요 분석대상에서 제외되며 부수적으로 필요시 언급된다. 따라서 무덤과 관련된 변수를 중심으로 첫째, 무덤을 가지지 못했을 집단의 존재여부와 청동기시대 무덤 피장자의 성격, 둘째, 청동기시대 무덤의 지역별 분포양상과 입지와 규모 그리고 영역권, 무덤축조관리의 장기지속성 여부, 셋째, 청동기시대 무덤부장유물 상의 차별성, 무덤 사이의 위계, 무덤군 내에서의 차별성, 어린이무덤과 부장품의 양상 등에 대한 비교검토가 이루어질 것이다. 이와 아울러 부수적으로 청동기시대 인구규모의 증대양상과 노동력 동원에 의해 만들어진 결과물의 존재가능성, 재화의 재분배가 유력자를 중심으로 이루어졌을 가능성을 암시할 수도 있는 잉여물 저장시설의 존재여부와 양상의 추적 등이 함께 고려될 것이다. 이러한 고려는 청동기시대 불평등의 제도화를 보여주는 자료의 부족을 보완해주는 역할을 할 것으로 생각된다.

청동기시대의 시기구분에 대해서는 조기의 설정문제와 지역성 등 다양한 시각이 있으나 필자는 일단 조기(미사리유형),[7] 전기(혼암리유형, 가락동유형, 역삼동유형), 후기(송국리유형, 검단리유형 등)의 시기로 나누었다. 그 구체적 내용은 〈표 2〉과 같다.

| 표 2 | 청동기시대 시기구분과 관련 유물

구분	관련 유물	관련 유형	비고
조기	돌대문토기, 홍도, 비정형석도	미사리유형	
전기	이중구연단사선문토기, 이중구연단사선 공열문토기, 공열토기, 이단병식석검, 이단경식석촉, 무경식석촉, 홍도, 채도	가락동유형, 혼암리유형, 역삼동유형	공열토기는 지역에 따라 후기까지 지속되는 경우도 있음.
후기	송국리식토기, 검단리식토기, 일단병식석촉, 삼각형석도, 유구석부, 채도, 홍도	송국리유형, 검단리유형 등	이단경식석촉과 무경식석촉 등은 반드시 전기에 속한다고만 할 수 없지만 일단은 전기로 분류하였음.

---

7 조기설정의 여부에 대하여 논란이 없는 것은 아니나 필자는 신석기시대의 문화전통의 잔재와 청동기시대의 문화요소

2. 자료 편년 상의 문제

이 논문에서는 문제가 있을 수 있지만 다른 특별한 발굴 자료가 없을 경우 해당 무덤[8]을 편의상 청동기시대 후기에 축조된 것으로 가정하고 자료를 해석하였다. 지석묘군의 상호관계해석에 있어서 청동기시대 전기와 후기가 각각 상당히 긴 시기임에도 불구하고 동시기(同時期)에 함께 한 것으로 가정하고 논의를 시작하고 있다는 문제점이 있음을 미리 언급하고자 한다. 그리고 지석묘군의 묘역배치양상 등 제반 특성과 계층화 그리고 지역지배자의 출현과정을 기준으로 지석묘사회를 4단계로 나눌 수도 있고(김승옥 2007:105) 그 대체적인 흐름에는 동의하나 그와 같이 4단계로 설정하고 일반적으로 적용하는데 주저되는 바가 있으므로[9] 이 논문에서는 세분하지 않았다.

3. 청동기시대무덤의 시기별 구분

청동기시대 조기의 무덤은 아직 보고되지 않았다. 당시 무덤 축조가 전반적으로 이루어졌는지 그렇지 않았는지에 대해서는 논란의 여지가 있겠으나, 요동지역 개주시(蓋州市) 화가와보(伙家窩堡)3호 지석묘출토 유물사진 중에서 돌대문토기로 보이는 유물이 있어(허옥림 저, 최무장 역 2010:324) 돌대문토기단계에도 한반도에 지석묘가 축조되었을 가능성이 암시된다. 그러나 아직 확인된 자료가 없어서 청동기시대 전기

가 처음 나타나는 시기를 조기로 설정하는 것이 효과적이라고 생각하여 조기설정론자(이건무 2007:169-210, 안재호 2010:5-56)의 견해를 따른다.
8 지석묘의 상석이 유실되는 경우 석관묘로 분류될 수도 있어서 지석묘와 석관묘를 구분할 수 없는 경우도 다수 있다. 이 논문에서는 편의상 지석묘군으로 통칭하고자 한다.
9 지역별로 지석묘 등 무덤을 통한 사회위계화의 표현방식이 달랐을 가능성과 지역별 사회진화양상이 단선진화가 아니라 다선진화였을 가능성 등도 있어서 그에 대한 고려도 필요하다. 실제 진주 이곡리유적의 분묘양상의 경우 단일시기의 양상이 아닌 김승옥의 Ⅰ·Ⅱ기 양상의 혼재(단독묘역에 석검부장, 저분구형의 성토형 묘역, 묘역 전면에 의례적 목적의 무문토기 산포 등) 등의 문제도 지적되고 있다(李海鉄 2007:274).

와 후기의 자료를 중심으로 다루고자 한다.

지석묘, 석개토광묘, 주구석관묘, 주구토광묘 등 청동기시대 전기의 무덤들은 대체로 2-3기 내외로 산발적이거나 소군집 양상으로 배치되고 종종 단독묘로 존재하는 경우도 있다. 그 주요 내용을 정리한 것이 〈표3〉이다.

| 표 3 | 청동기시대 전기의 주요 무덤

	주요사례	주요출토유물	특성	참고사항
청동기시대전기	합천 저포리E 8호지석묘	이단병식석검, 무경식석촉, 유경식석촉, 홍도 등	단독배치?, 충적대지입지, 장방형구획묘역	釜山大學校博物館 (1987:270-278)
	진주 옥방8지구3호 석관묘와 5호 석관묘	이단병식석검, 무경식석촉, 유경식석촉, 채문토기	소군집배치, 충적대지, 장방형주구, 판석 〈그림3c〉	國立昌原文化財硏究所 외 (2003:211-224)
	진주 이곡동 29호 토광묘	이단경식석촉, 무경식 삼각만입석촉 등	단독묘? 〈그림4b〉	배덕환 외(2007:177-179)
	산청 하촌리 주구토광묘 (1호)	돌류문토기, 구순각목토기, 홍도, 무문토기편 등	주구토광묘. 동일 묘역의 주구석관묘(2호)는 청동기시대 후기추정	경남발전연구원 역사문화센터(2011:130-143, 165)
	마산 진북 망곡리 주구묘	이단병식석검, 옥	입지와 규모 우월, 부장유물의 특별함. 〈그림3a〉, 〈그림3b〉	경남발전연구원 역사문화센터 외(2009b:62-65)
	대구 삼덕2가 지석묘1호	삼각형만입석촉	3기의 지석묘 및 부석유구 인접	삼한매장문화재연구원 (2009)
	포항 인비리16호 지석묘	암각화(이단병식석검 및 무경식석촉)	소군집, 구릉입지, 상석유존	국립경주박물관 (1985:103-157)
	진안 안자동 1호지석묘	이단병식석검, 삼각만입석촉 등	단독묘역, 능선말단부, 방형구획 〈그림2a〉	김승옥 외(2001a:215-230)
	진안 안자동 9호지석묘	이단병식석검, 삼각만입석촉, 홍도	단독묘역, 충적대지, 방형구획 〈그림2b〉	申大坤 외(2001:53-62)
	진안 풍암 16호지석묘	삼각만입석촉, 이단경식석촉, 유경식석촉, 석착, 무문토기편, 홍도편, 석부	단독묘	김승옥 외 (2001c:63-69, 89-90)
	진안 수좌동 1호지석묘	이단병식석검, 무경식석촉	단독입지, 구릉말단부, 구획묘역, 할석	신대곤 외(2001:143-148)
	대전 비례동1호지석묘	비파형동검, 삼각만입석촉, 홍도	소군집, 구릉사면, 개석식지석묘, 할석	충남대학교박물관 (2007:57-59)
	대전 비례동 2호지석묘	홍도?	소군집, 구릉사면, 개석식지석묘, 할석	충남대학교박물관 (2007:57-59)

	주요사례	주요출토유물	특성	참고사항
청동기시대 전기	대전 비래동 3호지석묘	홍도, 관옥(내부교란?)	단독입지, 구릉정상부, 개석식지석묘, 할석	충남대학교박물관 (2007:57-59)
	대전 신대동 석관묘	유혈구이단병식석검, 삼각만입석촉, 이단경식석촉, 홍도	단독, 구릉사면, 할석	충남대학교박물관 (2007:61)
	서천 오석리 주구석관묘	비파형동검, 이단경식석촉, 관옥	단독입지, 구릉, 주구, 할석	朴亨順(2008:13-44)
	제천 황석리2호지석묘	이단병식석검, 무경식석촉	단독?, 충적대지, 개석식?, 방형구획묘?	김재원 외(1967) -황석리도판 20
	청원 황탄리유적	이단병식석검, 삼각만입석촉		충남대학교박물관 (2007:62)
	춘천 천전리 A-나지구 주구석관묘군	무경식석촉, 유경식석촉	군집, 충적대지, 주구석관묘	강원문화재연구소 외 (2008:220-256)
	사천 이금동 51호 석개토광묘 등	삼각만입석촉, 이단경식석촉, 유경식석검, 홍도, 구순각목문토기 등	석개토광묘 등〈그림4a〉	경남고고학연구소 (2003:291-294), 金賢(2003:351)

청동기시대 후기에는 지석묘 하부구조의 대형화, 구획식 묘역지석묘의 군집양상 또는 대형지석묘의 단독분포양상 등과 더불어 지석묘군의 대형군집화와 규모상의 위계양상이 보인다. 또 부여 송국리유적의 경우와 같이 수장층과 일반구성원의 묘역이 차별화되는 양상도 보이며 청동기시대 전기부터 시작된 묘역이 청동기시대 후기까지 이어지는 장기지속성의 한 단면도 보인다. 청동기시대 후기의 주요 무덤에 관해 정리한 것은 〈표4〉와 같다.

|표 4| 청동기시대 후기의 주요무덤

지역	주요사례	주요출토유물	특성	참고사항
남해안지역 (호남)	보성 송곡리 지석묘군	홍도, 마제석검, 석착, 석부, 점토대토기(초기철기시대)	20기 이상의 지석묘 등이 30m×20m의 면적에 불규칙적으로 밀집분포. 상석 차이 존재(45톤-5톤). 이단토광. 등고선방향으로 열상배치추정. 보성 동촌리 유적과 대비.	임영진 외(2003:68)

지역		주요사례	주요출토유물	특성	참고사항
청동기시대후기	남해안 지역 (호남)	보성 동촌리 지석묘군	1호지석묘(관옥40점, 유경식 석촉)	2기의 지석묘 넓은 해안평야를 조망. 낮은 구릉에 단독입지. 이단대형토광의 하부구조 〈그림9c〉	국립광주박물관 (2001:8-18)
		여수 화장동 지석묘군	24호석곽(벽옥제 관옥), 26호 구획석렬지석묘 (비파형동검 1점)	27기의 지석묘 등고선 방향으로 2열배치. 구획석렬 지석묘.	최인선 외(2001:140-156)
		여수 오림동 지석묘군	5호석곽(비파형동검3점과 관옥2점), 8호지석묘 (비파형동검편)	20기의 지석묘 좁은 면적(35m×15m)에 밀집분포. 구획식 묘역.	이영문 외(1992:37-41), 이동희 외(2006:31-32)
		여수 봉계동 지석묘군	월앙지석묘10호 (비파형동검 봉부편 1점, 관옥 15점, 소옥1점)	봉계동에는 계곡이나 세장한 평지를 따라 대곡지구에 23기(4기/8기/7기/4기)와 월앙지구 32기(2기/10기/1기/1기/3기/4기/2기/5기/1기/3기) 동서방향으로 분포.	이영문(1990:57)
		여수 평여동 산본 지석묘군	비파형동검 1점, 옥류35점, 유구석부, 석촉	29기 지석묘조사. 3개군 군집. 각 군집지역에 큰 상석의 남방식 지석묘1기씩 잔존. 장방형 또는 원형구획묘역. '가' 군은 장방형구획묘역을 한 지석묘 중심으로 석관들이 주위에 배치된 양상.	이동희 외(2006:32-33)
		여수 적량동 상적 지석묘군	비파형동검 7점출토. 2호석곽(비파형동검, 비파형동모, 관옥, 유구석부, 이중구연단사선문토기편)	25기 지석묘하부구조 확인. 7개 소군집으로 군집분포. 각 소군집에서 1점씩 모두 7점의 비파형동검 출토〈그림10〉.	이영문 외(1993:126-141), 이동희 외(2006:33)
		여수 적량동/ 월내동 GS 칼텍스공장 확장예정부지 상적지석묘군	비파형동검, 일단병식석검, 유경식석촉, 유구석부 등	상촌지석묘군 4개 대군집 양상. 상촌지석묘군II(34기) 매장주체부 2-3개 소군집 양상. 원형과 방형의 구획식묘역지석묘, 지석묘 서로 연접분포). 상촌지석묘군III(147기 지석묘하부구조 6개 소군집 양상). 상촌지석묘 III의 116호지석묘는 F군집의 중앙부	동북아지석묘연구소 (2010)

지역		주요사례	주요출토유물	특성	참고사항
청동기시대후기	남해안지역 (호남)			에 위치하고 상석무게는 11.9톤으로 상석과 묘역의 규모는 군집 내에서 가장 크며 비파형동검도 출토됨.	동북아지석묘연구소 (2010)
		여수 월내동 지석묘군	유병식석검9점, 유경식석검2점, 유구석부6점, 구순각목공열토기편, 홍도	35기 지석묘가 대체로 7개 군집양상.	국립광주박물관 외 (1992:176-177)
		여수 화동리 안동 지석묘군		63기 지석묘매장주체부 조사. 원형구획묘역지석묘	이동희 외(2006:145-152)
		여수 미평동 죽림지석묘군	유병식석검, 무문토기편	12기의 상석확인. 3.3톤-22톤의 상석무게차이존재. 대부분의 상석무게 4-9톤.	최인선 외(1998:37)
	남해안지역 (경남)	사천 이금동 지석묘군	비파형동검, 관옥 등	상석, 부석, 구획석열 존재. 총 묘역길이 약 800m. 약 60기 지석묘 및 석관묘 등 확인. 8-9기의 무덤들이 군집분포. 묘역을 공유. 상석, 부석, 구획묘역 지석묘군이 연접분포양상. 비파형동검과 관옥은 이금동 지석묘군D군에 다수 밀집출토. 관옥의 출토빈도와 수량은 B군에 집중. 비파형동검이 출토된 C-10호묘와 D-4호묘 모두 입지와 묘역 그리고 규모에서 다른 분묘와 차별화 되지 않음. 〈그림7d〉	경남고고학연구소 (2003)
		김해 율하리 지석묘군	홍도, 유경식석촉, 일단병식석검 B-9호(세형동검, 검파두식)	대규모 구획묘역, 다단토광을 통한 규모극대화. 지석묘의 경우 석관묘에 비해 규모 크고 독립적 입지. 100여기의 분묘가 6-7개의 소군집으로 분포양상 〈그림9a〉, 〈그림9b〉	경남발전연구원 역사문화센터(2009a:1), 윤호필 외(2009:272-292)
		창원 진동리 지석묘군	비파형동검, 마제석검, 반월형석도, 홍도, 관옥 등	지석묘12기, 석관묘45기 등 확인. 원형, 방형, 세장방형의 구획식 묘역지석묘 혼재.	

	지역	주요사례	주요출토유물	특성	참고사항
청동기시대 후기	남강유역	창원 진동리 지석묘군		구획식 묘역지석묘 서로 연접하며 개별적인 묘역군 형성 (지석묘A~K군).	경남발전연구원 역사문화센터(2009b:15-18), 하승철(2008:17-39), 윤호필(2004:499)
		창원 덕천리 지석묘	홍도, 마제석검, 석촉, 석착, 비파형동검 1점 등 *1호(유경식마제석촉22점, 관옥6점, 목제품2점), 2호(관옥165점, 홍도1점, 칠편), 5호(홍도)	독립적으로 구획된 대규모 묘역. 지석묘의 거대한 규모. 지석묘3기, 석곽묘 및 석관묘 12기, 석개토광묘 5기 확인. 90m×230m 범위에 남북방향으로 일렬분포. 다단토광의 하부구조. 〈그림8〉	이상길(2004:147)
		산청 매촌리 지석묘군	청동촉, 마제석검, 마제석촉, 식옥	장방형·원형 구획식 묘역지석묘 9기와 석관묘 39기. 석관묘는 하안단구 등고선과 나란하게 열상분포.	우리문화재연구원(2009)
		진주 이곡리 지석묘군	마제석검, 유경식석촉, 홍도, 옥.	지석묘, 석관묘 또는 석곽묘, 토광묘, 적석유구 등 모두 41기의 무덤확인. 평면 방형, 장방형 또는 원형의 구획식 묘역지석묘 다수 확인. 약 3개소군집 분포.	배덕환 외(2007:24-253), 李海鍊(2007:254-275)
	낙동강 중상류지역	대구 대천동 지석묘군	일단병식마제석검, 석촉, 홍도출토. 출토유물빈약. 그러나 일부유구 유물다수 출토 :B군11호묘(마제석검 1점, 유경식마제석촉15점), B군12호묘(홍도, 마제석검, 유경식마제석촉, 무문토기, 관옥33점, 환옥14점, 곡옥2점)	다양한 석관묘(석축형, 혼축형, 상형, 토광형) 등 68기 확인. 크게 2군집으로 분포. 전반적인 유구의 수에 비하면 출토유물의 양이 빈약한 편. 〈그림5c〉	하진호 외(2009a, 2009b)
		대구 상인동 지석묘군	마제석검, 석촉, 홍도, 곡옥 등	부석이 깔린 구획식묘역을 가진 4기의 석관과 1기의 원형유구 등이 연결되어 길이 27m 폭 8m의 집단묘역확인. 마제석검, 석촉, 홍도, 곡옥 출토. 다른 지석묘에 하여 부장품이 출토된 편임. 인근의 12기의 상인동 98-1	경북대학교박물관 (1992:134), 국립대구박물관(2001:33), 大東文化財研究院 (2008:108-109)

	지역	주요사례	주요출토유물	특성	참고사항
청동기시대 후기	낙동강 중상류지역			지석묘12기와는 차별화했을 가능성.〈그림7c〉	
		대구 상동 지석묘군	마제석검, 유경식석촉 등	41기의 지석묘 등의 하부구조가 좁은 면적(15m×15m)에 밀집분포. 석곽형 하부구조가 33기, 석관형 하부구조가 5기로서 석곽형이 다수.〈그림5b〉	신종환(2000:114-116)
		대구 신서혁신도시 개발사업 B-I구역 지석묘군	석촉, 홍도	48기의 하부구조(지석묘 4기, 석곽묘 28기, 석관묘 16기)가 좁은 면적(약30m×약20m)에 밀집분포. 지석묘 등 3-4개의 소군집 분포양상.〈그림5a〉	한국문화재보호재단 (2009)
		달성 평촌리 지석묘군	일단병식마제석검, 유경식석촉, 홍도 등	충적대지에 석관묘28기가 열상 밀집분포. 인근의 평촌리 지석묘군 I, II, III과 고봉리 지석묘군과 만남. 군집묘. 무덤규모와 입지 등으로 묘역 내 차별화 말하기 어려움.	경상북도문화재연구원 (2010: 80-140, 350)
		칠곡 복성리 지석묘군	12호석관(유경식석촉11점, 홍도1점, 관옥40점)	지석묘 하부구조 17기. 규모가 큰 묘는 일정한 거리를 두고 배치하고 그 주변에 각각 상대적으로 작은 묘 조성. 1호 지석묘와 12호 석관묘의 경우는 장방형의 포석(鋪石)시설을 갖춤.	영남문화재연구원 외 (2001), 권태룡(2001:65, 76-77)
		합천 저포리E 지석묘군		지석묘7기와 토광묘 1기 확인. 지석묘상석은 동서2열로 170여 평의 좁은 면적에 밀집배치. 장방형의 구획식 묘역 지석묘. 묘역 내부에 부석(敷石)이깔림.	부산대학교박물관 (1987:12-13, 249-278)
		김천 문당동 1호 목관묘	비파형동검, 흑도장경호, 원형점토대토기, 유경식석촉, 석검, 천하석제소옥	구릉 사면에의 단독입지와 부장품의 우월성 등을 고려 지석묘 집단과는 또 다른 묘제를 사용하는 집단의 유력자무덤일 가능성.	박정화 외(2008:39-61)
				A지구지석묘군 22기와 B지구	

	지역	주요사례	주요출토유물	특성	참고사항
청동기시대후기	낙동강 중상류지역	안동 지례리 지석묘군	유구 외 출토유물(일단병식 마제석검, 유경식석촉, 검파두식, 조합우각형파수부 장경호, 원형점토대토기 등)	지석묘군 8기 도합30기. 대체로 소형지석묘. 지상식의 위석식 지석묘. 열상분포양상 추정. A지구지석묘군 22기는 약 90평의 좁은 면적에 밀집 분포. 〈그림6c〉	계명대학교박물관 (1989:14-161).
	보령지역	보령 평라리 지석묘군	홍도편, 무문토기편, 삼각형 석도, 마제석검, 유리옥 등	지석묘 와 석관묘 등 21기의 무덤 하천방향과 나란하게 2열로 배치. 3-4개의 소군집양상. 구획식 묘역지석묘〈그림7b〉	이융조 외(1996)
	부여지역	부여 송국리 석관묘군, 옹관묘군	1호석관묘(비파형동검, 동착, 관옥, 곡옥, 일단병식석검, 유경식마제석촉 등). 옹관묘2기(관옥 등 다수의 옥기 출토)	부여 송국리52지구 능선 정상부대지에 입지. 석관묘4기, 석개토광묘2기, 옹관묘4기 확인. 석관묘와 토광묘 모두 이단토광. 수장층묘역으로 추정. 4기의 옹관묘피장자 유아로 추정. 옹관묘2기에서 다수의 관옥 등 출토추정. 계서의 세습사례암시. 〈사진1a〉, 〈사진1b〉, 〈산진1c〉	국립중앙박물관 (1979:106-119), 이건무(1979:115-119), 武末純一(2002:34-35)
		부여 남산리 분묘군	출토유물 중 청동제품 없음.	석관묘2기, 토광묘22기, 옹관묘 3기 등 조사. 송국리 취락에서 2.5km 이격. 송국리취락의 일반 구성원 무덤으로 추정	김길식(1994:177-193) 武末純一(2002:34-35)
	진안 용담댐 수몰지구	진안 안자동 2호지석묘	홍도편, 구순각목토기편. 유구석부(2호지석묘 인근 적석유구출토)	구획식묘역지석묘	김승옥 외(2001a:221-237)
		진안 모곡 지석묘군	일단병식마제석검, 유경식석촉, 무문토기편	지석묘6기, 석관묘 2기, 원형적석유구2기. 묘구부위에 적석이 깔려있는 양상이며 개별묘역연접 및 집단묘역형성.	김승옥 외(2001b:135-174)
		진안 여의곡 지석묘군	일단병식마제석검, 이단병식 마제석검, 유경식석촉, 유구석부, 무문토기(삼각만 입석촉 발견되지 않음)	63기의 분묘조사. 대부분이 개석식 지석묘. 방형, 원형, 타원형의 구획식묘역형성. 3-5기가 일열로 연접축조. 지석묘가 석	김승옥 외(2001d:538-543)

	지역	주요사례	주요출토유물	특성	참고사항
청동기시대 후기	진안 용담댐 수몰지구	진안 여의곡 지석묘군		관묘, 석개토광묘와 옹관묘보다 선행하는 것으로 파악. 〈사진7a〉	
		진안 풍암 지석묘군	일단병식마제석검, 유경식 석촉 등	15기지석묘가 후기. 방형의 구획식묘역. 일렬로 연접하거나 나열배치. 집단묘 성격. 적석묘역. 중앙부위 높아 분구양상.	김승옥 외(2001c:79)

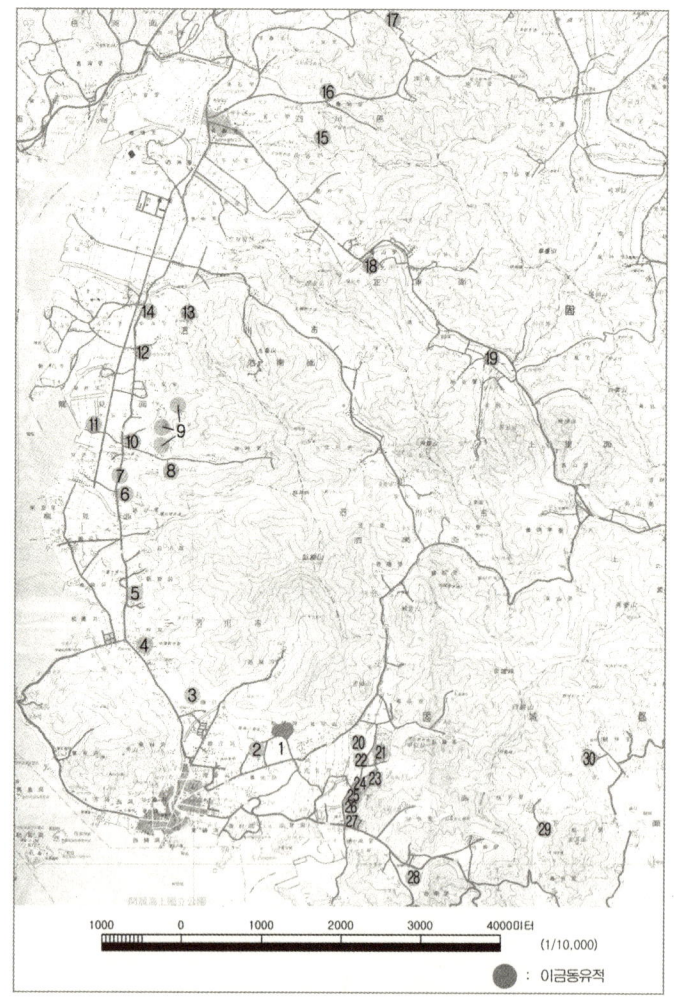

| 그림 1 | 사천 이금동 주변지역 지석묘군 분포도

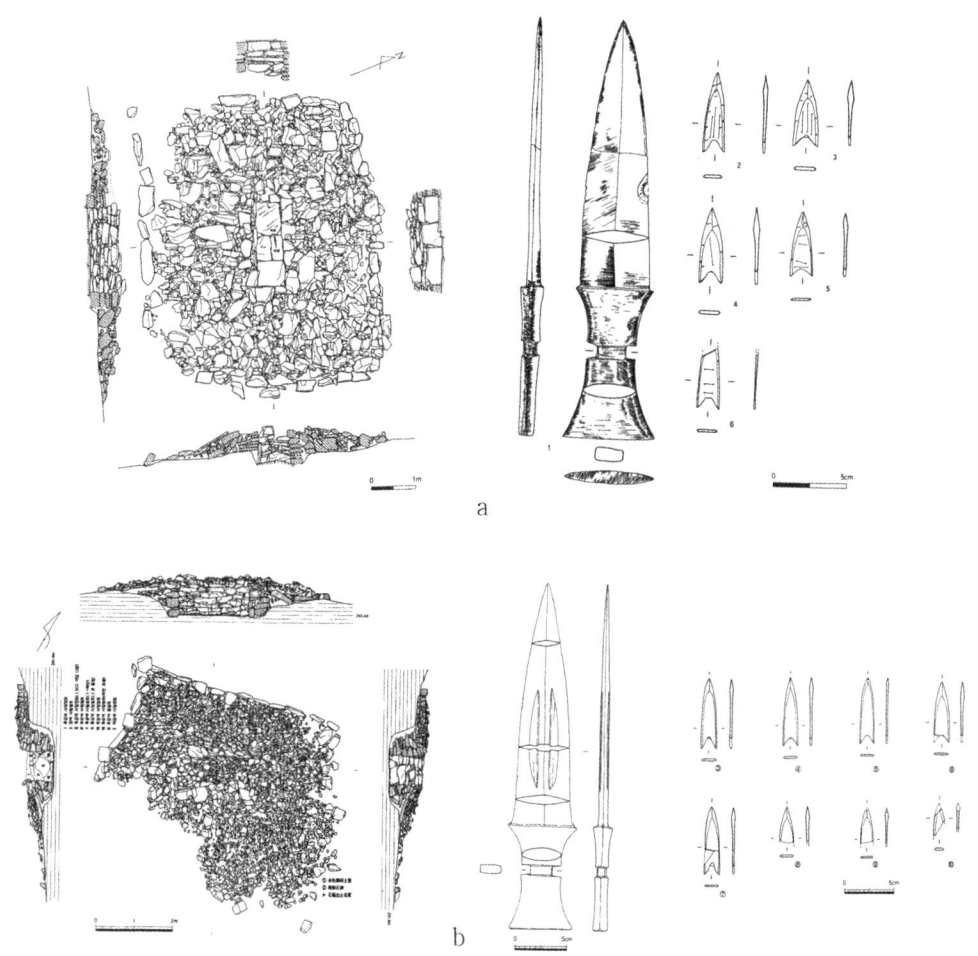

| 그림 2 | 청동기시대 전기의 묘제(1). a. 진안 안자동 1호지석묘, b. 안자동 9호지석묘

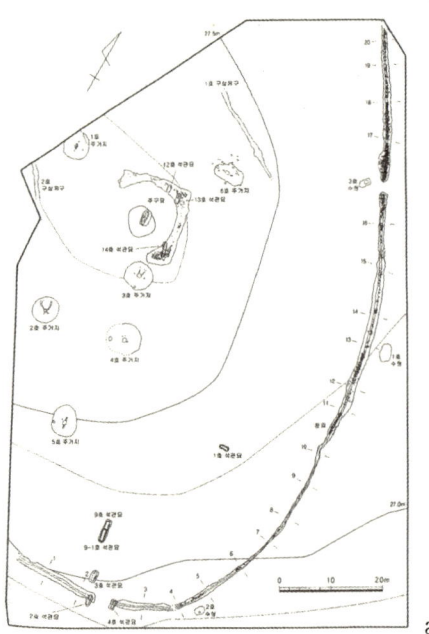
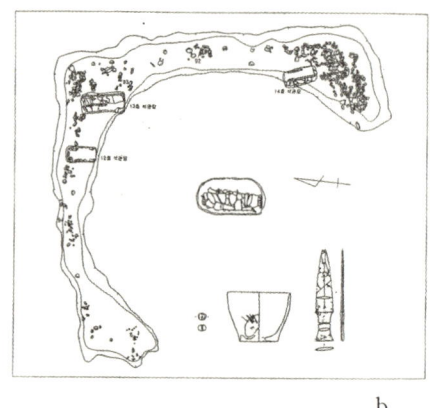
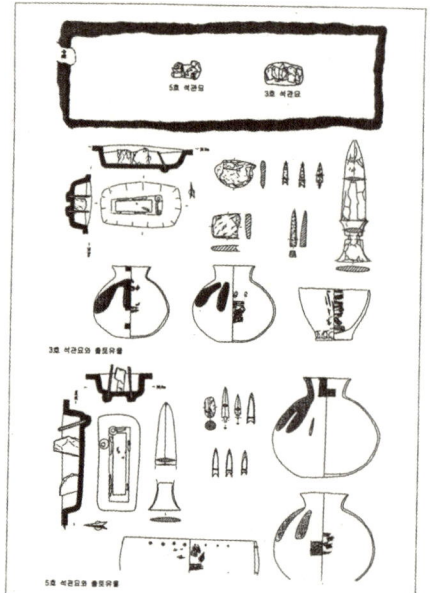

| 그림 3 | 청동기시대 전기의 묘제(2) – 주구석관묘. a. 마산 진북 망곡유적 1호 주구석관묘, b. 마산 진북 망곡유적 1호 주구석관묘 세부, c. 진주 대평 옥방 8지구 유적 3호·5호 주구석관묘

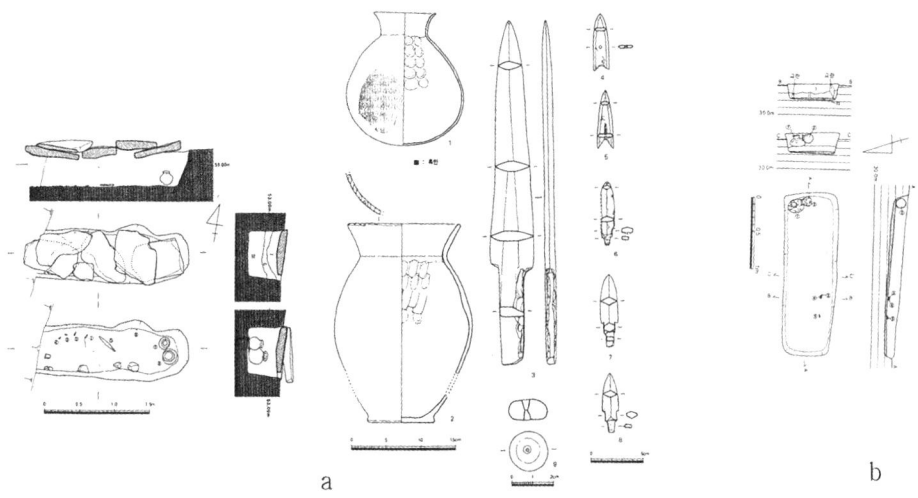

| 그림 4 | 청동기시대 전기의 묘제(3) a. 사천 이금동 51호 석개토광묘, b. 진주 이곡동 29호 토광묘

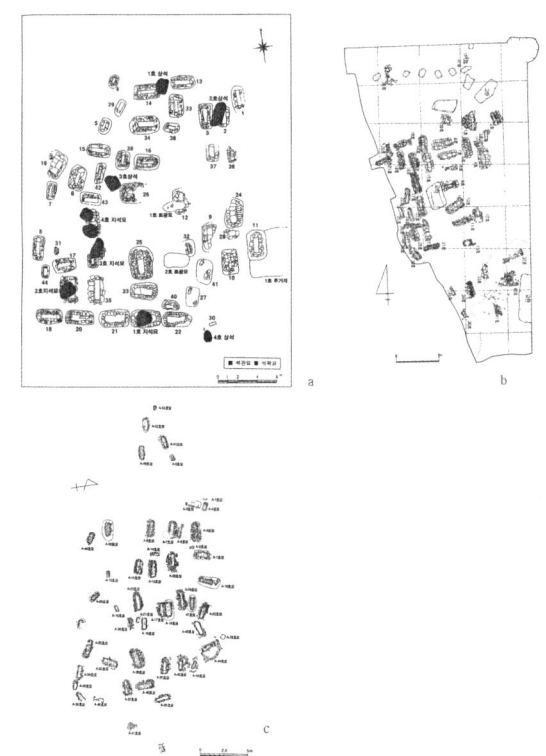

| 그림 5 | 지석묘의 군집 및 배치 양상(1) a. 대구 신서혁신도시 개발사업B구역 지석묘, b. 대구 상동 지석묘,
c. 대구 대천동 지석묘 A군

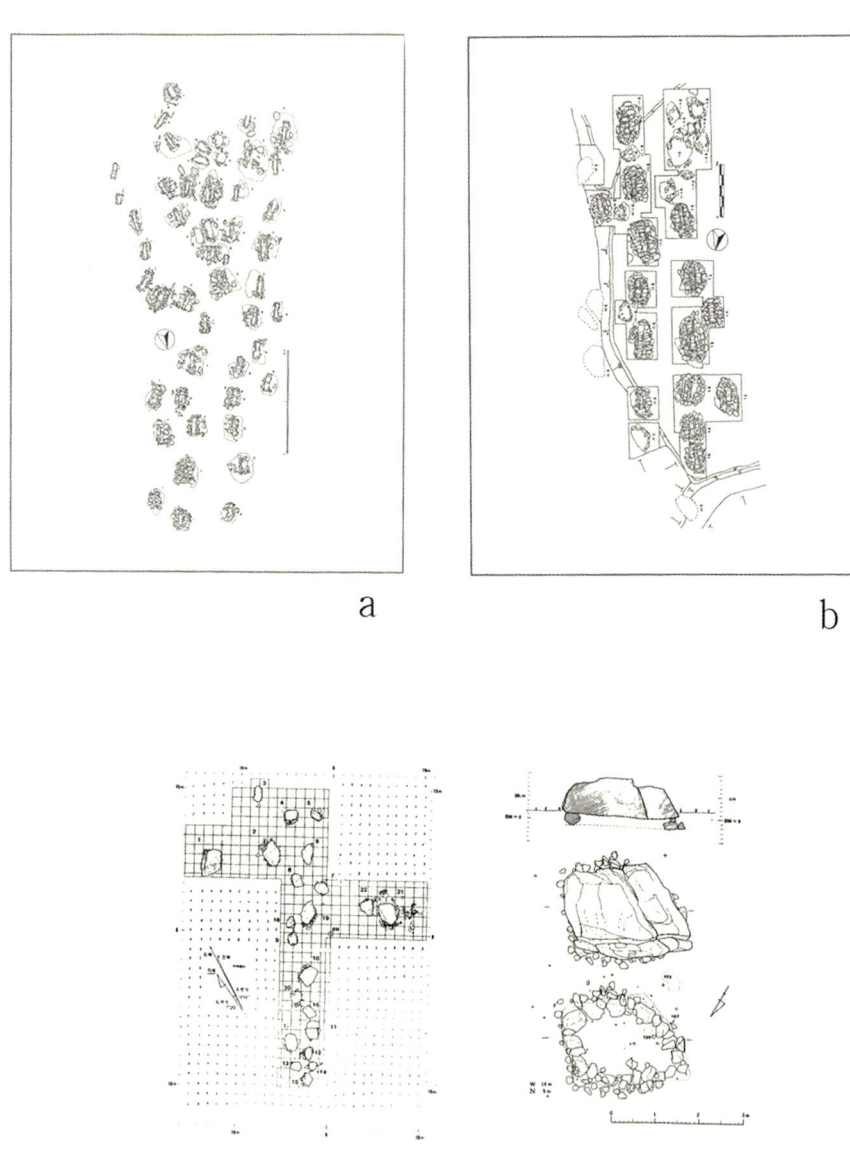

| 그림 6 | 지석묘의 군집 및 배치 양상(2) a. 순천 우산리 내우 지석묘, b. 보성 죽산리 다군 지석묘, c. 안동 지례리 지석묘

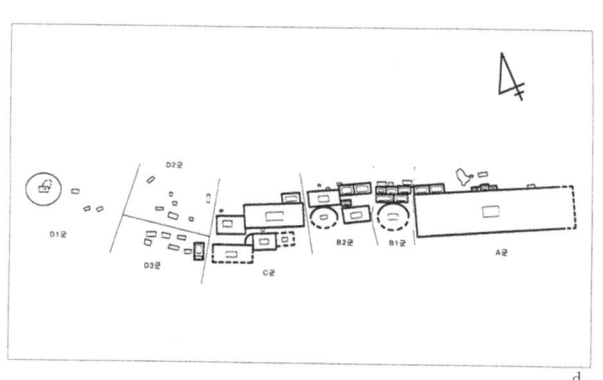
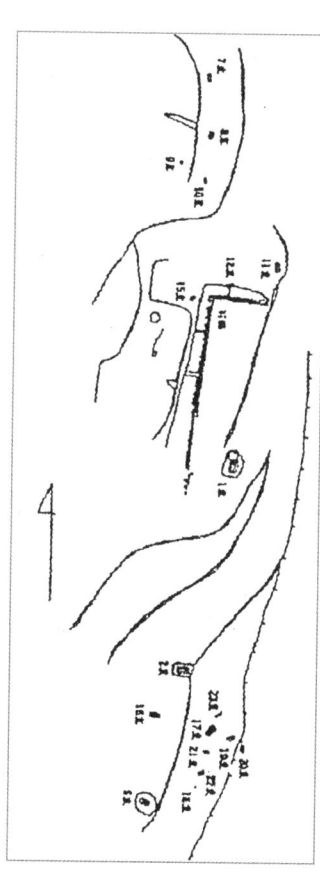

| 그림 7 | 지석묘의 군집 및 배치 양상(3) a. 진안 여의곡 A-1지구 무덤, b. 보령 평라리 지석묘, c. 대구 상인동 지석묘, d. 사천 이금동 지석묘 배치 양상 모식도

| 그림 8 | 지석묘의 군집 및 배치 양상(4) - 창원 덕천리 지석묘분포도

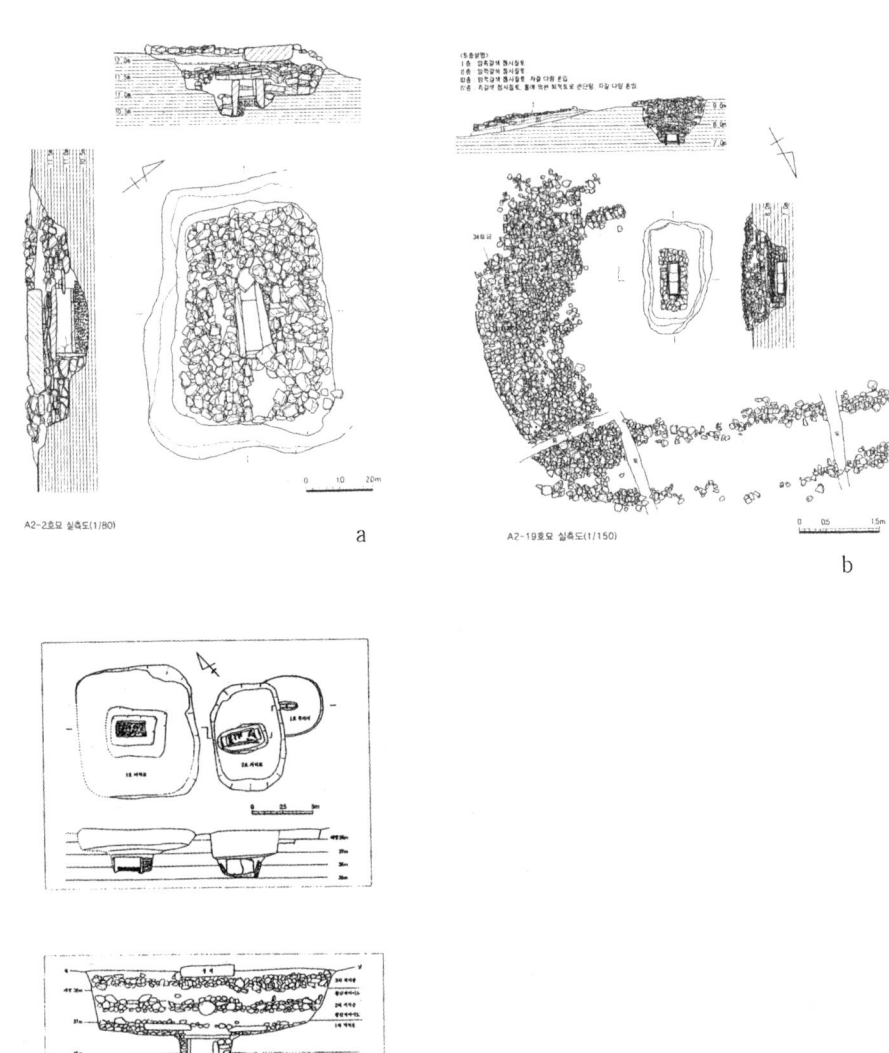

| 그림 9 | 다단토광 하부구조 지석묘 a. 김해 율하리 A2-2호묘, b. 김해 율하리 A2-19호묘, c. 보성 동촌리 유적 유구배치도(상)/동촌리 2호지석묘(하)

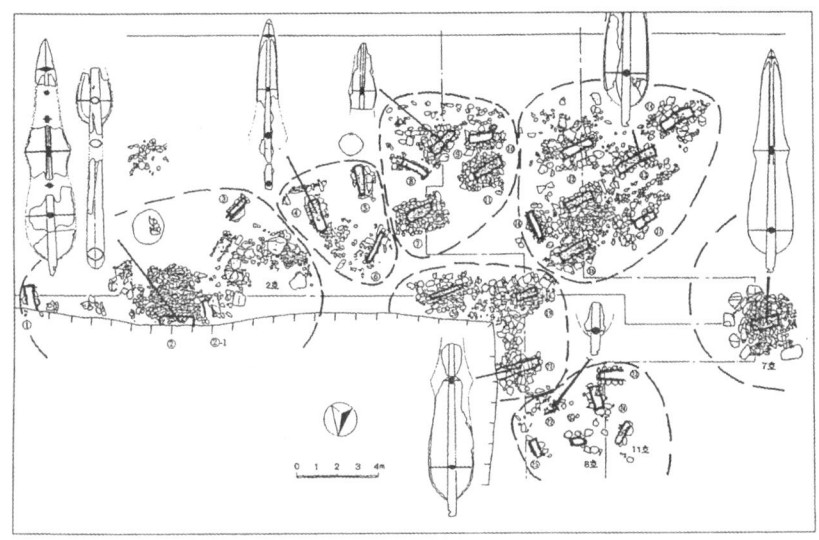

| 그림 10 | 여수 적량동 상적 지석묘 유적 비파형동검 출토 양상(武末純一 2002:31)

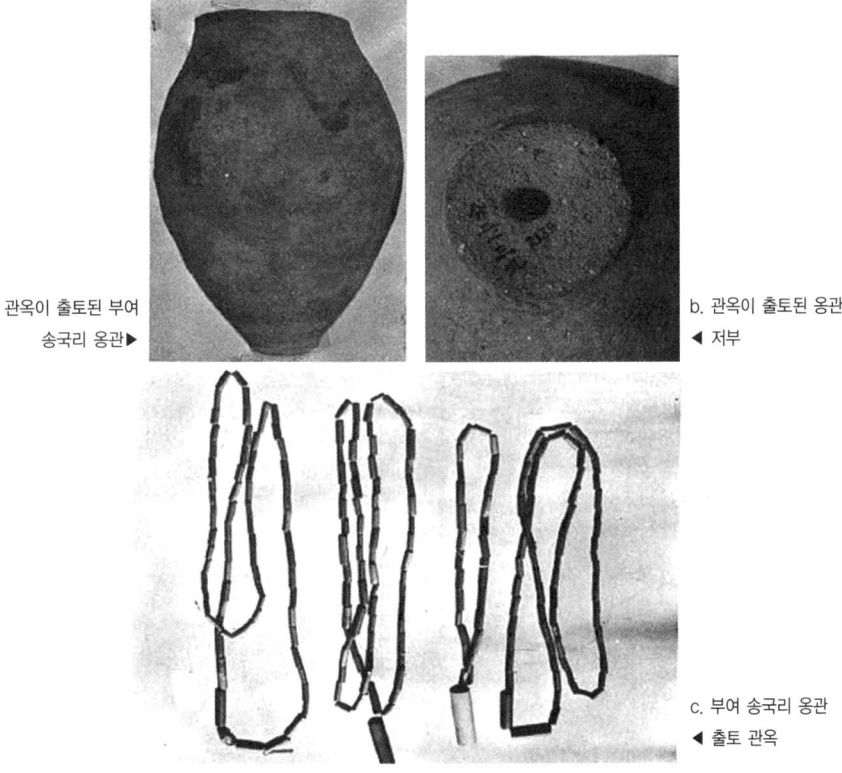

a. 관옥이 출토된 부여 송국리 옹관 ▶

b. 관옥이 출토된 옹관 ◀ 저부

c. 부여 송국리 옹관 ◀ 출토 관옥

| 사진 1 | 부여 송국리 옹관 및 옹관 출토 관옥

Ⅳ. 무덤자료로 본 청동기시대 사회의 특성

1. 청동기시대 무덤의 피장자에 관한 논의

우선 청동기시대 무덤의 피장자에 대하여 논의하기에 앞서서 아예 무덤을 축조하지 못했던 사회구성원들이 집단 내에서 상당부분을 차지하고 있었다고 가정한다면 그들은 무덤을 축조한 사회구성원들에 비하여 적어도 인력동원을 포함한 자원동원 능력에 있어서 상대적으로 열등한 사회적 위치에 있었다고 말할 수 있고 단독으로 또는 군집을 이루거나 열을 이루며 장기지속성을 가지고 무덤이 축조되었던 것 자체가 무덤을 축조하는 집단이나 사람의 우월한 사회적 위치를 확대재생산하며 제도화하려는 증거로 볼 수 있다. 이러한 시각에서 필자는 청동기시대 지역별, 시기별, 집단별로 다양한 변이성이 존재했겠지만 청동기시대 집단 구성원 모두가 무덤에 묻혔다고 보기는 어려우며 집단 내에서 또는 집단 간에 무덤을 축조하지 못했던 사람들이 존재했을 가능성이 큼으로 크고 작은 군집을 이루고 열을 이루며 자신의 무덤이나 묘역을 가진 개인이나 집단은 그렇지 못한 개인이나 집단보다 우월한 계서나 영향력을 가지고 있었을 가능성이 있다고 할 수 있고 일정 부분 불평등의 제도화도 이루어지고 있었을 가능성이 있다고 할 수 있다. 그러나 이것만 가지고 불평등제도화의 필요충분조건이 갖추어진 것으로 보기는 어려움으로 청동기시대 사회의 특성이 타당성 있고 신뢰성 있게 파악되려면 무덤의 종류, 입지, 규모, 부장품의 차별성 등 다양한 요소도 종합적으로 검토되어야 한다.

과거 사람들의 사회적 전략과 선택을 고려할 때 반드시 그렇다고는 할 수 없지만, 무덤의 규모가 크거나 입지가 우월하거나 부장품의 종류와 수량이 많아 무덤축조와 관련된 에너지를 많이 투여한 무덤들은 필요충분조건을 갖추진 않았어도 일단 다른 무덤과 비교하여 유력자무덤일 확률은 높다고 생각한다.

청동기시대 전기의 무덤으로 마산 진북 망곡리 석관묘, 서천 오석리 주구석관묘 등의 주구석관묘가 있는데 이들 무덤의 피장자들은 묘역의 차별화 측면과 주구석관묘의 상대적 희소성과 단독입지 등을 토대로 볼 때 집단의 유력자일 가능성이 있다.

그 동안 지석묘에 묻힌 사람의 범주로 지배자, 지배자와 그 가족, 혈연집단의 공동무덤, 전사자의 무덤 등이 제기되었는데 4가지 범주 모두를 경우에 따라 인정하는 견해(李榮文 2001:446-448)가 있는데 타당한 견해라고 생각된다. 그러나 대구 대천동 지석묘군, 대구 상동지석묘군, 안동 지례동지석묘군 등의 무덤과 같이 묘역을 형성하지만 상대적으로 무덤군 자체 내에서 규모상의 차별성이 적고 부장유물도 빈약한 경우 해당 무덤군이 일반구성원의 공동묘역일 가능성이 크다. 사천 이금동, 산청 매촌리, 김해 율하리지석묘군은 취락의 일반구성원과 수장이 동일묘역에 공간을 차별화하며 함께 묻힌 것이며 대형 구획식 묘역지석묘는 수장 등 유력자의 무덤인 반면 그 인근에 딸린 중소형의 지석묘들은 수장과 혈연적으로 또는 사회적으로 친연성이 있는 가족이나 일반구성원일 가능성이 있다. 그리고 청동기시대 후기에 오면 일반구성원의 지석묘에 대한 차별화 전략으로 대규모 상석(언양 서부리지석묘), 대규모 지하구조(김해 율하리지석묘군)〈그림9a〉, 〈그림9b〉, 구획식 묘역(사천 이금동지석묘군, 산청 매촌리 지석묘군, 창원 덕천리지석묘군)〈그림7d〉, 〈그림8〉, 우월적 입지(창녕 유리지석묘, 창원 덕천리지석묘, 김천 문당동1호묘), 우월적 부장품(여수 적량동 상적 지석묘군, 김천 문당동 1호 목관묘)〈그림10〉 등의 다양한 특성을 갖는 지석묘들이 출현한 것으로 보인다. 즉 지역별로 사회적 위계를 차별화하는 다양한 방법(주구, 구획식 묘역, 부장품의 종류와 수량, 상석의 규모, 입지, 하부구조의 규모 등) 중에서 해당 집단이 아직 채택하지 않은 효율적인 요소를 위계를 나타내는 방식으로 활용했던 것으로 보인다.

이러한 일반구성원에 의한 유력자묘제의 모방에 따른 차별화효과 저하라는 상황 속에서 새롭게 강조되어야 하는 位階 差別化를 위한 사회적 전략의 채용이라는 각도에서 보면 지석묘피장자의 시기별 변동과정에 대한 다양한 동태적 양상의 흐름에 대한 이해도 가능하다. 즉 청동기시대 전기에는 수장이나 유력자들이 대체로 지석묘나 주구석관묘 등의 무덤에 묻히는 경향을 띠다가 청동기시대 후기로 들어오면서 지역에 따라서 일반구성원들의 묘제로 더 넓게 적용되면서 그에 대한 차별화로 묘역지석묘 또는 이단토광의 매장주체부를 가진 지석묘가 출현하거나 비파형동검, 옥장신구 등 위세품의 선별적 매장이 진행되었을 가능성이 있다. 물론 〈표3〉과 〈표4〉가 보여주듯 지역에 따라 청동기시대 전기부터 비파형동검부장과 구획묘역을 가진 지석묘가 등장하며 청동기시대 후기까지 이러한 전통이 위계표시방식의 하나로 확산되고 변형된 것으로 추정된다.

2. 무덤의 분포양상과 무덤축조집단의 권역

무덤의 분포양상을 통하여 청동기시대 사회집단의 권역을 추정할 수 있는데, 청동기시대 전기는 지석묘나 주구석관묘가 대체로 단독 또는 소규모 군집분포의 양상을 띤다. 다만 예외적으로 춘천 천전리에서는 16기의 주구석관묘가 군집 분포하는 양상을 보인다(강원문화재연구소 외 2008:220-256).

청동기시대 후기에는 지역별로 지형의 차이를 포함하여 여러 요인 때문에 약간의 차이는 있으나 대규모 무덤군-중간규모 무덤군-소규모 무덤군이 일정거리를 두고 분포하는 모습을 보인다. 지석묘의 경우 대군집 지석묘의 분포범위는 대체로 직경 20km내외이며 그 속에 중간규모 지석묘군과 소규모 군집지석묘가 5-10km내외의 간격으로 분포하는 양상[10]이다.

---

10 구체적인 분포양상은 다음과 같다.
　① 전남지역의 경우 지석묘의 소밀집지(86개)는 대체로 직경 4-6km 내외의 범위에 분포하고 3-6개의 소밀집지가 모여 하나의 밀집분포권을 이루며 밀집분포권의 직경은 대체로 18km-22km이다. 소밀집간의 중심지간의 거리는 대체로 7km-13km 밀집분포권 중심지간의 거리는 20-26km 정도여서(이영문 1999:44-45) 동시기성에 대한 문제, 유적의 변형에 따른 문제, 발굴되지 않은 자료를 가지고 논의하는 문제는 있으나 전남지역 지석묘군별 권역에 관한 암시를 준다.
　② 사천 와룡산지대에서는 이금동지석묘군축조집단이 큰 규모의 집단이었을 것으로 추정되며〈그림1〉그로부터 직선으로 약 8km 떨어져 북서쪽에 위치한 덕곡리지석묘군이 중간규모집단에 해당되고 그 사이에 1.5-2.5km 정도의 유

3. 무덤자료로 본 청동기시대 사회구성단위

지석묘집단의 사회구성단위는 지석묘를 하나의 취락이 단독으로 각각 조성하였는가 아니면 하나의 중심취락과 그에 속한 다수의 하위취락들이 공동으로 조성하였는가의 경우에 따라 달라질 수도 있으나 기본적으로 양자의 사례가 존재했을 가능성이 크다.

무덤자료를 통해본 청동기시대 사회최소구성단위는 사회적·혈연적으로 유대를 갖는 구성체로서 가구(household)를 상정하며 그러한 양상을 반영하는 것이 청동기시대 전기와 후기의 무덤분포양상에 나타나는 2-5개로 근접하여 분포하는 소군집 지석묘군으로 추정된다. 전기에 비하여 후기에도 사회 최소구성단위에서의 변화는 없으나 지석묘군이 대형화되거나 대규모 지석묘군 아래에 중소규모의 지석묘군이 분포하는 양상(사천 이금동지석묘군/김해 율하리 지석묘군/대구지역 지석묘군 등)은 청동기시대 후기에 들어와서 지역별로 사회위계화가 진행되었음을 암시한다. 가족제도가 청동기시대 전기의 대가족제도에서 후기의 핵가족제도로 변화했다는 주장과는 달리 묘제 상으로는 사회 최소구성단위의 표현방식에서 차이가 발견되지 않는다. 청동기시대 전기에서 후기로 가면서 가족제도에서의 변화라고 하기보다는 거주방식에 있어서의 변화가 있었던 것으로 보는 것이 더 타당할 것으로 보인다(김권구 2005:147-149, 김승옥 2006:29, 이형원 2009:135-137).

청동기시대 후기에는 적어도 3단계의 사회집단의 위계가 ⓐ소규모 집단 -ⓑ다수

사한 등간격으로 분포한 소규모 지석묘군이 소집단이었던 것으로 추정된다(慶南考古學硏究所 2003:27-29).
③ 김해 율하리유적에서는 A지구에서 75기, B지구에서 17기, E지구에서 6기, F지구에서 2기 등 모두 100기의 무덤이 조사되었는데(경남발전연구원 역사문화센터 2009a:1) 대군집 속에서 적어도 6-7개 이상의 지석묘군이 중소군집을 이루며 밀집되어 있었던 것으로 추정된다.
④ 대구지역의 4개 큰 군집은 대구 신천유역의 지석묘군, 남부지역지석묘군, 서부지역지석묘군, 동부지역지석묘군으로 구분될 수 있는데(金廣明 2001:14-19) 이들은 대구분지내의 지석묘축조 중심세력 4개와 그 하위에 10개-20개 이상의 소군집의 지석묘 축조집단이 존재했을 가능성이 추정된다.
⑤한강유역의 경우 지석묘 120개소 487기를 분석한 연구사례에서 3기 이상 밀집군의 경우 직경 7km 내외에 있는 것이 32개 지역군으로 나누어지고 있다(박순발 1998:29).

의 소규모 집단으로 구성된 중간 규모집단- ⓒ 다수의 소규모 집단으로 구성되어 있으면서 중간규모 집단을 거느린 대규모 집단 또는 지역공동체로 존재하였던 것으로 보인다. 그러나 지역에 따라 그 양상은 다양하여 ⓐ와 ⓑ로만 구성되어 있는 두 단계의 지역집단도 존재했을 것이며 그러한 특성은 인구규모, 자연환경과 인구부양력, 생업기술과 유형 등 다양한 변수의 영향을 받았었을 것으로 보인다.[11]

---

11 ① 이금동지석묘군의 속의 60여기의 무덤이 4-5개 내외의 군집을 보이는데 이것은 혈연집단 또는 계서집단의 소군집을 보여주는 지도 모른다. 또 사천 이금동 지석묘군이 청동기시대 후기에 중심마을과 다수의 하위마을이 공동으로 축조하고 관리하였을 가능성이 있다. 해안가와 곡간평야지대 등의 교통로를 따라 16km에 걸쳐 열상으로 분포하는 사천지역의 지석묘유적<그림1>은 청동기를 부장하는 여수, 마산, 창원, 김해, 거제의 지역공동체를 연결하는 해안네트워크의 하나로서 주목할 필요가 있다(경남고고학연구소 2003:28, 송만영 2007:51).
② 진주 이곡리 지석묘군에서의 유적 내 배치양상은 크게 대형묘역을 가진 지석묘를 중심으로 그 군집양상이 3군으로 나누어지며 1군과 3군은 대형지석묘를 중심으로 5-6기의 중소형지석묘가 군집을 이루고 있다. 한편 2군의 다양한 형식의 무덤들을 구획식묘역을 갖춘 지석묘의 배장묘로 보기도 하나(배덕환 외 2007:255) 실제로 그렇게까지 볼 수 있을지는 의문이며 가족묘 또는 동일계열 계서집단묘의 표현으로 보는 것이 옳다고 본다.
③ 창원 진동 지석묘군은 묘역을 별도로 만드는 인근의 집단을 동급 또는 하위에 두고 있으면서 한편으로는 본 지석묘군 내에서도 3-4개로 분리되어 군집하는 소집단이 함께 동일한 묘역을 사용하며 관리하는 구조를 가지고 있어서 당시 사회구조를 엿보게 한다.
④ 김해 율하리지석묘군의 분포 양상을 토대로 볼 때 김해 율하리지석묘군은 주변의 군소 지석묘군을 하위에 두고 중심마을과 그 하위마을에 속한 집단이 공동으로 축조한 혈연집단의 공동무덤으로서 지석묘군 자체도 6-7개 내외의 소군집을 이루고 있다.
⑤ 남강변의 충적대지 등에 이러한 많은 지석묘유적이 산재하고 또 이보다는 규모가 작은 지석묘군이 산재한다고 가정했을 때 산청 매촌리유적은 주변의 지석묘군을 하위에 둔 대형 지석묘군으로서 중심취락에 거주하던 사람들이 묻힌 곳일 가능성이 있다. 그리고 산청 매촌리유적의 지석묘 및 석관묘군은 이들이 모두 동시기라고 가정한다면 4-5개의 소군집으로 나뉘는데 이는 중심지석묘군 축조사회를 구성했던 혈연집단 또는 계서집단의 친소관계를 반영하는 양상일 가능성이 크다.
⑥ 대구 대천동 지석묘군에서는 68기의 매장주체부가 조사되었는데 그 분포양상은 약 15m×15m 정도의 좁은 면적에 41기의 지석묘하부구조가 조사된 대구 상동지석묘의 양상(신종환2000:115)과 유사하다. 신천권역, 진천천권역 등에 각각 대규모 군집묘역군을 가진 중심취락과 그에 직접 속한 다수의 하위취락이 동일한 묘역을 축조관리하고(하진호2009:133-134) 또 그 사이의 별도의 하위취락은 별도의 중소규모 지석묘군을 축조하던 사회구조가 현재의 대구지역 내 지석묘분포양상을 만들어내지 않았나 생각된다.
⑦ 대구 상인동지석묘군에서는 부석이 깔린 구획식묘역을 가진 4기의 석관과 1기의 원형유구가 연결되어 길이 27m 폭 8m의 집단묘역을 이루고 있고 출토유물로는 마제석검, 석촉, 홍도, 옥 등이 있으며 다른 지석묘군에 비하여 청동기는 출토되지 않았어도 부장품이 출토된 편이다(경북대학교박물관 1992:134, 국립대구박물관2001:33). 인근 상인동 98-1번지 일원 아파트신축부지 내 유적에 2-4기가 하나의 군을 이루며 확인된 12기의 지석묘군(大東文化財研究院 2008:108-109)과 차별화하려 했던 것으로 보인다.
⑧ 진안 여의곡 A지구 지석묘군은 잔존된 상태를 고려할 때 볼 때 적어도 8-9개 정도의 내부 소집단이 있었을 가능성이 있다(그림 7a 참조). 그런데 여의곡지석묘의 경우 무덤을 배치하면서 다른 집단과 차별화는 하지만 군집성을 띠는 특성이 있다. 또 여의곡지석묘군에서 비파형동검과 옥이 아직 확인되지 않은 특성이 있는데 이러한 특성은 아마도 여수지역과는 달리 묘역의 입지와 상석 등 외부에 좀 더 효율적으로 과시되는 방식으로 당시의 계서관계를 표현하던

4. 무덤의 위계화와 지속성 검토

불평등은 수렵채집사회에서 집약농경사회에 이르기까지 모든 사회에서 나이, 성별, 권위, 기술, 위세에 따라서 나타남으로 중요한 것은 언제 불평등이 나타났는가가 아니라 왜 불평등이 심화되고 제도화되는 가이다. 또 제도화된 사회적 불평등의 출현문제에 있어서 사회 자체의 내부요소와 외부요소(기후, 환경, 인구) 양자의 동태적 관계를 중요시해야 한다(Feinman 1995:255-279). 따라서 이러한 점을 염두에 두고 청동기시대 무덤의 입지, 규모, 묘역, 출토유물의 검토를 통한 사회위계화 문제를 살펴보고자 한다.

1) 지석묘군 사이의 입지와 묘역에서의 차이
① 청동기시대 전기의 양상

청동기시대 전기의 경우는 지석묘 중에서 입지, 묘역, 상석, 매장주체부, 묘역, 출토유물 등에서 차이는 어느 정도 존재했다고 보여 진다. 예를 들어 서천 오석리의 주구석관묘와 춘천 천전리 A-나지구 주구석관묘, 마산 진북 망곡리 주구묘〈그림 3a〉 등도 주구를 돌림으로써 석관묘를 다른 공간과 차별화했다는 점이 인정된다. 특히 마산 진북 망곡리 주구묘에서는 해당 유적의 다른 유구에 비하여 입지의 우월성과 묘역의 차별성뿐만 아니라 옥과 석검 등 부장품의 상대적 풍부함 속에서도 차별성이 엿보인다(경남발전연구원 역사문화센터 외 2009b:89).

청동기시대 전기의 경우에는 단독묘 내지는 2-3기의 지석묘가 군집하는 양상을 띠고 있어서 당시 지석묘 축조와 출토유물에서의 표준화는 점차 이루어지고 있지만 아직 사회적 불평등의 심화양상은 덜 나타나고 있다.

것과 관련될 수 있다.
⑨ 여수 적량동 125번지와 여수 월내동487번지 일원의 상촌지석묘 Ⅲ에서 조사된 지석묘 관련 매장주체부는 147기 정도가 되고 이들은 6개의 소군집을 이루고 있다.

② 청동기시대 후기의 양상

이에 비하여 청동기시대 후기에는 지석묘군 사이의 군집 수에서 차이가 발생하기도 하며 하위지석묘로 추정되는 지석묘집단도 다수 보이기 시작한다. 묘역, 상석, 하부구조의 거대화〈그림9a〉, 〈그림9b〉, 〈그림9c〉와 출토유물에서의 차별화도 진행된다. 그 주요 사례를 살펴보면 다음과 같다:

사천 이금동의 경우 전체 묘역을 공유하면서도 집단별로 세부적인 구획묘역 또는 열을 이루는 무덤의 배치양상이 보이지만〈그림7d〉 구획묘역의 존재여부나 무덤의 규모와 비례하여 출토유물에서의 차별성은 보이지 않는다. 예를 들어 비파형동검이 출토된 C-10호 묘와 D-4호 묘 모두 입지와 묘역 그리고 규모에 있어서 다른 인근의 것에 비하여 차별성을 보이지 않은 상태로 군집을 이루며 동일한 공간을 공동묘역으로 사용하고 있다. 비파형동검과 관옥이 다수 밀집되어 출토되는 구역이 사천 이금동지석묘군의 D군임을 보여주지만 D군의 무덤들은 그 규모나 묘역차별화의 측면에서 A군, B군, C군에 비하여 우월해보이지 않는다.

송국리취락 일반구성원의 무덤으로 추정되는 취락외부에 위치하는 남산리유적과 수장층의 무덤묘역으로 추정되는 송국리52지구 취락내부에 위치하는 무덤군은 서로 공간적으로 차별화되어 분포하고 있다(국립중앙박물관 1979:106-119, 武末純一 2002:34-35). 그런데 송국리 52지구의 유아용으로 추정되는 2기의 옹관묘에서 출토된 것으로 보이는 매장문화재 신고품인 관옥 등 다수의 옥기(이건무 1979:115-119)를 위세품〈사진1c〉으로 볼 경우 이것은 유아의 무덤에서 출토된 위세품으로서 청동기시대 후기 송국리 취락집단에서 귀속지위세습을 암시하는 고고학사례로 볼 수도 있어서 주목된다.

창녕 유리지석묘와 같은 주위 평지를 내려다볼 수 있는 구릉 정상부에 독립적으로 입지하는 경우[12]는 다른 지석묘들과 차별화 된 것으로 볼 수 있다. 또 사천 이금

---

12 약 50m 떨진 곳에 다른 지석묘1기도 함께 조사된 바 있다(김재원 외 1967:173-178).

동 지석묘군, 김해 율하리 지석묘군, 산청 매촌리 지석묘군, 진안 여의곡지석묘군 등 많은 지석묘도 나름대로 묘역과 분포입지를 통해 다른 지석묘군과 차별화한 것으로 보인다. 그러나 대구 상동 지석묘군〈그림5b〉이나 대구 대천동 지석묘군〈그림5c〉, 대구 신서혁신도시 지석묘군〈그림5a〉, 보령 평라리 지석묘군, 고창 죽림리와 도산리 지석묘군 등은 커다란 인위적 구획을 한 경계가 없다하더라도 모여 있는 것 자체가 당시 사람들의 인지적인 측면에서 묘역역할을 하고 특정묘역에 묻히는 것 자체가 개인이 가졌을 혈연관계뿐만 아니라 계서를 보여주는 사례일 가능성이 있다.

대구 상동지석묘군처럼 군집지석묘 사이에 무덤의 규모와 입지 그리고 출토유물에서 집단내 차이가 상대적으로 적은 유형(대구 상동유형)-무덤의 규모와 입지 그리고 출토유물에서 차이가 발생하지만 공동체 공동묘역을 함께 사용하는 유형(사천 이금동유형)-무덤의 규모와 입지, 출토유물상의 차별도 발생하거나 공동체 공동묘역과는 별도 공간을 묘역으로 사용하는 유형(창원 덕천리유형, 부여 송국리 석관묘집단)이 보인다. 이러한 양상은 사회적 불평등의 출현과 불안정적 제도화를 암시하는 증거로 볼 수 있다.

2) 개별 지석묘군집규모의 정도

지석묘군은 대형의 경우 여수 적량동 상촌지석묘군Ⅲ의 경우와 같이 구획식 묘역 지석묘 97기를 포함하여 150여기의 매장주체부가 확인된 경우와 50기-100기 내외, 20-50기 내외, 10기-20기 내외, 10기 이내의 규모로 편의상 나눌 수 있는데 이러한 지석묘군 규모에서의 차이는 지석묘군 분포양상 속에 잘 나타나있다. 대구 대천동 지석묘군 68기와 대구 상동지석묘군 41기와 각각의 인근에 분포하는 지석묘군집을 고려하면 청동기시대 후기 지석묘군 군집정도에 차이가 있음을 알 수 있다.

또 지석묘가 입지하는 주변에 보성 동촌리나 사천 이금동 그리고 여수 봉계동 일원의 지석묘군과 같이 넓은 평야를 가지고 있는 경우와 그렇지 않은 중소규모의 지석묘들이 있어 주변 환경이 갖는 인구부양능력의 잠재성에 있어서 차이가 있어 보인다. 아마도 『삼국지위서동이전』 변진조(弁辰條)에 나오는 대국(大國) 4000-5000 가(家) 소국(小國) 600-700 가(家)로 구성되어 있다는 기록은 비록 청동기시대와는 관련 없는 후대(後代) 인구에 관한 기사이지만 청동기시대에도 이러한 방식으로 규모는 작더라도 지역별로 일정 정도의 인구차이는 있었던 것을 보여주는 자료로 판단된다.

3) 지석묘의 장기지속성

지석묘군 대부분의 경우 그 장기지속성여부의 판정은 현재의 자료양상으로서는 파악하기 어렵다. 그 대표적인 경우가 여수 적량동 상적 지석묘유적의 사례이다. 동 지석묘유적에는 7개의 소군집 양상 지석묘군〈그림10〉이 있는데 각 소군집에서 1개씩의 비파형동검이 출토되었다. 그런데 7개의 소군집을 대등한 입장에서 보면서도 이들 차별화된 소군집 양상의 지석묘군이 동시에 존재하였는지 아니면 7대에 걸쳐 만들어진 것인지 아니면 그 중간으로서 2-3개집단이 2-3세대에 걸쳐 만들어진 것인지를 검토할 과제라고 했고(武末純一 2002:33) 이것의 정리 없이 비파형동검의 부장(副葬)만을 가지고 지석묘축조집단의 상대적 우위를 논할 수 없고 또 각 소군을 구성한 집단의 성격이 혈연관계인지 또는 취락군의 출신자인지도 알 수 없어서 문제라는 지적(이희준 2011:54-55)은 지석묘군의 장기지속성여부의 평가가 어렵고 또 지역별·집단별 지석묘조성의 원리를 알 수 없는 상황에서 계층화나 계서화의 진행에 대한 논의가 얼마나 어려운 일인지를 잘 보여준다.

그러나 무덤 축조의 장기지속성이 부분적으로 파악될 수도 있다. 고창 죽림리, 상갑리, 도산리 일대의 지석묘군 같이 그 수가 많은 경우[13] 그것이 소규모 지석묘군에 비하여 대체로 장기·지속적으로 축조된 결과를 반영할 가능성이 더 크다고 생각된다. 또 대구 상동지석묘의 경우처럼 동일 묘역을 사용하면서도 남북장축의 28호 지석묘가 동서장축의 26호 지석묘를 파괴하면서 축조되는 양상(신종환 2000:64-68)은 적

---

13 확인된 지석묘의 수가 481기에 이르며 2지구 10개 군으로 군집하여 분포하는 양상이다(湖南文化財研究院 외 2001:59).

어도 파괴된 지석묘의 피장자를 인지하지 못할 정도로 최소한 100년 이상(4-5세대의 기간)의 시간이 흐를 정도로 장기지속성을 가지고 묘역이 축조되었을 가능성을 보여준다.

전기에서 후기에 이르기까지의 시기에 걸쳐서 지속적으로 무덤이 동일 지구(地區)에 조영된 사례는 사천 이금동유적(송만영 2007:36), 합천 저포리E지구 지석묘군, 진안 안자동 지석묘군〈그림2a〉, 〈그림2b〉, 진안 풍암지석묘군 등이 있는데 이들 무덤들을 통해서도 축조기간의 장기지속성이 암시된다.

4) 지석묘 출토유물의 차별성

지석묘의 출토유물로는 비파형동검, 비파형동모, 비파형동촉 등의 청동기류, 마제석검과 마제석촉 등 석기류, 홍도 등 토기류, 관옥 등 옥기류가 있다. 그동안 비파형동검이 출토되거나 관옥 등 옥기가 출토된 지석묘는 그렇지 아니한 지석묘보다 유력자의 무덤으로 분류되어 왔다. 실제 그렇게 보는 것이 대체로 타당하기는 하나 일률적으로 적용할 수 없다. 왜냐하면 사회적 위계나 계서를 표현하는 기준이나 전략은 집단, 시기, 지역 그리고 맥락에 따라 차별화될 수 있음으로 그러한 다양성을 인정하면서 출토유물상의 위계나 계서를 검토해야 한다.

따라서 청동기 등 출토유물의 유무로써 여수지역의 사회분화가 더 진행되었고 대구지역이나 울산지역 등은 그에 비하여 후진적이라고 말하기 힘들다. 계서의 진행정도 등 불평등정도는 부장유물의 종류와 수량, 지석묘의 규모와 입지, 지석묘 단독의 구획식 묘역의 존재 뿐만 아니라, 해당집단의 인구규모, 노동력의 동원을 암시하는 토목공사의 존재가능성(수로, 보, 환호, 대규모 지석묘의 축조), 잉여의 관리양상(저장시설의 존재양상) 등을 종합적으로 살펴보고 그들의 계서차별화전략과 관리방식에 대해 주목하여야 한다. 단순히 check-list를 만들어 집단의 불평등정도를 평가하려는 것은 위험하며 여러 요소를 종합적으로 고찰하여야 한다는 점을 강조하고자 한다. 또 집단의 시조가 묻혀 있는 장소부근에 묻히는 것 자체가 상징적 역할을 하여 피장자와 그 관계자들의 사회적 중요성을 보장했으므로 부장품의 연속적인 부장은 불필요할 수 있다는 견해(우정연 2010:82)를 고려하면 비파형동검이나 마제석검 등과 같은 부장품의 종류와 그 많고 적음에 의한 피장자의 신분해석이 크게 달라질 수도 있어서 당시 유물 부장(副葬)의 기준과 사고방식에 대한 다각적인 검토가 요구됨을 알 수 있다.

유물의 출토양상으로 볼 때 청동기시대 전기부터 부장유물의 차이는 무덤 사이에 나타나며 청동기시대 후기로 가면서 부장유물의 차이가 보다 명확해지는 경향이 있다.[14] 그러나 지역과 집단에 따라서는 자신들이 활용할 수 있는 특정유물을 가지고

---

14 지석묘 출토유물의 차별화를 보여주는 주요 사례는 다음과 같다:
①여수 적량동 상촌지석묘 Ⅲ의 116호지석묘는 F군집의 중앙부에 위치하며 상석무게는 11.9톤으로 상석과 묘역의 규모는 군집 내에서 가장 크며 비파형동검도 출토되어 동일묘역의 다른 지석묘와 차별화되고 있다.
② 부여 남산리 무덤유적에서는 출토유물이 빈약하며 규모도 작은 반면 송국리52지구는 1호석관묘에서는 비파형동검, 동착, 관옥 등 다양한 부장품이 출토되어 대비된다.
③ 사천 이금동의 청동기시대 후기 분묘1)들은 비파형동검이 출토된 C-10호 묘와 D-4호 묘 모두 입지와 묘역 그리고 규모에 있어서 다른 인근의 것에 비하여 차별성을 보이지 않는다. 사천 이금동지석묘군에서 유구별로 관옥이 다수 출토되었다: A-1호묘(관옥 26점), B-2-1호묘(천하석제 구옥 1점과 관옥4점), B-6호묘(천하석제 원반형옥 2점 관옥67점), B-15호묘(관옥49점), C-8호묘(관옥61점), C-9호묘(관옥208점), D-1호 석관묘(관옥40점), D-3호 석관묘(관옥39점).
④여수 적량동 지석묘군에서는 7개의 비파형동검이 지석묘군 내의 7개의 소군집 별로 각 1개씩 출토되었고 이에 비하여 여수 평여동에서는 옥이 다수 출토되었다.
⑤마산 진북 망곡리 주구묘의 경우 입지와 규모에서의 우월성뿐만 아니라 부장품의 내용에서도 석검과 다른 무덤에 없는 옥이 부장되는 등 차별성이 부각된다(경남발전연구원 역사문화센터 2009b:89).
⑥김해 율하리 지석묘군에서는 비파형동검 등이 출토되지 않고 주로 마제석검, 석촉, 홍도가 주로 출토되어 유물차별화양상 미약하다. 다만 유물의 양상상 표준화나 묘제의 표준화가 보여주듯 이념적, 의례적 전통 등 규범의 표준화가 이루어졌고 거대한 규모를 통해서 계서를 강조하던 것으로 추정된다.
⑦비파형동검 등의 청동제품을 부장품으로 지닌 지석묘가 동일지석묘군의 다른 지석묘와 구조나 규모 상에서 큰 차이가 없는 사례는 승주 내우, 보성 덕치리, 고흥 운대리, 여수 봉계동, 여수 적량동, 여수 평여동, 여수 오림동 등지에서 보이고 이와는 달리 창원 덕천리지석묘는 단독으로 장방형 구획묘역을 이루며 입지하고 있음을 주목하며 전자의 구성원들이 공개적으로 취락구성원들에게 외부적 파워를 과시할 만큼 확고한 파워를 그 사회 내에 구축하지 못했던 것으로 보면서 해안선을 따라 교역을 주도한 집단의 것으로 보고 취락 내에서 내부적인 파워만을 행사할 수밖에 없었던 것으로 본 의견(추연식 2001:185-186)은 당시 집단별로 입장과 전략이 달랐을 가능성을 암시한다.
⑧ 대구 상인동지석묘군에서는 부석이 깔린 하나의 구획식 묘역(길이 27m, 폭 8m)을 가진 지석묘군이 조사되었는데 마제석검, 석촉, 홍도, 곡옥 등이 출토되어 다른 지석묘군에 비하여 청동기는 출토되지 않았어도 부장품이 출토된 편이어서(경북대학교박물관 1992:134, 국립대구박물관 2001:33) 묘역과 출토유물 상에서 나름대로의 차별성이 보인다.
⑨ 칠곡 복성리 지석묘군의 경우 구획식 묘역을 가진 지석묘로서 12호 석관묘에서 관옥 등 유물이 집중된 점이 눈에 띈다. 칠곡 복성리에서는 지석묘 하부구조 17기가 확인되었는데 규모가 큰 묘는 일정한 거리를 두고 배치되고 그 주변에 각각 상대적으로 작은 묘가 조성되었다. 그런데 장방형의 포석(鋪石)시설을 갖춘 12호 석관묘 석관내부에서 유경식석촉 11점, 홍도1점, 관옥40점 출토되어 묘역과 출토유물로 볼 때 지석묘군 내에서 차이가 남을 보여준다.

사회 위계화를 과시하고 관리했기 때문에 비파형동검이나 옥장신구의 유무만을 가지고 사회위계화와 수장의 존재여부를 따지는 것은 위험하다. 그러나 적어도 비파형동검이나 옥이 부장된 무덤은 부장품의 희귀성의 측면에서 해당유물이 부장되지 아니한 무덤과 차별되는 것임에 틀림없다. 그렇지만 그러한 유물이 부장되게 된 이유의 파악이 문제이다.

청동기시대 후기 부여 송국리 석관묘 출토 비파형동검과 관옥 등의 유물과 옹관묘에서 나온 것으로 추정되는 유아의 것으로 볼 수 있는 매장문화재 신고품인 옥장신구의 사례는, 비록 발굴된 유물이 아니라는 한계는 있지만, 부장유물의 차별이 뚜렷하고 귀속지위 세습화의 양상도 암시된다.

5) 지석묘군 내에서의 지석묘별 차이

지석묘군 내에서 부장품의 존재여부와 종류와 양 이외에도 지석묘 상석의 규모나 매장주체부 규모에서도 차이가 난다. 예를 들어 언양 서부리지석묘의 거대한 상석, 김해 율하리A-2지구 19호묘의 거대한 매장주체부[15]〈그림9b〉, 묘역 안에 존재하는 지석묘와 그렇지 않은 지석묘, 보성 송곡리지석묘군에서 보이는 상석의 무게가 45톤에 이른 7호지석묘 상석과 5톤 내외의 다른 지석묘상석 등은 청동기시대 후기 지석묘군 내에서 지석묘 규모의 차이가 나타남을 잘 보여주고 그 차이가 청동기시대 전기보다 더 심화된다. 그러나 한편으로 안동 지례동지석묘군〈그림6c〉이나 영천 용산동지석묘, 대구 대천동지석묘군〈그림5c〉과 같이 대체로 지석묘군 내에서 규모의 차이가 크게 나타나지 않은 것으로 보이는 지석묘군도 있다. 아마도 이들은 지석

---

15 김해 율하리 지석묘군은 구획묘역시설을 기본적으로 채택하고 있으면서 다단묘광을 하거나 넓이나 규모를 극대화하려 하고 지석묘의 경우는 석관묘에 비해 대체로 규모가 크고 독립적인 위치에 입지하고 있는 것으로 보인다(윤호필 외 2009:272-292). 그러나 김해 율하리지석묘군 속에서 구획식 묘역시설이나 다단토광무덤(A2-2호묘, A2-17호묘, A2-19호묘, A2-25호묘, A1-11호묘 등)의 대규모 지석묘군은 주로 A2지구역과 인접구역에 밀집되어 있고 비교적 지석묘 하부구조의 규모가 대형이라고 할 수 없는 B-9호묘에서 세형동검과 검파두식이 출토되어 무덤의 규모와 부장유물출토양상이 예측한 바와 다른 경우가 있다.

묘사회 공동묘역의 양상을 보여주는 것으로 보이며 지석묘의 상석이 크지 않고 출토유물도 빈약한 점을 보면 상호간의 차별화보다는 공동체적 특성을 강조하고 있는 것이거나 집단지향형 사회일 가능성도 있다.

V. 청동기시대 사회의 구조의 변천과 위계의 불안정성

1. 청동기시대 사회의 구조와 변천

청동기시대 조기의 경우 분묘자료가 거의 없어서 당시의 사회구조에 대하여 말하기 어렵다. 그러나 이 논문의 전반부(III장의 3. 청동기시대무덤의 시기별 구분)에서 언급하였듯이 요동지역 개주시(蓋州市) 화가와보(伙家窩堡)3호 지석묘출토 유물사진 중에서 돌대문토기로 보이는 유물이 있어(허옥림 2010:324) 한반도에서의 지역성이 있어서 확언하기는 어렵지만 돌대문토기단계에 한반도에서도 지석묘가 축조되었을 가능성이 있다고 보며 앞으로 자료의 증대를 기대한다. 지금까지의 돌대문토기단계 주거지의 경우 5기 내외의 중대형주거지가 충적대지에 입지하는 양상이어서 당시 사회는 주로 소규모 취락으로 구성된 분산적 사회구조를 가졌던 것으로 보인다. 청동기시대 전기에도 이러한 양상은 유사하여 지석묘나 석관묘 등이 독립적으로 배치되거나 소규모로 군집하고 있다.

청동기시대 전기에 소규모 군집이나 독립적으로 배치된 분묘의 양상만으로 유력자의 분묘를 찾기는 어렵지만 〈표1〉에 보이듯 춘천 천전리 주구석관묘나 비파형동검이 출토된 대전 비례동지석묘와 마산 진북 망곡리유적〈그림3a〉,〈그림3b〉 등은 유력자의 무덤일 가능성이 있다. 물론 필요충분조건을 갖추었다고는 할 수 없어도 그러한 후보군에 들어갈 수 있는 무덤으로 보인다.

청동기시대 후기에 들어오면 지석묘 등 분묘의 규모가 커지고 구획식 묘역을 가진 지석묘와 같은 대형지석묘가 등장한다. 또 지석묘군은 열상배치와 연접배치〈그림6a〉, 〈그림6b〉 등 다양한 형식으로 나타나며 지석묘군의 군집의 규모가 커진다. 이러한 지석묘의 군집양상은 직경 20km 거리를 중심으로 하여 대규모 지석묘군 군집이 분포하는 양상이어서 밀집분포권 중심지간의 거리는 20-25km내외인 것으로 보이며(이영문 1999:44-45) 대체로 직경 4-6km 내외의 범위에 3-6개 지석묘로 구성된 소밀집지가 존재하는 구조가 보인다. 그러나 지형과 지역 그리고 시기에 따라 영역의 범위는 약간 달랐을 수 있고, 지석묘간의 분포양상과 규모 등의 특성을 고려할 때 대규모 집단묘역-중간규모 집단묘역-소규모 집단묘역과 같은 구분도 가능하다고 하겠다. 그런데 취락의 위치와 분포양상이 농업적·환경적 요소보다는 사회·정치적 요소와 더 밀접하게 관련된다는 연구사례(Drennan and Quattrin 1995:207-233)를 고려할 때 우리나라 청동기시대 취락과 연계된 지석묘의 분포도 역시 사회·정치적 요소·교통로 등과 관련되어 만들어졌을 가능성을 염두에 두어야 한다.

결론적으로 청동기시시대 사회는 전기에 분산적 분포양상의 소규모 집단과 그 상위의 중대규모집단구조를 띄는 구조에서 청동기시대 후기에는 대규모 집단-중간규모 집단-소규모 집단과 같은 2-3단계의 사회구조를 가지게 되었으며 최소사회구성단위는 변함없이 지석묘 2-3개 내외로 소군집양상을 띠면서 확대가족단위였을 가능성이 크다. 그러나 청동기시대 전기에도 구획식묘역지석묘나 주구석관묘의 일부 사례의 경우처럼 유력자로서의 수장(首長)이 있었으며 후기로 가면 보다 확대된 지역공동체를 이끄는 좀 더 강력하고 대외관계망을 가진 수장이 출현하였을 것으로 보인다. 그럴 경우 수장사회(首長社會)의 위계제도화는 아직 불완전한 상태였고 그러한 상태 속에서 좀 더 다양한 묘제와 부장품에서의 변화가 추구되었던 것으로 추정된다. 그렇지만 부여 송국리 52지구 석관묘와 옹관묘의 사례처럼 수장과 그와 사회적·혈연적 친연관계를 갖는 사람들이 별도로 구획된 차별화된 묘역에 월등한 부장품을 가지고 묻히고 또 어린이가 묻혔을 것으로 추정되는 매장문화재 신고품인 옹관에서 나온 관옥 등의 존재[16] 〈사진1c〉는 당시 사회계서가 세습화되는 한 단면을 보여줄 수 있어서 아마도 청동기시대 후기에 지역별로 불안정하지만 계서의 제도화가 이루어지고 있음을 보여 준다.

2. 청동기시대 사회의 성격과 위계화

앞장에서 청동기시대 후기 지석묘집단의 규모, 묘역과 입지, 개별 지석묘의 규모와 출토유물 등을 통해서 지석묘군 내외에서 상호차별화하는 양상이 보여 당시 사회분화가 진행되고 있었으며 수장(首長)의 존재가 나타나고 성공적인 수장은 지역공동체의 수장으로 성장하는 경우도 있었음을 인정할 수 있다고 본다. 그러나 문제는 그러한 계서와 사회적 불평등이 세습화되는 것과 같은 제도화는 차별적 지석묘군의 지속적 축조와 같이 지역별로 일부 일어나기도 했겠으나 안정적이라고 보기 힘들다. 왜냐하면 무덤의 장기지속적인 축조와 관리를 나타내는 사례는 많지 않기 때문이다.

따라서 기존 연구(김승옥 2007:105, 배진성 2007a:224) 등과 같이 계층구조를 기존의 기준만을 가지고 여러 지역에 그대로 적용하는 것은 곤란하며 그러한 기준은 사회위계화를 구분하는 필요충분조건은 될 수 없어서 지역마다 나타나는 특성을 고려하여 다른 기준을 적용해야 한다고 생각한다. 예를 들어 비파형동검 등을 위세품으로 보는 경우라도 그것은 여수지역과 경남 해안지역 등 비파형동검의 생산과 유통네트워크에 연관된 집단들에만 적용하여야 하며 그러한 집단이라도 사천 이금동, 창원 덕천리, 김해 율하리 등에서는 비파형동검보다는 지석묘 상석과 묘역 그리고 하부구조의 대규모화와 같은 과시성(誇示性)을 더 큰 사회적 위계의 표식으로 삼았을 수 있다. 그래서 비파형동검출토지석묘의 입지와 규모가 반드시 해당 지석묘군에서 대형

---

16 옹관과 관옥이 발굴품이 아닌 매장문화재 신고품이어서 갖는 학술적 자료로서의 한계는 있다. 그러나 토기의 기형과 관옥의 형태 등 유물의 특성을 고려할 때 발굴보고서에서 언급된 대로 송국리 유적에서 나온 것으로 보아도 큰 무리는 없다고 본다.

이거나 중심적 위치를 차지하지 않는 경우가 발생하는 것으로 보인다. 그리고 울산지역의 경우 비파형동검과 옥과 같은 부장품과 묘역의 대형화가 전혀 확인되지 않았다고 해서 경남지역이나 여수지역보다 사회구조의 분화가 덜 되었다고 볼 수 없다(黃昌漢 2010:188-189). 또 부여 송국리 등 금강유역은 여수반도를 포함한 전남지역에 비하여 상대적으로 지석묘의 수와 규모가 작으며 비파형동검도 상대적으로 적게 확인되었다고 해서 일률적으로 청동기시대 금강유역의 사회발전이 여수지역보다 늦었다고 말하기도 어렵다. 각 지역별 인구규모, 생업유형과 기술, 교역, 자연환경과 사회적 환경 등 다양한 요소와 상호작용하며 사회분화가 진행됨으로 이에 대한 고찰이 필요하다 하겠다.

위에서 검토한 지석묘군의 입지와 규모, 지석묘군 내에서의 개별지석묘의 입지, 묘역, 규모 그리고 부장품 등에서 모두 우월한 지석묘는 그 피장자가 수장(首長)일 가능성이 있지만 이것들이 반드시 그를 위한 필요충분조건을 갖추었다고 보기 힘들며 해당 집단의 계서와 불평등의 관리전략과 방식에 따라 기준은 변형될 수 있다고 본다. 지석묘 등 무덤의 구조적 특성과 출토유물의 부장양상이 지역별·시대별로 다양한 것은 당시 사람들의 사회적 위계에 대한 지속적인 차별화과정의 결과로 보는 것이 타당할 것이다.

불평등의 개념도 상대적인 것이며 제도화되는 방식도 다양할 뿐만 아니라 그 표현방식도 맥락에 따라 달라질 수 있음을 인식하여야 한다. 현대의 연구자들이 너무 간단한 사회분화기준을 만들고 널리 알려진 사회발전단계에 관한 모델 속에 실제로는 다양한 과거 지석묘축조집단의 사회구조와 특성을 단순하게 집어넣으려고 하는 강박관념(Feinman and Neitzel 1984:39-102)을 가지고 있는 느낌이며 이것이 바로 청동기시대 사회연구에 있어서 나타나는 문제점 중의 하나가 될 것이다. 청동기시대 사회분화는 청동기시대 후기에 종료되거나 완결되지 않았다.

3. 지석묘축조집단의 사회경제적 토대

지석묘 축조사회는 단순수장사회(simple chiefdom)로서 불평등이 점차 심화되는 사회로 나가고 있고 그 속도도 지역과 집단 그리고 시기에 따라 달랐던 것으로 보인다. 그리고 지석묘축조사회에서 불평등이나 계서를 나타내는 기준도 서로 다르게 채택되어 사용되었을 가능성을 염두에 두어야 한다. 또 심화되는 사회적 불평등을 감추기 위하여 공동체적 요소를 더 강조하는 지석묘사회에서는 지석묘간 차별성이 덜 나타나는 방식을 택하기도 했을 수 있다.

불평등의 기원을 설명하고자 할 때에는 환경뿐만 아니라 사회관계를 반드시 고려하고 사회적 불평등이 어떻게 재정적으로 뒷받침되는 가에 관심을 두어야 하며 장거리교역품은 추종자와 권력을 키우는데 중요함으로 정치적 권위의 성장에 중요하다(Plog 1995:189-206). 그러한 점에서 우리나라 청동기시대 지석묘축조집단의 사회분화를 뒷받침한 경제적 토대와 생업시설과 잉여자원의 관리방식에 대한 관심이 필요하다. 그런데 지역별로 다양성은 있지만 청동기시대 후기에는 그 동안 발굴된 경작유구, 보(洑)와 수로시설 그리고 고무래 등의 농기구가 암시하듯 농경의 집약화와 수렵, 채집, 어로 등의 혼합이 적절하게 이루어진 것으로 보이며 이러한 생업활동 속에서 지속적 잉여산출과 관리는 계서사회의 유지와 사회분화의 심화를 가능하게 한 경제적 토대였을 것으로 보인다. 세습적인 신분분화의 시작은 농경의 확산과 연관된다면서 초기 농경사회에서는 취락의 규모와 조직, 교역, 의례, 그리고 사회조직에서의 급격한 변화가 발견되는데(Price 1995:129-151) 우리나라의 경우 청동기시대 후기에 그러한 양상이 나타나는 것도 농경의 확산과 본격화에 따르는 양상으로 볼 수 있다고 생각한다. 집약농경의 발전은 초기단계의 위계화와 관련되며 불평등이 집약농경에 알맞은 영역에 대한 경쟁에서 출현한다는 견해(Gilman 1995:235-251)와 유사한 시각의 견해가 우리나라에서도 제기되었다. 즉 지석묘나 입석과 같은 거석기념물과 공동묘역은 농경의 본격화가 확산되고 인구증대가 이루어지면서 한편으로는 경작지를 포함한 집단의 영역에 대한 배타적 점유를 정당화할 필요성이 커지는 청동기시대 농경사회의 기념물로 이해된다는 견해(박순발 1998:27, 이성주 1999:423-441)가 바로 그것이다. 청동기시대 전기에 비하여 후기에는 대규모 밭이 만들어지고 수로시설도 다양화되며 자급자족을 넘어서는 잉여물도 생산되는 단계가 되는데 이러한 농경양상 속에서 지석묘와 석관묘의 대군집화, 연접배치, 대형지석묘와 대형묘역지석묘의 축조 등이 이루어지고 계서가 표현되며 경제적으로 뒷받침되는 것으로 보인다. 그러나 그렇다고 엘리트에 의한 독점적 농경기술이 농경 자체를 위계화시켜 복합사회가 되었다는 견해(윤호필 2010:11-19)는 엘리트의 존재와 역할을 너무 강조한 느낌이다.

Ⅵ. 맺는말

무덤자료를 중심으로 본 청동기시대 사회는 전기와 후기에 걸쳐 사회위계화가 진행되었던 것으로 보이지만 아직 불평등의 제도화가 안정화되지 않은 단순수장사회 단계의 계서사회로 판단된다. 특히 청동기시대 사회의 위계화의 진전양상이 엿보인다.

무덤으로 본 청동기시대 사회구조는 취락의 위계화와 유사하게 청동기시대 전기에는 아직 위계화가 뚜렷하지 않은 소군집 무덤의 사례로 그 특성이 대표된다. 그러나 청동기시대 후기로 가면 대규모 무덤군-중간규모 무덤군-소규모무덤군의 분포양상과 같은 3단계에 이르는 무덤 군집규모상의 위계화가 나타나며 개별무덤의 규모나 부장품 그리고 입지에서의 차별화도 좀 더 명확해지는 사례가 많이 나타난다. 이러한 양상은 청동기시대 수장(首長)의 출현과 성장과정을 보여주고 있다.

청동기시대 위계표시방식은 지역별로 다양하였던 것으로 보이며 사용된 에너지 총량이나 특정 위세품의 존재유무만으로 위계화의 정도를 측정하는 것은 무리이다.

또 무덤을 축조할 수 있었던 집단이나 사람과 그렇지 못한 집단과 사람과는 자원접근성이나 사회적 위계에 어느 정도 불평등이 존재했음을 보여주고 무덤의 군집화와 열상 배치 그리고 우월한 입지에의 군집무덤배치 또는 단독 무덤배치는 당시 존재했던 사회적 불평등의 제도화를 암시하는 자료로 볼 수도 있지만 불평등제도화의 필요충분조건을 갖추고 있다고 보기는 아직 이르다고 생각된다. 그러므로 다른 요소를 종합적으로 검토하며 사회구조와 불평등 제도화여부를 고찰하는 것이 바람직하다.

청동기시대 후기의 경우 무덤의 규모와 입지, 묘역, 군집 수, 부장품의 질과 양 등 다양한 방식으로 사회위계를 표시하였을 것임으로 어느 조건 하나 만의 충족만으로 위계 정도나 사회분화정도를 확언하기는 어렵다. 사회위계의 차별화 방식으로 묘역, 입지, 하부구조의 거대화나 부장품의 차별화방법이 채택되었던 것으로 판단된다. 그동안 너무 간단하고 도식적인 사회위계화의 측정도구를 개발하고자 하는 의욕이 앞서 특정 틀에 근거하여 청동기시대의 사회위계화와 유력자의 등장을 논의하는 경향이 있었다. 비파형동검이나 옥장신구의 부장(副葬)여부 등만을 가지고 논의했던 사회위계화도 그 중의 하나이다. 여러 사회발전모델에서 수장사회(chiefdom) 또는 계서사회 등으로 너무 간략하게 도식화하여 강제로 분류 배치하였지만 실제에는 여러 가지 사회적 분화와 성격을 가진 집단들을 그 분류 틀만 가지고는 제대로 이해하기 힘들다.

청동기시대 후기에는 적어도 불완전하지만 불평등의 제도화가 일부 지역에서 불안정적으로 이루어지고 있었는데 이러한 양상은 청동기시대 전기부터 후기까지 이어지며 장기간 축조되었을 가능성이 있는 지석묘군의 사례와 차별적인 지석묘의 규모와 입지, 부장품 그리고 매장문화재 신고품이기는 하지만 부여 송국리 52지구에서 나온 것으로 추정되는 피장자가 유아인 것으로 보이는 옹관묘에서 출토된 옥류의 사례에서도 암시된다.

이글에는 많은 논리비약이 있고 또 유구의 동시기성의 가정에 따른 무리를 하고 있음을 밝히며 많은 비판을 기대한다.

※ 이 글에 사용된 도면과 사진은 주로 해당유적의 발굴보고서, 약보고서, 현장설명회자료 등에 나오는 자료를 활용하였다. 그러나 편의상 구체적인 인용은 생략하였음을 밝힌다.

참고문헌

고일홍, 2010, 「무덤 자료를 바라보는 새로운 시각: 현대 고고학의 최근 연구 사례를 중심으로」, 『漢江考古』제4집, 한강문화재연구원:7-26.
金庚澤, 2004, 「제2장 보성강 유역 지석묘사회의 연구-지석묘 피장자의 위계를 중심으로-」, 『동북아 청동기시대 문화 연구』(崔夢龍・金庚澤・洪亨雨 편저), 도서출판 주류성:47-85.
金廣明, 2001, 『大邱・慶山地域 支石墓 硏究』(영남대학교 대학원 석사학위논문).
김권구, 2005, 『청동기시대 영남지역의 농경사회』, 학연문화사.
金吉植, 1994, 「扶餘 松菊里 遺蹟 發掘 調査 槪要와 成果」, 『마을의 考古學』(제18회 韓國考古學全國大會 發表要旨):177-193.
김승옥, 2006, 「청동기시대 주거지의 편년과 사회변천」, 『한국고고학보』60호:4-37.
_____, 2007, 「분묘자료를 통해 본 청동기시대 사회조직과 변천」, 『계층사회와 지배자의 출현』, 한국고고학회편, 사회평론:61-139.
김승옥・이종철・김은정, 2001a, 「V. 顔子洞 遺蹟」, 『鎭安 龍潭댐 水沒地區內 文化遺蹟發掘調査 報告書 II』, 全北大學校博物館・鎭安郡・韓國水資源公社:207-295.
김승옥・이종철・조희진, 2001b, 「IV. 慕谷 遺蹟」, 『鎭安 龍潭댐 水沒地區內 文化遺蹟發掘調査 報告書 II』, 全北大學校博物館・鎭安郡・韓國水資源公社:135-206.
_____, 2001c, 『鎭安 龍潭댐 水沒地區內 文化遺蹟發掘調査 報告書 X 風岩遺蹟』, 全北大學校博物館・鎭安郡・韓國水資源公社.
김승옥・이종철, 2001d, 『鎭安 龍潭댐 水沒地區內 文化遺蹟發掘調査 報告書 VIII 如意谷遺蹟-本文-』, 全北大學校博物館・鎭安郡・韓國水資源公社.
金載元・尹武炳, 1967, 『韓國支石墓硏究』(國立博物館古蹟調査報告 第6冊).
金賢, 2003, 「梨琴洞 支石墓의 配置形態와 築造順序」, 『泗川 梨琴洞 遺蹟』, 慶南考古學硏究所:346-352.
盧爀眞, 1996, 「청동기시대」, 『韓國 民族의 起源과 形成(上)』, 韓永熙・李鮮馥・朴善周・盧爀眞, 도서출판 소화:119-183.
朴淳發, 1998, 『百濟 國家의 形成硏究』(서울대학교 대학원 문학박사학위논문).
朴洋震, 2006, 「韓國 支石墓社會 "族長社會論"의 批判的 檢討」, 『湖西考古學』第14輯:5-24.
박정화・이정화, 2008, 『김천 문당동유적』, 경상북도문화재연구원.
朴亨順, 2008, 『서천 오석리 유적』, 忠淸文化財硏究院.
배덕환・이해수・손민주・최은・김지연, 2007, 『晉州 耳谷里 先史遺蹟 I』, 東亞細亞文化財硏究院・진주시.
裵眞晟, 2007a, 『無文土器文化의 成立과 階層社會』, 서경문화사.
_____, 2007b, 「무문토기사회의 계층구조와 국」, 『계층사회와 지배자의 출현』, 한국고고학회편, 사회

　　　　　평론:141-178.
송만영, 2007,「남한지방 청동기시대 취락구조의 변화와 계층화」,『계층사회와 지배자의 출현』, 한국
　　　　　고고학회편, 사회평론:25-59.
申大坤・金圭東, 2001,『鎭安 龍潭댐 水沒地區內 文化遺蹟 發掘調査 報告書 III(本文)』, 國立全州博物
　　　　　館・鎭安・韓國水資源公社.
申鍾煥, 2000,『大邱 上洞支石墓 發掘調査 報告書』, 國立大邱博物館・大邱廣域市.
安在晧, 2010,「韓半島 青銅器時代의 時期區分」,『考古學誌』第16輯, 國立中央博物館:5-56.
알랭 떼스타 지음, 이상목 옮김, 2006,『불평등의 기원』, 학연문화사, 서울.
우정연, 2010,「금강중하류 송국리형무덤의 상징구조에 대한 맥락적 고찰」,『부여 송국리유적으로 본
　　　　　한국 청동기시대 사회』(제38회 한국상고사학회 학술발표대회), 한국전통문화학교・한
　　　　　국상고사학회:59-102.
윤호필, 2004,「진동리 고인돌」,『韓國考古學專門事典(青銅器時代篇)』, 국립문화재연구소:499.
_____, 2010,「농경으로 본 청동기시대의 사회」,『慶南研究』3, 경남발전연구원 역사문화센터:4-25.
윤호필・고민정, 2009,「IV. 고찰」,『金海 栗下里遺蹟 II』, 慶南發展研究院 歷史文化센터・한국토지공
　　　　　사 경남지역본부:272-292.
이건무, 1979,「나. 옹관묘」,『松菊里 I (본문)』(國立博物館 古蹟調査報告 第11册), 國立中央博物
　　　　　館:115-119.
_____, 2007,「韓國 青銅器時代 早期設定에 대한 小考」,『畿甸考古』제6호:169-210.
李東熙, 2005,『全南東部地域 複合社會 形成過程의 考古學的 研究』(成均館大學校 大學院博士學位 請
　　　　　求論文).
李東熙・李順葉, 2006,『여수 화동리・관기리유적-여수 경지정리지구 발굴조사 보고서-』, 順天大學
　　　　　校博物館・麗水市.
李相吉, 1996,「청동기시대 무덤에 대한 일시각」,『碩晤尹容鎭教授停年退任紀念論叢』, 碩晤尹容鎭教
　　　　　授停年退任紀念論叢刊行委員會:91-114.
_____, 2004,「덕천리 고인돌 II」,『韓國考古學專門事典(青銅器時代篇)』, 국립문화재연구소:147.
_____, 2006,「區劃墓와 그 社會」,『금강:송국리형 문화의 형성과 발전』, 호남・호서고고학회 합동 학
　　　　　술대회 발표요지:61-85.
_____, 2007,「祭祀를 통해 본 權力의 發生」,『계층사회와 지배자의 출현』, 한국고고학회 편, 사회평
　　　　　론:179-220.
이성주, 1999,「지석묘: 농경사회의 기념물」,『한국 지석묘(고인돌)유적 종합조사・연구-분포, 형식,
　　　　　기원, 전파 및 사회복원-』, 문화재청・서울대학교박물관:423-441.
李榮文, 1990,『麗川市 鳳溪洞 支石墓』, 全南大學校博物館・麗川市.
_____, 1993,『全南地方 支石墓 社會의 研究』, 韓國教員大學校 大學院 博士學位論文.
_____, 1999,「湖南地域 青銅器時代 墓制 研究의 諸問題」,『호남지역의 청동기문화』(제7회 호남고고
　　　　　학회 학술대회 발표요지), 湖南考古學會:23-57.
_____, 2001,「韓國 支石墓의 特徵과 그 社會의 性格」,『史蹟 제391호 高敞 고인돌 遺蹟地表調査報

告』, 湖南文化財硏究院・高敞郡:427:456.
李榮文・鄭基鎭, 1992,『麗川 五林洞 支石墓』, 全南大學校博物館・麗川市.
　　　　　　, 1993,『麗川 積良洞 상적 支石墓』, 全南大學校博物館・麗水市.
이융조・정동찬・우종윤・윤용현・홍현선, 1996,『평라리 선사유적』, 韓國水資源公社・忠北大學校博
　　　　　　物館.
이청규, 2007,「계층사회와 지배자의 출현:남한에서의 고고학적 접근」,『계층사회와 지배자의 출현』,
　　　　　　한국고고학회편, 사회평론:11-23.
　　　　　　, 2010,「청동기시대 사회성격에 대한 논의-남한에서의 고고학적 접근-」,『考古學誌』第16輯,
　　　　　　國立中央博物館:125-150.
李海鉄, 2007,「1. 진주 이곡리 선사유적의 청동기시대 분묘 소고」,『晉州 耳谷里 先史遺蹟 I』, 東亞細亞
　　　　　　文化財硏究院・진주시. :254-275.
이형원, 2009,『청동기시대 취락구조와 사회조직』, 서경문화사.
李熙濬, 2011,「한반도 남부 청동기~원삼국시대 수장의 권력기반과 그 변천」,『嶺南考古學』58:35-77.
林永珍・趙鎭先・崔榮柱, 2003,『寶城 松谷里 支石墓群』, 全南大學校博物館・益山地方國土管理廳.
최몽룡, 1999,「한국 지석묘의 기원과 전파」,『한국 지석묘(고인돌)유적 종합조사・연구-분포, 형식,
　　　　　　기원, 전파 및 사회복원-』, 문화재청・서울대학교박물관:9-31.
최몽룡・김경택, 2005,「청동기・철기시대 연구의 새로운 방향」,『한성시대 백제와 마한』, 주류
　　　　　　성:217-255.
崔仁善・李東熙・宋美珍, 2001,『麗水 禾長洞遺蹟』, 順天大學校博物館・麗水市.
崔仁善・曺根佑, 1998,『麗水 美坪洞 죽림 支石墓』, 順天大學校博物館・麗水市.
崔鍾圭, 1995,『三韓考古學硏究』, 서경문화사.
　　　　　　, 2004,「梨琴洞遺跡からみた松菊里文化の一斷面」,『福岡大學考古學論集』.
추연식, 2001,「認知考古學을 향하여?: '埋葬과 儀禮에 관한 새로운 試圖' 에 대한 논평」,『한국 청동기
　　　　　　시대 연구의 새로운 성과와 과제』(충남대학교박물관 학술회의자료집):183-188)
하승철, 2008,「진동유적을 통해 본 남해안지역의 네트워크」,『무덤연구의 새로운 시각』(第51回 全國
　　　　　　歷史學大會 考古學部 發表資料集), 한국고고학회:17-39.
河眞鎬, 2008,「大邱地域 靑銅器時代 聚落硏究」, 慶北大學校 文學碩士學位論文.
　　　　　　, 2009,「다. 遺蹟의 綜合的 檢討」,『大邱 大泉洞 511-2番地遺蹟 II』(하진호, 허정화, 권헌윤), 영
　　　　　　남문화재연구원:132-134.
河眞鎬・許正和・權憲胤, 2009a,『大邱 大泉洞 511-2番地遺蹟 I』, 嶺南文化財硏究院.
河眞鎬・許正和・權憲胤, 2009b,『大邱 大泉洞 511-2番地遺蹟 II』, 嶺南文化財硏究院.
한송이, 2010,「남해안지역 묘역식 지석묘에 대한 일고찰」,『慶南硏究』3, 경남발전연구원 역사문화센
　　　　　　터:26-59.
허옥림 저, 최무장 역, 2010,『요동반도 고인돌』(연천선사박물관 학술총서4), 백산자료원, 서울.
黃昌漢, 2010,「蔚山地域 靑銅器時代 墓制의 특징」,『靑銅器時代 蔚山 太和江文化』, 蔚山文化財硏究
　　　　　　院:165-190.

江原文化財研究所・原州地方國土管理廳, 2008,『천전리 A지역』(江原文化財研究所 學術叢書 80册).
慶南考古學研究所, 2003,『泗川 梨琴洞 遺蹟』.
慶南發展研究院 歷史文化센터・한국토지공사 경남지역본부, 2009a,『金海 栗下里遺蹟 II』.
慶南發展研究院 歷史文化센터・마산시, 2009b,『마산 진북 망곡리유적 II』.
慶南發展研究院 歷史文化센터・부산지방국토관리청, 2011,『山淸 下村里遺蹟-III지구-』.
경북대학교박물관, 1992,「대구 상인동 선사유적 발굴조사」,『영남고고학』제10호:134.
경상북도문화재연구원, 2010,『달성 평촌리・예현리 유적-본문-』.
啓明大學校博物館, 1989,『臨河댐水沒地域 文化遺蹟 發掘調査報告書(III)』, 安東郡・安東大學博物館・啓明大學校博物館.
國立慶州博物館, 1985,「월성군・영일군 지표조사보고」,『국립박물관 고적조사보고』제 17책, 국립중앙박물관:103-157.
국립광주박물관・전라남도・여천시, 1992,『여천 월내동 고인돌』.
國立光州博物館・寶城郡, 2001,『寶城 東村里遺蹟』(지도위원회자료).
국립대구박물관, 2001,『대구 오천년』, 통천문화사.
國立中央博物館, 1979,『松菊里 I -본문-』(國立博物館 古蹟調査報告 第11册).
國立昌原文化財研究所・慶尙南道, 2003,『晋州 大坪里 玉房8地區 先史遺蹟』.
大東文化財研究院, 2008,『大邱 上仁洞 98-1遺蹟』(大東文化財研究院 學術調査報告 第3輯).
東北亞支石墓研究所, 2010,「여수 GS칼텍스공장확장예정부지 내 문화유적 발굴조사」.
釜山大學校博物館, 1987,『陜川苧浦里E地區遺蹟』(釜山大學校博物館遺蹟調査報告 第11輯).
삼한매장문화재연구원, 2009,「대구 중구 삼덕2가 188-1 경북대학교 치의학전문대학원 복지후생동 증축부지내 유적발굴조사 지도위원회 자료집」.
嶺南文化財研究院・韓國高速鐵道建設公團, 2001,『漆谷 福星里支石墓群』.
우리문화재연구원, 2009,「산청 매촌리 유적」(우리문화재연구원 지도위원회 및 현장설명회 자료집).
충남대학교박물관, 2007,『호서지역의 청동기문화』(호서지역 문화재조사연구기관 연합전).
한국문화재보호재단, 2009,「대구 신서혁신도시(택지)개발사업 B구역 문화유적 1차발굴조사-I구역 지도위원회자료-」(2009. 9. 22).
湖南文化財研究院・高敞郡, 2001,『사적 제 391호 高敞 고인돌 遺蹟地表調査報告』.
平郡達哉, 2004,『全南地域 支石墓 社會 展開過程에 대한 一考察』.
武末純一, 2002,「遼寧式銅劍과 國의 形成-積良洞遺蹟과 松菊里遺蹟을 中心으로」,『淸溪史學』16・17 合輯:27-39.
Mong-Lyong Choi, 1984, *A Study of the Yŏngsan River Vally Culture-The Rise of Chiefdom Society and State in Ancient Korea-*, Dong Sŏng Sa.
R. D. Drennan and D. W. Quattrin, 1995, 'Social inequality and agricultural resources in the Valle de la Plata, Colombia', In (eds) T. D. Price and G. M. Feinman, *Foundations of Social Inequality*, Prenum Press, New York:207-233.
G. Feiman, 1995, 'The emergence of inequality: A focus on strategies and processes', In (eds.) T.D.

Price and G. M. Feinman, Foundations of Social Inequality, Prenum Press, New York:255-279.

G. Feinman and J. Neitzel, 1984, 'Too many types: An overview of sedentary prestate societies in the Americas', In (ed.) M.B. Schiffer <u>Advances in Archaeological Method and Theory</u> Vol.7:39-102.

A. Gilman, 1995, 'Prehistoric European chiefdoms- Rethinking "Germanic" societies', In (eds.) T.D. Price and G. M. <u>Feinman, Foundations of Social Inequality</u>, Prenum Press, New York:235-137251.

C. Peebles and S. M. Kus, 1977, 'Some archaeological correlates of ranked societies', <u>American Antiquity</u> Vol.42 No. 3: 421-448.

S. Plog, 1995, 'Equality and hierarchy: Holistic approaches to understanding social dynamics in the Pueblo Southwest', In (eds.) T.D. Price and G. M. Feinman, <u>Foundations of Social Inequality</u>, Prenum Press, New York:189-206.

T. D. Price, 1995, 'Social inequality at the origins of agriculture', In (eds.) T.D. Price and G. M. Feinman, <u>Foundations of Social Inequality</u>, Prenum Press, New York:129-151.

청동기시대 장송의례의 재인식

-인도네시아 숨바섬 지석묘의 장송의례 비교를 중심으로-

윤호필(경남발전연구원)

I. 머리말

고고학의 연구주제는 주로 물질문화에 초점이 맞춰져 있어, 옛사람들의 사상체계를 밝혀보려는 시도와 연구는 그리 많지 않다. 청동기시대 무덤연구도 주로 외형적 형태와 구조, 출토유물을 중심으로 많이 이루어져 무덤을 둘러싼 사회구조나 정신적인 문제(장송의례, 내세관, 세계관) 등은 많이 다루지 못하였다. 하지만 최근 무덤자료의 폭발적 증가와 더불어 많은 고고학 자료들이 축적되었으며, 특히 '인지과정고고학(Cognitive-processual Archaeology)'의[1] 영향으로 보다 포괄적이고 다양한 관점에서 청동기시대 무덤을 해석하고 이해하려는 노력들이 증가하고 있다. 그 중 본고에서 다루게 될 "장송의례(葬送儀禮)"는 무덤에 나타난 다양한 물질양상을 보다 포괄적으로 이해할 수 있게 해주며, 특히 당시의 사회구조나 사회적 관계를 살펴볼 수 있게 한다. 따라서 장송의례 양상을 보다 구체적이고 단계적으로 살펴보는 것이 필요한데, 아직 이에 대한 자료가 충분하지 못할 뿐 아니라 연구도 미흡한 실정이다. 그것은

---

[1] 1990년대 초에 콜린 렌프류(Colin Renfrew)가 주창하였다. 인지과정고고학(Cognitive-processual Archaeology)은 인간의 물적 행위에 의해 만들어진 건축물, 예술품, 기타 물건 등을 통해 당시의 사람들이 왜 그것들을 조성하고 만들었으며 어떻게 사람들의 생각이 반영되었는가를 연구하는 것으로, 고고학 자료의 객관성이나 유물론적 인식이 문제점으로 지적되고 있으나 과거 사람들의 사상체계를 밝힐 수 있다는 점에서 매우 유용한 연구방법이다(최몽룡·최성락편 1997: 304-332).

장송의례와 관련된 고고학적 자료가 제한적이고 단편적으로 확인되는 경우가 많고, 이를 해석하고 설명하는 것도 당시에 사용했던 원래의 의미인지도 정확히 알 수 없기 때문이다. 따라서 이러한 문제들을 극복하면서 보다 구체적인 장송의례 양상을 파악하기 위해서는 무덤과 관련된 다양한 고고자료를 재인식하여 해석하는 것이 필요하며, 이와 더불어 민족지 자료를 활용하여 무형의 의례행위들에 대한 구체적인 모습들을 유추하거나 그 의미를 살펴보는 것도 필요하다.

이에 본고에서는 청동기시대의 대표적인 무덤인 지석묘를 중심으로 장송의례와 관련된 기존의 연구 성과와 고고자료를 재검토하고, 이를 "인도네시아 숨바섬 지석묘"[2]의 민족지자료와 연구 성과를 비교 검토하여 지금은 남아있지 않은 한국 청동기시대 지석묘의 축조과정과 장송의례 복원에 도움을 얻고자 한다.

Ⅱ. 인도네시아 숨바섬의 지석묘[3]

1. 자연환경 및 사회구조

숨바섬의 지석묘와 한국의 지석묘를 비교·검토하기 위해서는 먼저 지석묘가 분포하는 지역의 자연환경과 지석묘를 축조하는 집단의 성격을 파악하는 것이 필요하다. 그것은 지석묘가 시신을 보관하는 시설물로서의 기능과 더불어 망자를 현실세계

---

[2] 인도네시아 숨바섬의 지석묘는 원형 그대로의 모습은 아니지만 현재도 지석묘가 축조되고 있는 지역으로, 외형적 형태와 구조가 한국 지석묘와 매우 비슷하다. 또한 사회구조와 문화도 농경과 해양을 바탕으로 형성되어 있어 한국 청동기시대의 사회상과 비슷한 점이 많다. 따라서 이를 통해 한국 지석묘의 축조과정과 장송의례를 보다 구체적으로 유추해 볼 수 있을 것으로 생각된다. 특히, 숨바섬은 17세기까지 선사시대(금속기)의 사회상이 지속되었으며, 그 이후부터 현재까지도 옛 전통을 그대로 간직하고 있다. 따라서 숨바섬의 지석묘는 살아있는 고고자료라고 할 수 있다.

[3] 숨바섬은 인도네시아의 많은 섬 중 하나로 잘 알려진 곳이 아니라 관련 자료가 많지 않고, 대부분이 소개서 정도이다. 따라서 여기서는 숨바섬에 대한 기본적인 개요와 함께 지석묘를 중심으로 설명하고자 한다. 숨바섬에 관한 민족지자료와 연구 성과는 주로 Ron L. Adams(2007a·2007b)와 가종수(2009)의 논문을 참고하였으며, 지석묘의 형식과 구조는 필자가 현지답사를 통해 조사한 내용을 중심으로 설명하였다.

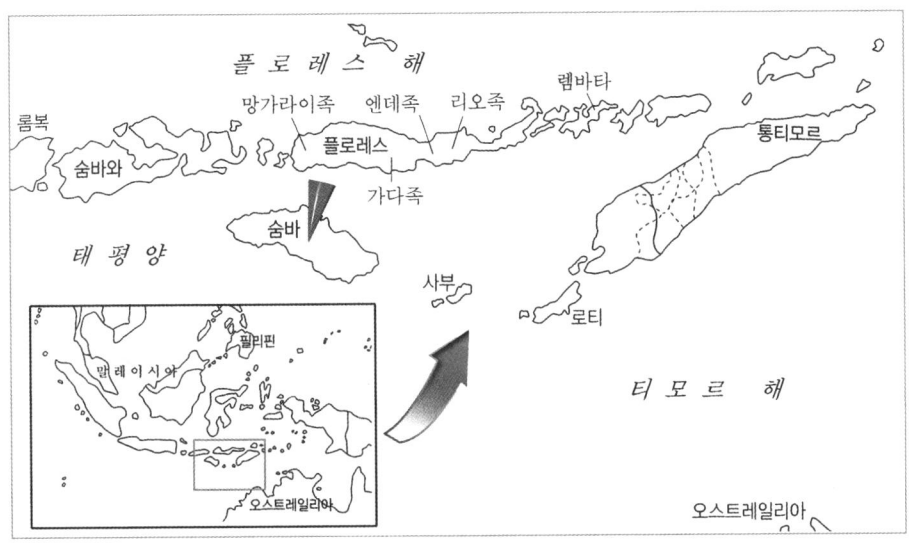

| 그림 1 | 인도네시아 숨바섬 위치(가종수 외 2009)

에서 사후세계로 떠나보내는 일련의 의례과정들이 수반되기 때문이다. 즉, 망자의 영원한 안식처인 무덤을 어떤 장소에, 어떤 재료를 가지고, 어떤 구조로 어떻게 만들 것인가가 개인이나 집단에 있어서 매우 중요한 문제이기 때문이다. 또한 이는 집단을 둘러싼 자연환경에 따라 다양하게 나타나기 때문에 상호 밀접한 관련성을 가진다. 따라서 자연환경과 사회구조는 지석묘 축조나 장송의례의 기본 배경이 되는 것이다. 이에 먼저 숨바섬의 자연환경과 사회구조 및 문화(신앙)를 살펴보고자 한다.

1) 자연환경 검토

숨바섬과 한국의 자연환경을 대략적으로 살펴보면, 숨바섬은 적도 부근에 자리 잡은 인도네시아의 동쪽에 위치한 소순다열도에 속하며, 석회암의 융기로 생겨난 섬이다. 행정구역은 동숨바와 서숨바로 나누어지며, 크기는 동서 길이 210km, 남북 길이 40~70km로 총면적은 11,587㎢(제주도의 약 6배)이다. 인구는 약 56만 명(2005년 기준) 정도이다. 전체적으로 면적은 동숨바가 7:3 정도로 넓으나, 인구는 서숨바가 2배 정도 많다. 지질은 석회암으로 이루어져 있으며, 지형은 동남쪽에 높은 산지가

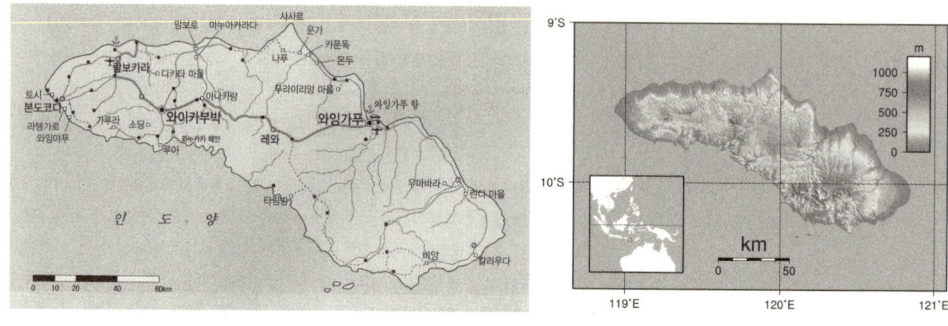

|그림 2| 숨바섬의 지형(가종수 외 2009)

있어 고원지대가 형성되어 있다. 하천은 발달하지 않았으며, 배가 다니기는 어렵다. 기후는 기본적으로 건기(4~9월)와 우기(10~3월)가 뚜렷한 열대성 몬순기후로 고온다습하고 다우림 지역이다. 기온은 연평균 25~28°C이나, 지역과 지형에 따라 차이가 있다(對外經濟政策硏究院·地域情報센터 1994: 29-31; 가종수 외 2009: 36-39). 한국은 대륙과 연결된 반도에 위치하며, 지질형태는 화강편마암이 대부분을 차지한다. 지형은 국토의 70%가 산악지대로 높은 산들이 동쪽에 치우쳐 있다. 따라서 동쪽은 급경사를 이루며, 서쪽은 경사가 완만하다. 하천이 발달하여 하천퇴적지형이 많이 형성되어 있으며, 해안지역 중 서해안과 남해안은 해안선이 복잡하고 많은 섬이 분포한다. 기후는 중위도에 위치하고 있어 4계절이 나타나는 온대성 기후로써 여름은 덥고 겨울은 춥다. 강수는 여름에 집중되며, 겨울에는 많은 눈이 온다. 또한 장마와 태풍의 영향을 받는 우기가 있다.

전체적으로 양 지역의 자연환경을 비교해 보면 서로 다른 점이 많지만, 부분적으로는 비슷한 양상을 확인할 수 있다. 기후에서는 한국의 여름철 기후가 고온다습하고 우기로서 숨바섬의 기후와 비슷하며, 지형에서도 산지가 많고 바다와 접해 있는 것이 비슷한 환경으로 볼 수 있다. 따라서 비록 모든 환경적 요소가 같지는 않지만 일부 비슷한 환경은 경험한 것으로 생각할 수 있겠다. 자연환경은 인간의 생존과 매우 밀접한 관련성이 있기 때문에 취락형성이나 사회구조, 사상(전통)을 만들어가는 중요한 요소가 된다. 따라서 사회는 자연환경을 배경으로 그 나름의 특징적인 구조나 사상이 만들어지게 된다. 숨바섬은 현재도 선사시대의 전통이 남아있는 곳으로 자연환경적 요소가 어떻게 지석묘에 적용되었는지를 살펴보는 것도 한국 지석묘연구에 매우 중요한 부분이라고 생각한다. 숨바섬의 자연환경적 요소와 특징을 취락, 지석묘, 사상, 생업에 적용하여 살펴보면 〈표 1〉과 같다.

| 표 1 | 숨바섬의 자연환경적 요소와 특징

지역	자연환경적 요소	특징	비고
위치	섬	-고립된 지역. -외부로부터 접근이 어렵고 방어에 유리함.	-독립적인 문화를 형성 -해양(바다)문화와 관련성이 깊음 -바다와 관련된 사상이 많음.
지질	석회암	-농사가 어려운 지역이 많음. -암반이 무름.	-채석 및 석재가공이 쉬움.
지형	-동남쪽이 높은 산지로 고원지대가 형성되어 있으며, 하천은 발달하지못함.	-지형적 영향으로 기후의 차이가 있음. -지역별 지형의 편차가 심함. -하천을 통해 배가 다니지 못함.	-취락입지 및 분포(밀집도)에 차이가 있음. -소지역별 독립적인 문화와 세력을 가지며, 언어에서도 지역별 차이가 있음. (동숨바는 약간의 언어차이는 있지만 서로 이해가 가능하나, 서숨바는 지역차가 크고, 서로 다른 여섯 개의 언어가 사용됨) -농경은 조건이 맞는 일부지역에 편중됨. -하천이 발달하지 못해 배를 이용한 교통로가 발달하지 못함.
기후	-열대성 몬순기후 -고온다습무풍 -다우림지역 -연평균 25~28°C -건기 4~9월, 우기 10~3월	-동숨바: 사바나기후, 비가 적은 건조한 지역이 많고 더움. 우기에도 강우량이 많지 않음. -서숨바: 열대우림	-취락입지: 고지대 입지 -가옥형태: 고상가옥 -지역에 따라 기후양상이 달라 수량의 편차가 큼. 따라서 생업형태가 달라짐.(농업, 목축업) -주 생업은 농업(벼농사) 위주가 되며, 독창적인 농경방법인 제경을 사용함. -농업에 따른 씨족사회로 부계사회의 형태와 농경관련 의례가 발달함. -동숨바: 물부족. 어려운 자연환경으로 가축과 직물이 주된 산물. 가축은 닭, 물소, 소 등이 사육되며, 이중 말이 주요 수출품임. 물소는 제사용으로 재산의 정도를 알 수 있음.

지역	자연환경적 요소	특징	비고
	기후		수직물은 아름다운 색채와 문양을 가지고 있으며, 문양은 주술적 성격을 가짐. 이러한 문양은 지석묘에도 사용됨. -서숨바: 벼농사 중심. 자급자족할 정도의 쌀이 수확되지만 대부분은 화전경작으로 옥수수, 콩, 커피를 재배함. 물소를 이용한 논갈기 방법인 제경을 사용함.

　숨바섬은 동숨바지역과 서숨바지역으로 크게 구분되며, 이들 지역은 지형 및 기후환경에 차이가 있다. 따라서 전체적으로 취락형태나 생활모습은 비슷하나 생업부분에서는 차이를 보인다. 숨바섬은 주변이 모두 바다로 둘러싸인 섬으로서 외부와 고립된 지역으로 볼 수 있지만, 한편으로는 외부로부터의 접근이 어렵고 방어에 유리하여 독자적인 문화를 형성할 수 있는 조건을 갖췄다고 하겠다. 특히, 자신의 선조가 외부(하늘, 바다)에서 들어왔다는 사상은 조상신을 숭배하는 것과 동시에 해양문화와의 깊은 관련성을 보여준다(가종수 외 2009: 74-76). 지형 및 기후 양상은 취락의 형성과 생업과 관련된 것으로 고원지대와 초원지대, 하천의 미발달 등으로 지역별로 다양한 문화와 세력이 형성되었으며, 열대성 기후로 가옥은 지면과 떨어진 고상가옥이 발달하였고, 생업은 벼농사를 중심으로 하는 농업이 발달하였다. 따라서 이러한 환경적 요소들은 농경을 중심으로 한 사회구조를 만들게 되며, 이는 조상신 숭배와 더불어 농경관련 의례의 발달을 가져온 것으로 생각된다.

　조상신 숭배와 농경의례는 한국의 청동기시대에서도 매우 중요한 사상적 배경으로 본고에서 살펴볼 지석묘의 장송의례와도 밀접한 관련성이 있다. 한국의 청동기시대 연구성과를 보면 숨바섬 사회와 비슷한 결과들이 확인된다. 즉, 씨족이 마을의 기반이 되며, 조상신을 숭배하고, 생업은 농경(논과 밭)이 중심이 된다. 따라서 이러한 자연환경적 배경과 사상적 배경은 큰 틀에서 보면 숨바섬과 한국 모두가 비슷한 양상으로 생각된다.

2) 사회구조 및 전통신앙

숨바섬의 정치체계는 국가나 왕국과 같은 체계를 가진 사회가 아니라 작은 부족들이 난립하는 '수장사회'이다.[4] 수장사회는 여러 씨족으로 구성되어 있으며, 중핵마을과 주위의 분촌으로 이루어져 있다. 수장은 자기 출신 집단 이외의 여러 집단을 통치하는 경우가 적고, 그 지위는 종교적 권위에 의존한다. 수장사회는 동숨바와 서숨바가 차이가 있는데, 동숨바는 비교적 계층분화가 잘 이루어져 수장(Raja), 귀족(Maramba), 신관(Rato), 평민(Tau Kabihu), 노예(Ata) 등의 신분이 뚜렷하게 나타나지만, 서숨바는 동숨바에 비해 경제적, 사회적 계층분화가 덜 이루어져 비교적 평등한 사회에 가깝다고 한다. 하지만 신분계급이 엄밀하게 구별되지 않았을 뿐 서숨바에도 수장, 신관, 평민, 노예가 존재했던 것으로 보인다(가종수 외 2009: 106). 이러한 신분제도는 네덜란드 식민지가 시작되기 전인 19세기 이전에는 대체적으로 수장의 권한이 한정적이었으나 식민지시대에 네덜란드와 결탁한 '라자'의 권한이 강해지면서, 실제로 막대한 경제적, 정치적 영향력을 행사하게 된다. 따라서 신분에 따른 무덤축조의 양상이 급격하게 변화되는 것도 식민지시대 이후라 할 수 있다.[5]

숨바섬의 전통신앙 중 가장 주요한 개념은 '마라푸(Marapu)'로 일반적으로 '조상'의 의미로 쓰이며, 숨바인들이 신봉하는 전설상의 시조이자 조상이 사는 세계를 가리킨다. 숨바인은 인간은 마라푸계에서 와서, 사후에 다시 마라푸계로 돌아간다고 믿으며, 그들의 생활속에는 항상 마라푸계와 소통하는 의례행위가 이루어진다. 이는 주거공간인 가옥의 가장 높은 곳인 지붕 아래에 '마라푸신'이 사는 공간이 만들어져 있는 것으로도 알 수 있다. 따라서 '마라푸'라는 조상신을 숭배하는 사상은 지석묘 축조에 있어서 매우 중요한 사상적 배경이 된다. 즉, 지석묘의 축조행위가 마라푸신앙의 일단을 보여주는 중요한 의례적 행위가 되는 것이다. 조상신과 더불어

---

4 숨바섬에서 수장사회란 1) 수장이라고 하는 세습되는 공직, 2) 수장이 속해 있는 출신집단을 중심으로 하는 계층적 사회질서, 3) 수장이 여러 촌락의 영역을 지배 라고 하는 세 개의 요건을 갖춘 사회를 말한다(가종수 외 2009: 99).
5 숨바섬 사회 구조에 대한 내용은 숨바섬 사회와 한국 지석묘 사회를 비교 연구한 이동희의 논문을 참고하기 바란다.(이동희 2011)

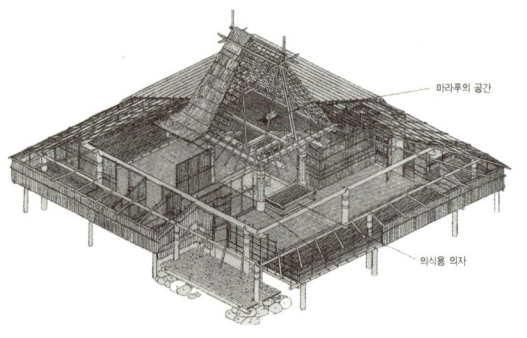

| 그림 3 | 숨바섬의 가옥(가종수 외 2009)

중요한 개념 중에 하나가 해양(바다)와 관련된 것으로 '배(舟)'의 상징적 의미가 있다. 숨바섬 사회에서 '배'의 의미는 주변의 바다로 둘러싸인 자연환경과 더불어 '배'라는 상징적 매개체를 통해 이승과 저승(조상의 고향)을 연결시켜주는 수단으로 생각하고 있다. 즉, 망자의 영혼이 배를 타고 건너온 조상들처럼 다시 배를 타고 바다 저편의 조상의 고향으로 돌아간다고 생각하는 것이다. 따라서 장송의례는 인간이 그 항해를 위한 준비를 갖추는 의미로 생각한다. 이러한 배의 상징적 개념은 가옥의 형태, 무덤, 마을의 구조 등에 잘 나타나 있다. 가옥에서는 지붕의 용마루가 높이 솟은 독특한 형태로 나타나며,[6] 집 자체가 거대한 배를 표현한다. 무덤은 망자를 운반하는 '영혼의 배'로 인식되기 때문에 땅에 직접 매장하지 않고 관을 사용해야 된다는 믿음이 있다. 또한 취락내의 제장에 있는 지석묘를 '암선(岩船)'이라 부르며, 지석묘 위에 설치된 펜지 레티(Penji Reti)는 배의 돛을 의미한다. 마을구조 자체를 배의 상징으로 인식하거나 몇 개의 마을을 묶어 배로 인식하는 경우도 있다(가종수외 2009: 109-115).

---

[6] 민족학에서는 이러한 지붕형태를 '주형(舟形)' 지붕이라고 하여, 기원전 인도차이나 반도에 번창한 '동손문화'와 연결시키기도 한다(가종수 외 2009: 109).

2. 지석묘의 입지 및 구조 검토

1) 입지 및 배치형태

마을의 입지는 크게 평지와 구릉으로 나누어지며, 오래된 마을 일수록 구릉에 입지한 경우가 많다. 평지에 입지한 경우는 해안과 아주 가까운 거리에 위치하는 경우이나 이 경우에도 주변 보다는 높은 위치에 입지하거나 마을의 외곽에 담장을 쌓는 경우가 많다. 이렇듯 숨바섬에서 식수해결이나 경작의 불편함을 감수하더라도 구릉입지를 선호하는 것은 크게 2가지 이유로 볼 수 있다. 첫째는 방어에 유리한 곳에 입지함으로써 마을의 안전을 더 중요시 하는 것이다. 이는 식민지시대 이전에 벌어진 잦은 촌락간의 전쟁 때문으로, 항시 외부로부터의 침입에 대비해야 하기 때문이다. 둘째로 어느 정도의 고도에서는 온도가 내려가기 때문에 날씨가 시원하고 정글의 세력이 약해서 인간이 살기에 좋은 환경이기 때문이다. 따라서 이러한 고지성 취락의 형태는 숨바섬 마을의 특징적인 입지 형태로 생각된다.

지석묘의 입지는 주거지와 무덤이 한 공간에 공존하는 숨바섬 취락의 특징으로 볼 때 마을의 입지와 같다고 하겠다. 다만 마을 내 배치형태는 마을이 입지한 지형 및 축조시기에 따라서 조금 달라진다. 지석묘가 배치되는 공간은 마을의 제장(祭場)으로 사용되는 거석광장으로 기본적인 형태는 마을의 중앙에 배치되며, 주거지는 이 거석광장을 중심으로 외곽에 배치된다.[7] 하지만 마을이 입지한 지형이 좁고 긴 형태의 구릉정상부일 경우나 시기적으로 오래된 마을에서는 거석광장이 조성되지 않거나 주거지와 가까운 일정 공간에 독립적으로 군집되어 배치된다.

---

7 숨바섬 마을의 구조적 특징은 기본적으로 '배'의 상징적 의미가 포함되어 있으며, 크게 3개의 구성양식으로 나눌 수 있다. 1) 거석광장을 사이에 두고 2열로 배치된 가옥군, 2) 거석광장을 중심으로, 원형 또는 타원형으로 배열된 가옥군, 3) 촌락이 3개의 주요 구역으로 분할되어 각각 배의 선두, 중앙, 선미로 불리는 것 등이다(가종수 외 2009: 111).

2) 형태와 구조

 무덤은 기본적으로 시신이 안치되는 공간을 말하는 것으로 외형적인 형태분류에 앞서 시신의 매장위치를 구분하는 것이 필요하다. 따라서 매장주체부의 위치가 가장 중요한 분류기준이 된다. 숨바섬 지석묘의 매장주체부 위치는 크게 지하공간(Ⅰ형), 지면에서 개석아래까지의 공간(Ⅱ형), 개석 상부공간(Ⅲ형)의 3가지로 구분된다.[8] 이중 Ⅰ형과 Ⅱ형이 가장 일반적인 형태이며, 개석 상부에 설치되는 Ⅲ형은 낮은 평지에 입지하는 지석묘나 19세기 이후에 조성된 라자의 무덤들로 파승가 마을, 카본독 마을, 갈리바쿨 마을 등에서 일부 확인된다. 외형적인 형태에 따른 분류는 한국에서 사용하고 있는 탁자식, 기반식, 개석식, 위석식의 4가지 분류법으로도 구분할 수 있지만 개념적으로 차이가 있기 때문에 숨바섬의 지석묘에 맞는 분류법이 필요할 것으로 생각된다. 그것은 탁자식 지석묘의 경우 매장주체부가 지상에 위치하는 것이 기본 개념인데, 숨바섬의 경우는 매장주체부의 위치가 지상과 지하 모두에 위치한다. 그중에서도 지하에 위치하는 것이 대부분을 차지하고 있어 한국의 탁자식 지석묘와 개념적으로 맞지 않다. 또한 기반식 지석묘의 경우에도 매장주체부가 지하에 위치하는 것이 기본 개념인데, 숨바섬의 경우는 지상에 설치된 경우가 많다. 구조적으로도 육면체의 석재 내부를 파내어, 상자형태로 매장주체부를 만든 구조는 한국에서는 없는 구조이다. 따라서 외형적인 형태는 한국과 유사하지만 개념적으로 맞지 않고, 구조적으로도 맞지 않는 것이 있기 때문에 한국의 지석묘 분류방법을 그대로 적용하는 것은 개념적으로 무리가 있다. 숨바섬 지석묘에 대한 새로운 분류법에 대해서는 시간을 가지고 충분히 검토한 후에 적용하는 것이 바람직 할 것으로 생각되며, 현재로서는 개념정립 보다는 외형적인 형태만을 가지고 대략적으로 구분하

---

8 숨바섬 지석묘 형태는 한국 지석묘의 종류만큼 다양하게 확인된다. 하지만 현재 조영되고 있는 지석묘 외에는 발굴조사된 자료가 없어 정확한 구조를 파악하기 어렵다. 특히, 매장주체부가 지하에 조성된 무덤인 경우는 매장주체부의 재료나 형태, 구조 등을 파악할 수 있는 자료가 거의 없었다. 따라서 외형적인 형태를 통해 전체적인 축조의 흐름은 파악할 수 있지만 아직 구조적인 형식의 변천양상을 파악하기에는 자료가 부족한 것으로 생각한다. 숨바섬 지석묘의 형식과 조영과정의 확산에 대해서는 조진선의 논문을 참고하기 바란다.(조진선 2010)

고자 한다.

　숨바섬의 지석묘는 매장주체부가 육면체 석재의 내부를 파낸 상자형태인 경우와 상석 상부에 매장주체부가 설치된 경우를 제외하면 거의 대부분이 지하에 위치한다. 즉, 상석을 받치는 지석이 기둥형태(사각형, 원형)이든 벽석형태이든 관계없이 기본적인 매장주체부의 위치는 지하인 것이다. 따라서 매장주체부의 위치를 지상과 지하로 구분하여 분류할 경우 지상식은 두 가지 경우뿐이며, 외형적 형태도 매우 한정적이다. 특히 상석의 상부에 설치되는 경우는 매우 드물거나 최근에 만들어진 형태로서 예외적인 형태로 볼 수 있기 때문에 분류에서 제외할 수 있다. 따라서 지상식은 매장주체부가 상자형태인 경우 하나 뿐 이다. 이렇게 볼 때 숨바섬 지석묘의 형식분류는 지하식의 형태변화에 초점을 맞추는 것이 필요하다. 여기서 한 가지의 중요한 관점이 더 필요하다. 그것은 숨바섬의 지석묘는 '추가장'을 전제로 축조된다는 것이다. 한국 지석묘의 경우 추가장의 형태가 극히 일부 확인된 바 있지만 기본적인 축조형태는 一回性이다. 또한 구조적으로도 매장주체부의 개석을 다중개석으로 설치하거나 상부를 흙이나 돌로 가득 채워 추가장이 불가능하다. 추가장을 전제로 축조할 경우 지석묘의 구조가 매장주체부의 개방이 용이하도록 만들어져야 한다. 따라서 이러한 관점에서 형태의 변화를 주목할 필요가 있다. 거대한 상석이 설치된 지석묘에서 지하에 위치한 매장주체부를 용이하게 개방하기 위해서는 매장주체부와 상석과의 거리가 멀면 멀수록 유리한 조건을 가지게 된다. 즉, 매장주체부를 다시 개방할 수 있는 공간의 확보가 중요한 것이다. 상석은 한번 설치되면 재이동이 매우 어렵기 때문에 지석묘의 외형은 유지하면서 매장주체부 만을 개방하는 것이다. 상석과 매장주체부의 사이공간은 지석과 벽석이 담당하고 있으며, 이것이 없을 경우는 상석을 직접 이동해서 처리할 수밖에 없다. 따라서 고고학적 발굴조사가 이루어지지 않은 상황에서 전체적인 변화 양상을 파악하는 것은 어려운 일이지만 앞서 살펴본 대로 상석의 형태 및 규모와 더불어 지석과 벽석의 변화양상을 파악하는 것이 바람직할 것으로 생각된다. 숨바섬 지석묘의 전체적인 변화의 흐름은 정형화되지 않은 단순한 형태 및 구조에서 정형화된 형태와 구조로 변화하면서 추가장이 용이한 방향으로 변화된다고 보여 진다. 즉, 지석은 자연석에서 가공된 지석(원형이나 방형)으로 변화하면서 공간 확보를 위해 지석의 길이도 길어진다. 벽석은 원기둥이나 사각기둥의 지석에 판석이 덧대어져 재축조된 것이 확인되는 것으로 보아 지석+판석의 형태는 전체적으로 보면 지석만 사용하던 단계 이후에 만들어지기 시작했을 가능성이 있다. 벽석으로 축조할 경우 추가장이 용이하지 않기 때문에 벽석에 추가장을 위한 문을 만들거나 한쪽 벽석을 쉽게 빠지도록 설치한 것이 후대에 만들어진 것으로 보인다. 이렇게 볼 때 대체적으로 오래된 지석묘 보다는 근세인 19세기 이후에 축조된 것이 대부분을 차지하는 것으로 보인다. 따라서 지석묘의 정확한 형식변화를 보다 면밀하게 검토하는 것이 필요할 뿐만 아니라 고고학적 발굴조사도 필요할 것으로 생각된다. 지석묘의 대체적인 축조양상은 왕(라자)이나 귀족들은 지석이 있고 규모가 큰 지석묘를 축조하였으며, 평민은 상자형태의 지석묘나 낮은 지석을 가진 지석묘를 축조한 것으로 보인다.

III. 숨바섬 지석묘와 한국 지석묘의 축조과정 및 장송의례 검토

숨바섬 지석묘와 한국 지석묘는 기본적으로 형태와 구조가 비슷하기 때문에 축조과정 역시 비슷할 것으로 보이며, 그에 따른 장송의례도 유사할 것으로 생각된다. 하지만 앞서 살펴본 대로 자연환경과 그에 따른 사회구조나 전통사상이 같지 않기 때문에 세부적인 부분에서는 차이가 있을 것으로 생각된다.[9] 따라서 한국 지석묘의 장송의례를 보다 구체적이고 체계적으로 복원하기 위해서는 현재까지 확인된 지석묘의 연구 성과와 축적된 고고자료를 바탕으로 축조과정과 장송의례 과정을 모델화

---

9 기본적으로는 다른 환경이지만 일정부분은 공통점을 갖고 있기 때문에 축조과정이나 장송의례 복원에 다양한 관점과 자료를 제공할 것으로 보인다.

하고, 이를 현재도 축조되고 있는 숨바섬의 지석묘를 통해 비교·검토하는 것이 필요하다. 한국 지석묘의 축조과정과 장송의례에 관한 모델화는 拙稿(윤호필 2007)를 통해 정리한 바 있다.

| 표 2 | 한국 지석묘 축조과정 및 단계별 의례양상 모델(윤호필 2007)

축조단계		축조과정	단계별 의례		의례내용
Ⅰ단계	①	묘지선정	산천의례(山川儀禮)		주변환경을 정화하고 신성한 지역으로 만듦. 묘구 보호를 기원. 집단의례가 행해짐(산신제, 수신제 등).
	②	묘구조성	지신의례(地神儀禮)		지신에게 묘구의 존재를 알리고 사회구성원들에게는 묘구를 성스럽고 특별한 장소로 인식시킴. 집단의례가 행해짐.
	③	묘역선정 및 정지	정지의례(整地儀禮)		땅에 대한 의례. 지신에게 피장자의 죽음을 알리고 시신과 영혼을 보호해 달라는 기원. 사회구성원들에게 피장자의 무덤영역을 알림.
	④	채석	채석의례(採石儀禮)		무덤재료의 공급원으로서의 감사의례. 채석작업의 안전기원.
	⑤	석재운반 (상석, 벽석, 바닥석 등)	運搬儀禮	운반시작	상석정화(상석이동에 앞서 씻음) 및 안전사고 상기.
				운반과정	안전기원. 피장자의 죽음과 사회적 지위를 알림. 협동작업에 따른 격려와 보상.
				운반도착	입석허가. 애도표시. 협동작업에 따른 격려와 보상.
Ⅱ단계	개석식지석묘	① 묘광파기	천광의례(穿壙儀禮)		땅에 대한 의례(開土祭, 后土祭). 방향 및 규모설정(내세관).
		② 바닥석 및 벽석(4벽)설치	축조의례(築造儀禮)		시신보호. 부정을 막음. 벽사의미. 영생의미.
		③ 시신안치 및 유물부장	매장의례 매납의례 (埋葬儀禮 埋納儀禮)		매장의례: 장송의례, 시신 운반의례, 매장방법(처리방법, 두향, 자세 등). 부정방지 및 벽사. 매납의례: 내세관, 사후세계에 필요한 물품공급. 부장유물을 통해 사회적 지위 표시.
		④ 매장주체부 내부 채우기	밀봉의례(密封儀禮)		시신보호. 부정방지. 벽사.
		⑤ 개석 덮기	밀봉의례(密封儀禮)		시신보호. 생자와의 단절.
		⑥ 개석상부 채우기	밀봉의례(密封儀禮)		매장주체부 보호. 부정방지. 벽사.
		⑦ 지석 및 상석놓기	상석의례(上石儀禮)		축조성공과 안전을 기원. 안녕과 풍요기원. 협동작업에 따른 격려와 보상
		⑧ 묘역시설 설치(敷石, 鋪石, 積石)	묘역의례(墓域儀禮)		무덤의 영역표시. 무덤 공간인식. 외경의식. 축조 후 제사공간 활용.

축조단계		축조과정	단계별 의례	의례내용
II단계	탁자식지석묘	① 바닥석 및 벽석(3벽) 설치	축조의례(築造儀禮)	시신보호. 부정을 막음. 벽사의미. 영생의미
		② 상석놓기	상석의례(上石儀禮)	축조성공과 안전을 기원. 안녕과 풍요기원. 협동작업에 따른 격려와 보상
		③ 시신안치 및 유물부장	매장의례 매납의례 (埋葬儀禮 埋納儀禮)	매장의례: 장송의례. 시신운반의례. 매장방법(처리방법, 두향, 자세 등). 부정방지·벽사. 매납의례: 내세관. 사후세계에 필요한 물품공급. 부장유물을 통해 사회적 지위 표시.
		④ 마구리돌 설치	밀봉의례(密封儀禮)	시신보호. 생자와의 단절.
		⑤ 묘역시설 설치(敷石, 鋪石, 積石)	묘역의례(墓域儀禮)	무덤의 영역표시. 무덤 공간인식. 외경의식. 축조 후 제사공간 활용.
III단계		묘구(묘역) 관리·보수 (벌초 및 보수작업)	제사의례(祭祀儀禮)	조상숭배. 피장자의 인식. 사후제사. 집단의 영역표시 및 관리.

〈표 2〉는 한국에서 가장 많이 확인되는 개석식 지석묘와 탁자식 지석묘를 중심으로 축조과정과 단계별의례 양상을 정리한 것이다.[10] 지석묘 축조과정은 크게 3단계로 설정하였다. I단계는 피장자를 매장하기 위한 준비단계(묘지선정~석재운반)이며, II단계는 피장자를 매장하고 무덤의 외형적인 틀을 만드는 단계(매장주체부 및 묘역 설치)이며, III단계는 완성된 무덤을 관리하는 단계이다. 이들 각 단계는 세부적인 축조단계를 설정하여 보다 구체적인 축조양상을 설정하였다. 장송의례는 이러한 세부적인 축조단계에 맞춰 이루어지게 된다. I단계의 의례는 주로 무덤이 들어설 땅과 무덤의 재료가 되는 석재의 채석과 운반에 관한 의례이다. 따라서 먼저 땅의 신인 '地神'에게 무덤의 존재와 영역을 알리며, 무덤의 재료가 되는 성스러운 석재와 더불어 안전한 채석과 운반에 관해 기원한다. II단계는 시신이 안치될 매장공간의 외형적

---

10 여기에 설정되지 않은 기반식 지석묘는 개석식 지석묘의 축조과정에서 지석 설치과정을 추가로 설정하면 되고, 위석식 지석묘는 기반적으로 탁자식 지석묘와 형태는 다르지만 축조과정은 비슷하다고 볼 수 있다.

인 틀을 만드는 과정에서 이루어지는 의례이다. 따라서 '地神'에 대한 의례와 함께 축조과정의 안전과 성공을 기원하며, 시신보호와 부정방지를 위한 의례가 진행된다. 이 과정에서 가장 중요한 것은 시신의 안치를 통해 사자를 현실세계와 완전히 단절시키는 것으로 사자를 위한 의례가 가장 많이 행해진다. 또한 시신이 안치될 공간의 위치에 따라 의례양상이 차이가 나타난다. 개석식 지석묘는 시신을 지하에 매장하기 때문에 땅을 관장하는 지신에 대한 의례와 시신을 안치한 후 이어지는 밀봉의례가 주를 이룬다. 이는 시신을 외부로부터 보호하는 의미와 함께 현실세계와 완전히 분리시킴으로서 영원히 현실세계로 돌아오지 못하게 하는 의미를 가진다. 탁자식 지석묘는 시신이 지상에 매장되기 때문에 매장주체부의 축조가 중요한 의례가 된다. 이처럼 매장주체부를 지상에 설치하는 것은 피장자를 밖으로 드러내는 것으로 피장자의 존재를 인식시키고자 하는 의미이다. 즉, 지석묘를 통한 경관의 의미화 과정이라고 할 수 있다. 따라서 개석식 지석묘와 탁자식 지석묘는 피장자에 대한 인식의 차이가 존재한다고 볼 수 있다. Ⅲ단계는 무덤의 관리 및 보수와 더불어 지속적으로 사자에 대해 기원하는 것이다. 전체적으로 살펴보면, 한국 지석묘의 장송의례를 세부적으로 설정하였지만 관련 자료의 부족으로 구체적이고 세부적인 내용을 제시하지는 못하였다. 하지만 각 단계별 축조과정에 설정된 장송의례 양상은 충분한 개연성을 가지고 있다고 생각하며, 숨바섬 지석묘를 통해 검토가 가능할 것으로 생각한다.

숨바섬 지석묘 축조에 있어서 기본적인 특징은, 첫째, 비용이 많이 든다. 둘째, 축조기간이 길다. 셋째, 석재의 강도가 약해 채석과 문양 조각이 용이하다 등이다. 이러한 특징은 지석묘가 거대한 석재를 이용한 무덤형태이므로, 석재의 채석과 이동은 많은 노동력과 시간을 요구하는 것으로 경제적 여건이 지석묘 축조의 중요한 요소로 작용한다. 따라서 죽음과 동시에 축조가 진행되겠지만 그렇지 않은 경우에는 경제적 여유가 생길 때까지 조금씩 작업을 진행시키게 되며, 대부분은 오랜 기간에 걸쳐 축조가 이루어지는 것이 대부분이다. 또한 석재의 강도는 주로 응회암이나 사암 종류로서 강도가 약해 조각이 용이하여, 다양한 의례적 표현을 할 수 있다. 주로 상석 위에 설치되는 펜지 레티(Penji Reti)에 잘 나타난다.

숨바섬의 지석묘도 그 형태와 구조가 다양하여, 축조과정도 다양하게 나타날 수 있지만 크게 보면 한국 지석묘와 같이 3단계로 설정할 수 있다. 즉, II단계에서 형태와 구조에 따라 다양한 축조과정이 있지만 크게 보면 무덤의 외형적인 틀을 축조하는 것이기 때문이다. 하지만 이것 역시 관련 자료가 부족하여, 세부적으로 검토하기는 어렵다. 따라서 한국 지석묘의 축조과정에 맞추어 '상석 끌기'를 중심으로 대략적인 과정과 특징을 살펴보고자 한다.

|표 3| 숨바섬 지석묘의 축조과정

축조단계	축조과정		특징
I 단계	묘지선정		-마을입지와 같음. 고지성 방어취락.
	묘구조성		-제연장소, 거석광장, 원형 또는 2열 배치. -마을의 중앙 또는 주거지와 가까운 일정 공간.
	묘역선정 및 정지 채석		-일정한 구역을 가짐. -경제적 능력이나 신분에 따라 석재의 질이 달라짐. -채석은 전문 석공에 의해 이루어짐. -작업 중 일이 있을 때면 물소나 돼지가 제물로 바쳐짐. -석재가 채석된 후에 신관들이 모여 개 한 마리를 제물로 바침(채석한 돌에 대한 감사의 대가를 마라푸신에게 지불하는 의미).
	석재운반 (상석, 벽석, 바닥석 등)	운반시작	-석재운반용 '수라'[11]를 제작하여 채석장으로 옮김(수라는 'Y'형으로 만들며, 앞부분은 조상신 '마라푸'를 나타냄. 수라를 '말머리(Kabang)' 또는 '배(Tena)' 라고 부름. 사용되는 나무는 '낭카' 로 세번째로 신성한 나무임). -운반의 시작은 '신관'에 의해 운반 일정이 결정된 후 시작됨. -다섯 명의 '라토'들이 숲속에 들어가 마라푸신에게 행사의 안전을 기원함(한 마리의 닭과 돼지가 도살됨. 도살된 닭과 돼지의 생간을 통해 석재운반의 길흉을 점침) -수라에 석재를 싣고 칡넝쿨로 매고, 마로 다시 엮어서 견고하게 함. -상석의 중앙에는 남성용 직물 이캇을 깃발처럼 세움('펜지'라 불리며, 배의 돛을 의미하는 것으로 상석 끌기를 할 때 마라푸와 교신하는 것으로 거석을 움직이는 초인적인 힘의 원천이 됨). -상석 끌기가 시작되면 라토는 펜지 가까이에서 상석 끌기를 지휘함. -"오, 우리 선조여, 여기에 내려 와서 우리와 함께 돌을 끕시다" 라고 외치면서

축조단계	축조과정	특징
I단계		상석 끌기를 시작함.
	운반과정	-해가 지면 참가자 전원에게 식사가 제동됨. -식사 후 밤의 의례가 시작됨. 상석의 전방부에는 한 명의 신관이 앉고, 선조신 마라푸에게 행사가 무사하길 빔. 닭을 죽여 그 심장으로 길흉을 점침. -길흉은 6명의 신관이 협의하여 결정. '길'이라고 판단되면, 모든 사람들이 수라 옆에 둥글게 둘러앉고 그 일각에 신관과 악단이 앉음. 라토들의 기원의 노래와 악단의 연주가 시작되면 원형 안에서 남녀사람들이 춤추며 노래를 부름. 밤의 의례는 밤새 계속되며 수라가 마을에 들어갈 때까지 계속됨. -운반의 시작은 신관들이 닭을 제물로 바치고 내장으로 점을 쳐서 결정함. -운반과정에서 축조자는 참가자들에게 식사와 연회를 개최해 줌. -상석운반은 통나무 굴림대(카와타)와 나뭇가지, 나뭇잎 등을 지면에 깔아 운반. -상석 끌기에 동원되는 사람들은 강제적이 아니라 상호부조의 성격이 강함.
	도착	-마을 입구에 도착하면, 축조자와 신관들이 나와 정식으로 맞이하고, 신관 한명이 상석에 공물을 놓고 마라푸에게 기원을 올림(마을에 들어가는 의식). -석관 가까이까지 옮겨짐.
II단계	상석놓기	-석관에 상석을 올릴 수 있도록 통나무를 이용하여 지주대와 활주로를 만듦. -수라에 실린 상석을 풀어 활주로에 걸친 다음, 상석을 끌어올리는 의례가 시작됨. 신관이 개석 앞에서 기도를 드리고 닭의 심장으로 점을 침. 길흉이 판단되면 말이 제물로 바쳐지며, 개석에는 직물과 다른 공물이 마라푸에게 바쳐짐. -신관의 구호에 따라 상석이 옮겨지며, 그 후 가설된 통나무들은 철거됨.

〈표 3〉에서 전체적인 축조과정은 아니지만 '상석 끌기'를 통해 지석묘 축조과정에서 이루어지는 의례의 대략적인 양상은 살펴볼 수 있었다. 전체적으로 한국 지석묘 축조모델에서와 같이 상석정화, 안전기원, 입석허가, 협동작업에 따른 격려와 보상 등의 의례가 세부적으로 잘 묘사되어 있다. 여기서 주목할 점은 장송의례의 주관을 모두 신관에 이해 이루어지는 점이다. 축조자나 참여자는 신관의 지시에 따라 움직일 뿐 신관이 길흉을 점치면서 축조과정을 이끌어 간다. 또한 의례는 각 단계별로 一回性 행사가 아니라 시작부터 끝까지 지속적으로 이루어진다. 숨바섬 지석묘 장

---

11 수라는 거석을 실어 나르는 썰매라는 뜻으로 숨바어로는 "돌의 말"이라고 하며, 'Jara Batu'라고 부른다.

| 그림 4 | 숨바섬 지석묘의 축조과정(상석 끌기)(가종수외 2009)

송의례의 대상은 모두가 '마라푸신'과 소통하는 것이며, 또한 지석묘는 '배'의 의미를 가지게 된다. 따라서 모든 축조과정을 살펴보지는 못하였지만, 전체적인 축조양상은 한국 지석묘와 큰 차이가 없는 것으로 보인다. 다만 축조과정에서 나타나는 다양한 의미에 대해서는 한국 지석묘와 직접적으로 연결시킬 수 있을지는 조금 더 자료가 보강되어야 할 것으로 생각된다.

숨바섬 지석묘의 장송의례는 사자를 "마리푸의 나라"로 떠나보내는 과정에 대한 의례라 볼 수 있으며, '마라푸 신앙'을 중심으로 현실과 사후세계를 연결시켜주는 '배'의 의미가 강조되어 있다. 먼저 기본적인 장송의례의 사상을 보면 다음과 같다. 첫째, 죽은 사람은 지석묘에 매장되어야 한다. 둘째, 지석묘는 사후-세계로 인도하는 영혼의 배이다. 셋째, 추가장일 경우 부계혈연을 중심으로 선조의 지석묘에 매장하는데, 부모와 자식이 같이 묻히는 법은 없고, 조부모 세대와 손자의 세대가 함께 매장된다. 이러한 사상은 장송의례의 밑바탕이 된다. 기본적인 장송의례의 흐름을 정리하면 〈표 4〉와 같다

| 표 4 | 숨바섬 지석묘의 장송의례의 흐름(사종수외 2009: 120-142)

단계	숨바섬 지석묘의 장소의례의 흐름
1. 죽음	-시신은 가족의 재력에 따라 금은의 장식품을 몸에 부착시킨 다음 웅크린 자세(蹲踞)로 해서 천(Ikat)으로 겹겹이(8장의 직물을 이용) 싸 놓음. - '바보룬' (묶음)이라는 의례로 물소 한 마리가 제물로 바쳐짐.
2. 입관	-시신 입관에 사용되는 것은 최근에는 목관을 사용하는 것이 일반적임. 관은 몇 장의 천으로 한 번 더 싸여짐. 관은 장례식 날까지 사망자는 자신의 집안에 제일 큰 오른쪽 방에 안치되어 생전과 같은 생활을 보냄.[12] -장례식 개최준비는 시간과 경제력이 필요한 것으로 보통 수개월 이상이 소요됨. 장례식 준비란 친족 여자는 직물, 친족 남자는 말이나 소, 물소를 준비하며, 상주 측은 많은 수의 조문객을 수용해 대접하기 위한 임시 옥과 식량을 확보함.[13] 지석묘의 조영도 장례준비의 일환임.[14] -전통적인 방법으로 지석묘를 축조하면 오랜 시간이 걸려 2차장이 일반적임. 따라서 대부분 빈(殯)을 설치하여 2차장을 함. 빈은 신분이 높은 경우는 관습가옥이나 거석광장 일각에 큰 나무를 파서 시신을 안치하고, 평민의 경우는 초분에 시신을 안치함.
3. 장례식	-사자의 시중을 들기 위해 남자 3명과 여자 3명의 '파팡강(papanggang)'을 둔다.[15] -장례는 거석광장에서 행해지며, 사망자의 지위와 부에 따라 말이나 물소를 도살해 제연(祭宴)이 행해짐. 제의는 사망자의 지위와 부에 따라 도살되는 말이나 물소 수가 다름. -장례식 날 아침, 수십 명의 친족들이 동으로 된 징이나 북을 치며 물소를 선두로 마을에 들어옴. 맨 먼저 죽은 자의 집까지 가서 조의를 표함. 조문객은 관습가옥의 베란다에 안내되어 각각 접대를 받음. -오후까지 친족과 지인들의 조문행렬이 이어지고, 조문객들은 우선 상주 측에게 조문인사를 한 뒤 대변자를 통해 조문품을 전달함.[16] 말의 경우는 그 자리에서 칼로 목이 베어져 제물로 바쳐짐. -저녁 때 지석묘 앞에서 '신관'에 의한 죽은 자를 위해 기도함. 사자를 안치한 가옥 안에서는 마지막 이별이 행해지며, 그 후 남자들에 의해 관이 운반되어 지석묘에 입관. -시신 위에 염직물이 놓이고, 뚜껑이 덮임. -입관 후 제연광장을 둘러싸듯이 사람들이 원진을 만들어 물소의 공희제(供犧祭)가 시작됨. 제물로 바쳐지는 가축의 도살은 성수인 8을 기준으로 16, 24, 32의 수로 이루어짐.[17]
3. 장례식종료	-조문객이 지참한 조문품에 대한 답례를 각 그룹에게 건네주는 의례가 행해짐. 이때 신부를 받는 집단보다 신부를 준 집단이 훨씬 유리하게 할당됨. -"파팡강의 목욕 의례"가 행해짐. 이 의례는 장례식 종류 후 남은 조문객과 파팡강이 강에서 몸을 씻는 의례로 금기로부터 해방되었음을 나타내는 의식이다.

단계	숨바섬 지석묘의 장소의례의 흐름
3. 장례식종료	- 파팡강의 목욕 의례 후 관습가옥으로 돌아와 장례기간 중의 부정을 정화하기 위해 신관에 의해 기도가 올려지고, 닭과 돼지가 제물로 바쳐짐. 이로써 장례가 끝난다.

〈표 4〉의 장송의례는 현재 숨바섬에서 이루어지고 있는 것이지만, 외형적으로 보면 옛 전통을 그대로 간직한 것으로 보여 진다. 그것은 아직 무덤의 모습이 지석묘의 형태를 유지하고 있으며, 모든 의례가 마라푸 신앙에 기초하고 있기 때문이다. 따라서 장송의례의 절차상의 변화는 어느 정도 있을지 몰라도 기본적인 장송의례의 패턴은 유지된 것으로 생각된다. 특히, 장례식은 무덤축조와 같이 많은 비용과 오랜 기간이 소요되는 만큼 사회적·경제적 기반이 필요하면, 이는 사회구조의 변화와 질서를 정립하는데 중요한 역할을 한다.

세부적인 의례양상을 살펴보면, 시신의 몸에 장신구를 부착시키거나 위세품을 부장하는 것은 사후세계에서 사자가 편히 지낼 수 있는 재산을 의미하며, 웅크린 자세로 안치하는 굴장은 한국 지석묘의 장송의례와 매우 유사하다. 특히, 이 과정에서 가축을 제물로 바치는 의례행위는[18] 지금은 남아있지 않은 한국 지석묘 장송의례의 복원에 좋은 자료가 된다. 또한 장례식과 관련하여 사자의 처리방법, 행사주관이 비

---

12 숨바섬의 전통 가옥은 좌측과 우측의 역할이 다른데, 좌측은 세속적이고 사적인 영역이며, 우측은 의례적이고 공적인 영역으로 간주한다.
13 숨바섬에서는 자신이 속한 집단을 중심으로 여성을 신부로 주는 집단과 신부를 받는 집단 사이가 혼인을 통한 결연관계가 되어 사회의 기초를 만든다. 또한 이 두 집단은 상호 재산 교환을 통해 결연을 다진다. 이러한 관계는 장례에서도 같이 적용된다.
14 지석묘 축조비용이 마련되면 무덤축조에 사용할 석재를 찾고 석재를 주문한다. 채석작업은 20여명의 석공들이 철제 굴봉, 망치, 도끼 등을 사용하여 채석하며, 지석묘 제작 중에 일이 있을 때마다 물소나 돼지를 제물로 바친다.
15 파팡강은 사자의 시중을 드는 역할로 항상 시신 옆에서 생활하며, 장례식의 다양한 의례에서 중요한 역할을 한다. 주로 노예가 선택되며 왕의 죽음일 경우 같이 순장된다. 파팡강 중 2명은 별한 의상과 장식품을 걸치는데, 일상복이 아닌 호화로운 직물을 걸친다. 이때 특이한 것은 일반사람과 달리 두건과 허리띠는 역방향으로 하고 몸을 감싸는 천도 사자와 같은 방향으로 감는다. 이는 우리나라에서 금줄을 왼쪽방향으로 꼬아가는 것과 같은 것으로 보인다.
16 조문품을 전달하는 과정에서는 당사자가 직접 말을 주고받거나 물품을 직접전달하지 않고, 반드시 대변재(숨바어로 '칸데한'이라 함)를 통해 의례언어를 사용하여 말을 전달하고 물품을 전달한다. 이러한 간접성과 왜곡성은 숨바문화의 큰 특징 중 하나이다.
17 제물로 바쳐진 가축의 고기는 친족들이 먹는 것이 아니라 조문객들이 가지고 가는 것이 관례이다.
18 가축은 사자와 함께 사후세계로 같이 간다고 믿음.

용의 분담, 조문방식, 공희제 등의 일련의 과정들은 한국 지석묘 장송의례의 빈 부분을 메워 주은 중요한 자료가 된다. 하지만 앞서 살펴본 대로 시신의 처리방법이나 무덤에 대한 기본 개념이 다르기 때문에 신중히 접근할 필요는 있다. 예를 들어 한국의 지석묘는 1차장이 기본 개념인데, 숨바섬 지석묘는 2차장이 기본 개념일 때, 이와 연동되는 일련의 장송의례는 형태는 비슷할지 모르지만 상호 확연한 차이를 보이게 되는 것이다. 빈(殯) 설치의 경우 숨바섬에서는 자연스러운 일이지만, 한국에서는 자료도 찾기 어려운 일이다. 하지만 어느 경우에는 빈(殯)의 존재가 인정되는 부분도 있다. 따라서 서로의 빈 부분을 다양한 관점에서 비교하고 검토하는 것이 필요할 것으로 생각한다.[19]

Ⅳ. 맺음말

지석묘 장송의례에 관한 연구는 지석묘 축조 집단의 사생관(死生觀)이나 조령관(祖靈觀)을 파악하여 청동기시대인들의 정신세계를 살펴보는 것 뿐만 아니라, 사자(死者)와 무덤 축조자의 사회적 관계를 통해 당시의 사회구조와 문화양상까지도 살펴볼 수 있는 중요한 테마이다. 따라서 지금도 축조되고 있는 숨바섬 지석묘의 장송의례를 통해 한국 지석묘의 축조기술이나 과정, 장송의례 등을 복원하는데 도움이 된다면, 한국 지석묘연구의 획기적인 방향을 제시해 줄 수 있을 것으로 생각된다. 따라서 축적된 고고자료를 재인식할 필요가 있으며, 이를 위해 민족지자료도 적극적으로 활용할 필요가 있다고 생각한다.

이상에서 숨바섬 지석묘의 장송의례와 한국 지석묘의 장송의례를 대략적으로나마 비교·검토해 보았다. 하지만 숨바섬의 지석묘의 조사사례가 거의 없고 연구 성

---

19 최근 탁자식 지석묘, 50cm 이상인 주형지석을 한 지석묘, 판석으로 깐 묘역을 가진 대형의 기반식 지석묘를 가매장 시설로 본 연구가 주목된다(이영문 2011). 이는 한국 지석묘에서도 빈의 존재 가능성을 말해준다 하겠다.

과가 부족하여 단편적인 양상으로 전체를 논하거나 일부 편중된 내용으로 추측과 개연성에 의존한 부분이 있다. 특히, 숨바섬 지석묘의 축조시기나[20] 분포양상에 따른 의례적 관계를 언급하지 못하였다. 따라서 향후 보다 많은 조사와 자료의 축적을 기대해 보고자 한다.

---

20 현재 숨바섬 지석묘의 연대는 불분명하지만, 주변 섬들의 발굴조사나 인도네시아의 역사역구를 통해 숨바섬 지석묘의 시원을 기원전 10세기부터 기원전 5-6세기로 추정하고 있다. 하지만 연대를 뒷받침할 유력한 사료나 증거는 없다.

참고문헌

가기야 아키코, 2009, 「서숨바섬의 거석묘 만들기」, 『지금도 살아 숨쉬는 숨바섬의 지석묘 사회』, 북코리아.
가종수, 2009, 「지금도 살아 있는 지석묘 사회 숨바섬」, 『지금도 살아 숨쉬는 숨바섬의 지석묘 사회』, 북코리아.
對外經濟政策研究院·地域情報센터, 1994, 『인도네시아 便覽』.
요시다 야스히코, 2009, 「동숨바섬의 거석문화 -1975년에 진행된 돌 끌기 행사-」, 『지금도 살아 숨쉬는 숨바섬의 지석묘 사회』, 북코리아.
윤호필, 2007, 「경기도 지석묘의 장송의례」, 『경기도 지석묘연구의 어제와 오늘』, 경기도지석묘 조사보고서 발간기념 학술대회 발표요지, 경기도박물관.
윤호필, 2009, 「청동기시대 묘역지석묘에 대한 연구: 기능과 의미를 중심으로」, 『경남연구』1.
윤호필·장대훈, 2009, 「석재가공기술을 통해 본 청동기시대 무덤축조과정 연구」, 『한국고고학보』70.
이동희, 2011, 「인도네시아 숨바섬과 한국 지석묘 사회의 비교 연구」, 『湖南考古學報』38집, 호남고고학회.
李榮文, 2002, 『韓國 支石墓 社會 硏究』, 學硏文化社.
李相吉, 1994, 「支石墓의 葬送儀禮」, 『古文化』45, 韓國大學博物館協會.
李相吉, 2000, 「靑銅器時代 儀禮에 관한 考古學的 硏究」, 大邱曉星가톨릭大學校 博士學位論文.
이영문, 2004, 「세계 문화유산속의 한국 지석묘」, 『아시아권에서의 문화유산(지석묘) 보존과 활용』, 東北亞支石墓硏究所.
林永珍, 1981, 「인도네시아의 先史文化」, 『서울 大學校 인도네시아學術調査團 報告書』, 서울大學校.
조진선, 2010, 「인도네시아 숨바섬의 거석묘 조영과 확산과정」, 『고문화』76, 한국대학박물관협회.
최몽룡·최성락편, 1997, 『인물로 본 고고학사』, 한울아카데미.
Haris Sukensar, 2004, 「DOLMENS IN INDONESIA」, 『아시아권에서의 문화유산(지석묘) 보존과 활용』, 東北亞支石墓硏究所.
Ron L. Adams, 2007a, 「Ethnoarchaeological Perspectives on Megalithic Tomb Building in West Sumba, Indonesia」, 『아시아의 지역문화와 문화교류』, 전남대학교출판부.
Ron L. Adams, 2007b, 「THE MEGALITHIC TRADITION OF WEST SUMBA, INDONESIA: AN ETHNOARCHAEOLOGICAL INVESTIGATION OF MEGALITH CONSTRUCTION」, SIMON FRASER UNIVERSITY.

영남지역 청동기시대 묘제 최근성과

고민정(경남발전연구원)

Ⅰ. 머리말

최근 영남지역에서는 국도건설, 농공단지 조성, 산업단지 조성, 혁신도시 건설, 택지개발사업, 도시계획도로 개설 등의 개발로 인해 여러 유적들이 발굴조사되면서 청동기시대 유적 자료들이 많이 축적되었다. 특히, 마산 진동유적, 김해 율하리유적과 같은 대규모 묘역지석묘가 경남 각지와 울산, 경주지역에서도 확인되어 이들 지역과 비교 검토할 수 있는 중요한 고고학적 자료가 확보되었다. 무덤군만 따로 조사된 예도 있으나, 주거지, 수혈, 환호, 경작지 등 여러 취락구성요소와 함께 묘역을 가진 무덤군의 조사가 이루어진 예도 다수 확인되었다. 본고에서는 편의상 행정구역에 따라 경남지역, 부산·울산지역, 경북지역으로 구분하여 2009~2011년도에 조사된 묘제를 중심으로 주요유적 등을 소개하고 그 조사성과에 대해서 간단히 언급하고자 한다.

Ⅱ. 주요유적

1. 경남지역

1) 산청 매촌리유적

경남 산청군 금서면 매촌리 952답 번지 일원으로 산청 금서 제2농공단지 조성사업부지내에 위치한다. 유적의 지형은 북쪽의 필봉산(해발 685m)에서 남동쪽으로 뻗어 내려오는 가지능선의 사면말단부에 접한 59번 지방도 남쪽의 충적지로 이어지는 경사변환대(해발 110m)로부터 남강에 합류하는 경호강의 1차 지류인 금서천이 곡류하여 형성한 활주사면부의 충적지까지 해당된다. 우리문화재연구원에 의해 2008년 10월 7일부터 2009년 5월 4일까지 발굴 조사되었다. 조사결과, 신석기시대의 집석유구 1기 및 집석유구군, 청동기시대의 묘역지석묘 9기, 석관(곽)묘 40기, 송국리형 주거지 17기, 수혈 6기 등이 확인되었다.

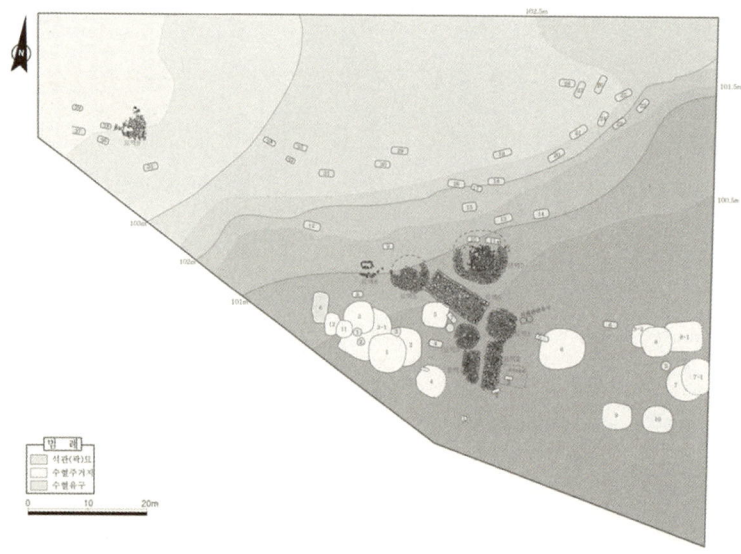

| 도 1 | 산청 매촌리유적 유구배치도

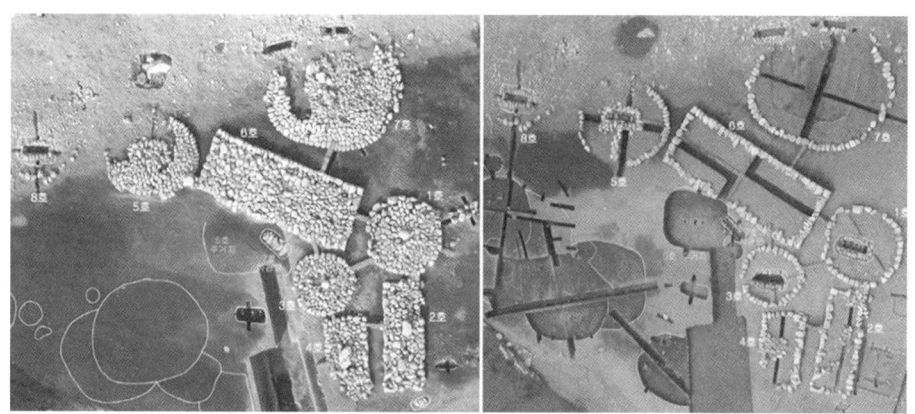

| 도 2 | 산청 매촌리유적 묘역지석묘군 전경

1·2호와 5·6호 묘역지석묘의 경우, 서로 다른 평면형태의 묘역에 한쪽 끝을 천석으로 연이어 붙여놓고 그 상단에 묘표석으로 추정되는 암괴가 놓여진 상태이다. 보고자에 따르면, 이들 유구는 매장주체부가 있는 원형 묘역지석묘와 의례관련 구조물로서의 장방형 묘역이 셋트 관계일 가능성이 있는 것으로 추정하고 있다. 석관묘는 단구면과 충적지에 분포하는데, 단구면에 위치하는 석관묘는 등고선을 따라 일정한 간격을 두고 열상으로 배치되어 있고, 묘역지석묘 주변에는 산발적으로 분포하고 있다. 출토유물은 적색마연토기, 청동촉, 식옥, 석검, 석촉 등이 있다. 현재 국립중앙박물관 야외박물관 선사구역으로 유구를 이전하여 복원전시되어 있다.

2) 산청 하촌리유적

경남 산청군 생초면 하촌리, 평촌리, 갈전리 일원(면적 97,209㎡)으로 산청~수동간 국도건설공사 구간내에 위치한다. 2008년 5월 15일부터 2009년 6월 18일까지 경남발전연구원 역사문화센터에서 발굴 조사하였다. 조사결과, 청동기시대 석관묘 2기, 주구석관묘 1기, 주거지 31동, 고상건물지 4동, 수혈 102기, 구 1기, 주혈군 등이 확인되었다. 석관묘는 ⅠB지구의 서쪽에 위치하며, 석관규모는 길이 65cm, 너비 17cm, 깊이 30cm로 소형이다. 15cm 내외 크기의 천석을 이용하여 2~3단 수적하였

|도 3| 산청 하촌리유적 Ⅲ지구 주구석관묘

으며, 바닥에는 할석 3매를 일정한 간격으로 배치하였다. 주구석관묘는 Ⅲ지구 중앙부 남쪽 가장자리에 위치하는데, 조사구역 밖으로 유구가 이어져서 전체적인 규모는 파악하기 어렵다. 주구의 평면형태는 장방형으로 추정되며, 규모는 현재 길이 17.42m, 너비 11.35m, 깊이 23~48cm이다. 주구 내부에서는 공열문토기, 구순각목문토기, 적색마연토기, 천발, 심발 등이 출토되었다. 주구 내부에는 1호 토광묘가 확인되는데, 바닥만 남아있으며, 잔존 상태로 보아 주구조성 시 분구형으로 정지 후 다시 굴광한 반지상식 형태이다. 바닥에는 편평한 천석을 한번 깔아놓은 형태이다.

3) 진주 가호동유적

경남 진주시 가호동 702번지 일원으로 진주 가호택지개발사업부지에 위치한다. 유적의 지형은 남강의 공격사면부로 남강의 지류인 가좌천이 합류하는 충적지에 해당하며, 미고지 정상부에는 신석기~청동기시대 유구, 사면부에는 삼국시대 유구와 삼국~조선시대의 밭유구가 분포하고 있다. 2008년 2월 25일부터 2009년 7월 13일까지 동서문물연구원에서 발굴조사하였다. 조사결과, 청동기시대 묘역지석묘를 비롯한 매장유구 39기, 주거지 26동, 고상건물지 4동, 환호, 함정 19기, 야외노지 10기, 수혈 26기, 밭 등의 유구가 다수 확인되었다. 주거지는 청동기시대 전기의 장방형주거지 2기와 송국리단계의 방형·원형주거지 24기이다.

매장유구의 배치는 2호·3호 원형 묘역지석묘의 서쪽에 연접하여 (장)방형, 원형, 타원형의 묘역지석묘가 열상을 이루며 중첩되어 분포하고, 서쪽에는 1호 장방형 묘역지석묘가 독립적으로 배치되어 있다. 석관묘와 석개토광묘는 묘역지석묘 주변과 외곽에 분포하

|도 4| 진주 가호동유적 무덤군 전경

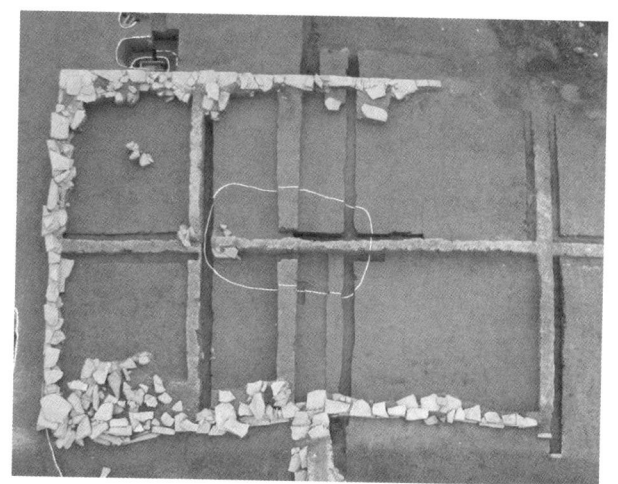

|도 5| 진주 가호동유적 1호묘

고 있다. 2호와 3호 묘역지석묘는 성토층과 즙석, 주구를 설치하였고, 4호는 원형의 구획석 내 낮은 성토층 상부에 할석과 천석을 부석한 형태로 확인되었다. 1호 묘역지석묘는 판석, 할석, 천석으로 구획석을 1~3단 평적하고 중앙에 상석이나 묘표석을 시설하여 묘역을 조성하였다. 매장주체부는 석관으로 서장벽은 목재를 이용하여 벽을 축조하였다. 유물은 북장벽 중앙 부근에서 破劍과 청동유물이 출토되었다. 석

영남지역 청동기시대 묘제 최근성과 171

|도 6| 진주 가호동유적 2호·3호묘

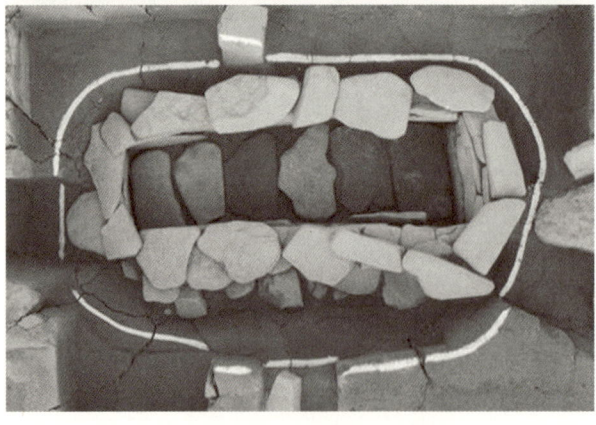

|도 7| 진주 가호동유적 10호묘(1), 26호묘(2)

관묘는 묘역지석묘 주변과 외곽에서 대부분 열상으로 확인되었으며, 규모에 따라 대형과 소형으로 구분할 수 있다. 벽석은 판석, 할석, 천석을 이용하여 다양한 방식으로 축조하였다. 석개토광묘는 묘역지석묘의 외곽에서 확인되며, 토광 내부에 목관을 설치했던 흔적이 있다. 매장유구에서는 적색마연토기, 석촉, 관옥, 환옥, 곡옥 등이 출토되었다.

4) 진주 소호동유적

진주시 호탄동 일원으로 진주 혁신도시 건설부지내에 해당한다. 2009년 1월 19일부터 11월 19일까지 동아세아문화재연구원에서 발굴 조사하였다. 유적의 지형은 서쪽에는 남강, 북동쪽에는 영천강이 흐르며 남쪽에는 해발 60~100m 내외의 소구릉과 선상지형 퇴

적활동으로 소규모의 충적저지대가 형성되어 있다.

가지구에서는 남동쪽 곡부쪽에 집중되어 청동기시대 구획묘 1기, 석관묘 5기, 상석 2기, 주혈군이 조사되었다. 5호 구획묘는 후대 삭평에 의해 구릉 아래쪽에만 구획석 4매가 잔존하며, 매장주체부는 석관형태이다. 석관묘는 평면형태가 'ㅁ'자, 'ㅍ'자상이며 벽석은 장방형의 할석과 판석을 모두 이용하였다. 나지구에서는 구획묘 13기, 석관묘 4기, 목관묘 3기가 조사되었다. 묘역은 북동쪽 경사변환점인 해발 23~24m 지점에 밀집되어 있으며, 등고선과 나란하게 열상으로 배치되어 있다. 구획묘는 평면형태에 따라 원형 5기, 세장방형 1기, 장방형 7기로 구분되고, 무덤 중복관계에서 원형(先)→장방형(後)으로 변화양상이 확인된다. 원형 구획묘는 성토부를 갖춘 구조로서 매장주체부는 지상식과 지하식 석관이 설치되었다. 구획석 외부의 성토부 범위에서 토기편 등이 집중 출토되었다. 장방형 구획묘의 매장주체부는 지하식의 석관과 목관이 설치되었다. 유물은 구획석 상부, 관 내부, 보강토 내부에서 무문토기편, 석검, 석촉, 석부, 옥류 등이 출토되었다. 석관묘는 구획묘 주변에 분포하며, 매장주체부 축조방식은 석관형, 석곽형, 목관형으로 장방형 구획묘와 유사하다.

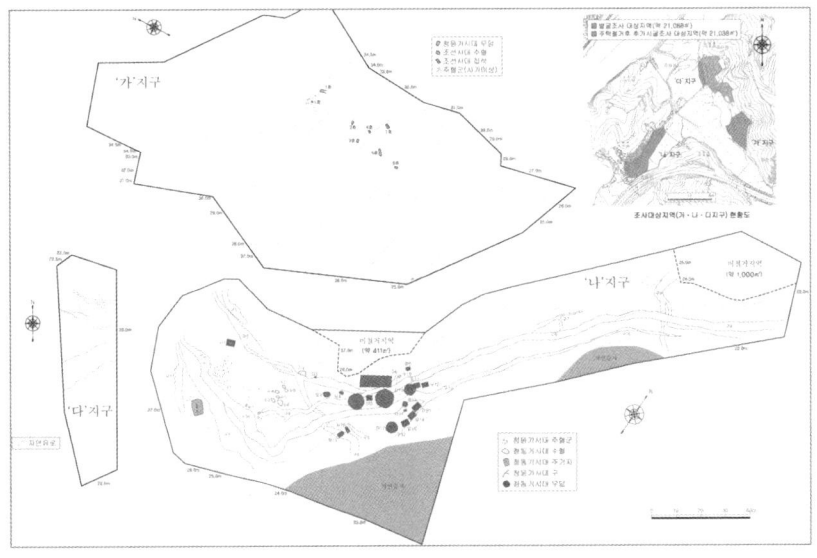

| 도 8 | 진주 소호동유적 가·나지구 유구배치도

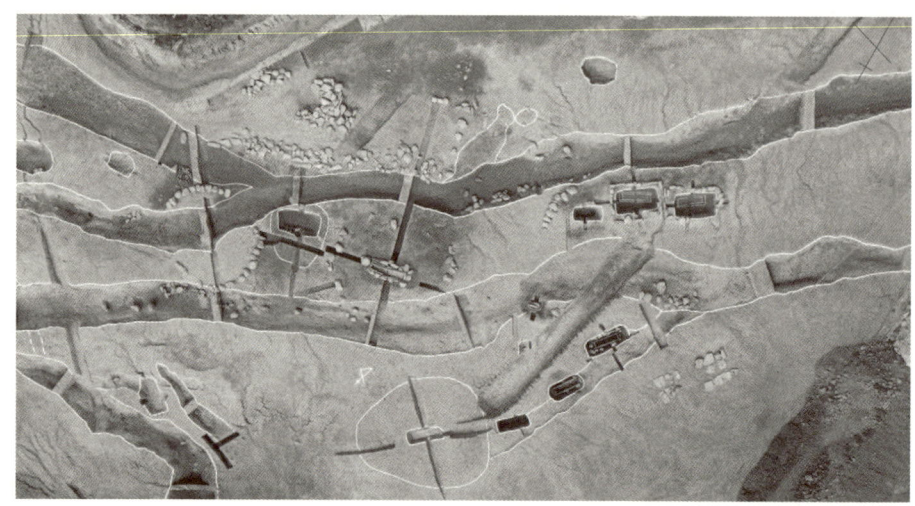

| 도 9 | 진주 소호동유적 나지구 전경

| 도 10 | 진주 소호동유적 9호묘(1), 11호묘(2)

5) 군북 지석묘군 유적

경남 함안군 군북면 동촌리 782번지 일원으로 경전선 복선전철화 사업구간 내(함안~진주)에 위치하는 유적이다. 유적의 지형은 함안 오곡리에서 정암들로 이어지는 곡간평야의 중앙부에 해당한다. 2009년 8월 13일부터 2010년 1월 13일까지 동서문물연구원에서 발굴 조사하였다. 조사결과 청동기시대 석관묘 12기, 석개토광묘 2기, 주거지 4동, 수혈 11기, 구 5기가 확인되었다. 주거지는 청동기시대 전기에 해당하는 장방형 주거지 1기와 송국리형 원형주거지 3동으로 주거군과 무덤군은 서로 공

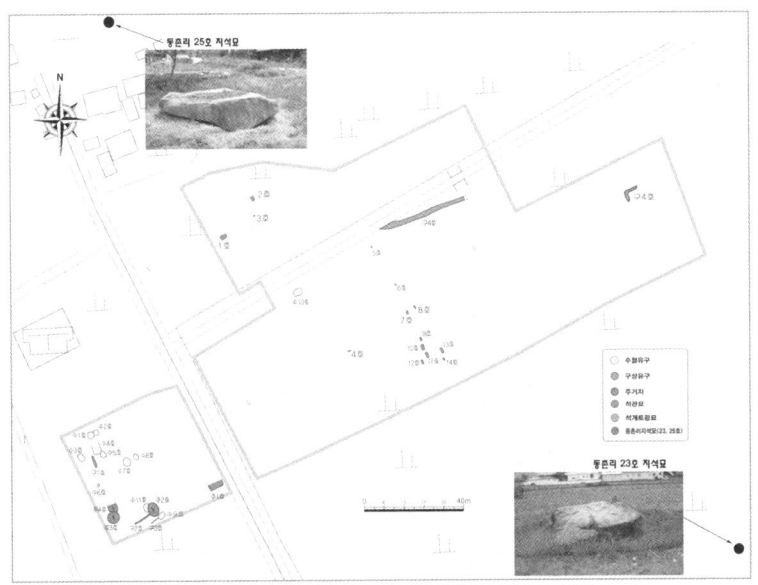

| 도 11 | 군북 지석묘군 유적 유구배치도

간을 구분하여 배치되어 있다. 석관묘와 석개토광묘는 동촌리지석묘군과 동일한 열상의 배치를 보이고 있으며, 이러한 양상으로 볼 때, 동촌리지석묘군과 동일한 성격의 지석묘 하부구조로 판단된다. 석관묘는 축조방법에 따라 상형석관묘 6기와 석곽형석관묘 6기로 구분된다. 석개토광묘는 무덤이 밀집된 공간의 중앙부에 위치하며, 석관묘에 비해서 규모가 소형으로 보고자는 유아묘나 2차장일 가능성을 고려하고 있다.

6) 김해 연지지석묘 유적

경남 김해시 주촌면 천곡리 462번지(면적 290㎡)로 김해 하수관거 정비사업부지내에 위치하며, 유적의 지형은 소구릉 사이 계곡부에 해당된다. 2009년 12월 7일부터 2010년 1월 25일까지 동아세아문화재연구원에서 발굴 조사하였다. 연지지석묘는 현재 1/3 정도는 주택 담장 내에 있으며 그 외 부분은 주택 사이의 소로에 노출되어 있다. 주민들의 전언에 의하면, 해방직후에 지석묘 상석으로 추정되는 대석 7개가

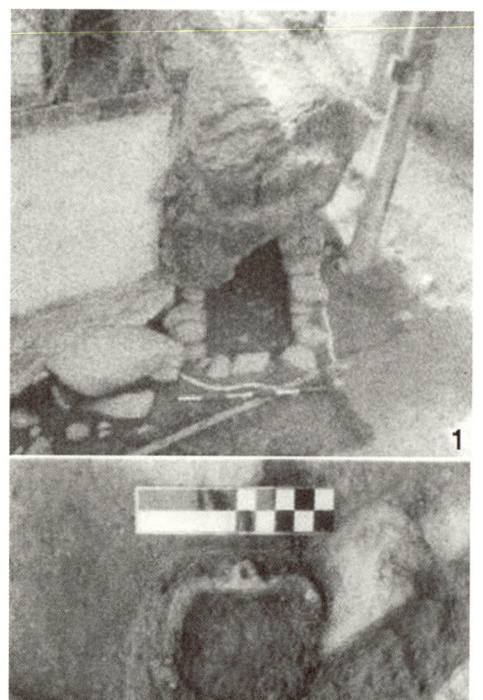

| 도 12 | 김해 연지지석묘 전경(1), 청동유물 출토상태(2)

존재하였으나, 대부분 유실되었다고 한다. 상석의 평면형태는 장방형으로 규모는 길이 370cm, 너비 200cm, 두께 120cm, 장축방향은 남-북향이다. 매장주체부는 석곽형으로 규모는 길이 200cm, 너비 90cm, 잔존깊이 15~50cm이다. 벽석은 3~5단 정도 잔존하며 치석된 면석을 정연하게 맞추었다. 바닥면은 회황갈색사질점토로 정지한 후 소형 할석을 전면에 깔아 시상을 마련하였다. 북장벽과 동단벽이 만나는 모서리부분 바닥면에서는 마제형(馬蹄形) 청동제 유물이 1점 출토되었는데, 용도는 알 수 없다.

7) 창원 봉림동유적

경남 창원 봉림동 394번지 일원으로 창원 봉림 국민임대주택단지 사업부지내에 해당한다. 유적은 창원분지의 북쪽 말단부에 위치하는데, 정병산으로부터 서쪽으로 분기된 저산성 산지의 남쪽 말단부에 발달한 소규모 침식 곡저부와 충적평야에 해당된다.

A지구는 조사지역 북쪽 구릉 말단의 소규모의 선상지에 해당하며, 청동기시대 석곽묘 1기, 송국리형 주거지 2동이 확인되었다. C-Ⅰ지구는 조사지역 남서쪽으로 구릉 사이에 형성된 소계곡부의 말단부에 위치하여 하천 퇴적층이 발달해 있다. 청동기시대 구획묘 3기가 확인되었다. 구획묘는 평면형태가 장방형으로 연접한 1호, 2호

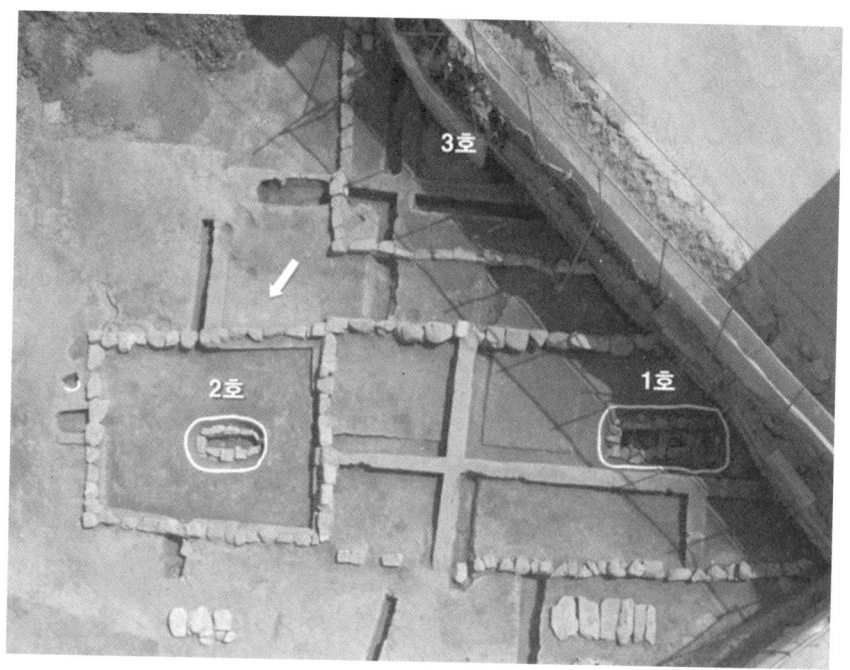

| 도 13 | 창원 봉림동유적 청동기시대 구획묘 전경)

묘역의 전체규모는 잔존길이 1,810cm, 너비 566cm이며 등고선과 나란하게 축조되었다. 1호, 3호 묘역은 조사구간의 경계에 위치하여 전체적인 규모는 확인하지 못하였다. 묘역 가장자리 석축은 1~3단 잔존하며 부석은 확인되지 않았다. 매장주체부는 석곽 형태로 판석을 눕혀쌓기하여 벽석을 축조하고 개석을 덮었다. 개석 상부는 할석을 적석하였으며 그 위를 묘역의 석축 높이까지 갈색, 황갈색사질점토로 성토하였다. 출토유물은 석검, 석촉, 적색마연토기이다.

8) 마산 현동-임곡간 국도건설구간내 유적

경남 마산시 현동 1449번지 일원(면적 15,698㎡)으로 현동-임곡 국도건설구간의 옥동IC 개설 구간에 해당한다. 유적의 지형은 북쪽의 배후 大山(727m)에서 남동쪽으로 뻗어내린 지맥의 경사도가 완만해지는 지점에 위치하고 있다. 2008년 8월 26일부터 2010년 2월 19일까지 동서문물연구원에서 발굴 조사하였다. 조사결과 청동기시대

| 도 14 | 마산 현동-임곡 국도건설구간내 유적 1~4호 묘역지석묘(1·2)

| 도 15 | 마산 현동-임곡 국도건설구간내 유적 2호 석관묘(1), 3호 석관묘(2)

묘역지석묘 4기, 석관묘 11기, 석개토광묘 2기, 주거지 3동이 확인되었다. 주거지는 송국리형 원형 주거지 2동과 장방형 주거지 1동이다.

묘역지석묘는 구릉 말단부에서 계곡부로 이어지는 구간에 위치하며, 평면형태는 원형(1호, 4호)과 장방형(2호)이다. 1호와 2호는 원형과 장방형 묘역이 서로 연접해 있으며, 매장주체부는 석곽형이다. 3호는 2호 묘역과 4호 묘역 사이에 위치하며, 주축방향은 남-북향으로 등고선과 직교되는 방향으로 조성되었다. 3호묘와 4호묘의 매장주체부는 내부에 소형의 할석을 둘러 세워놓았는데 목관 등의 다른 구조를 보강하는 형태를 띠고 있다. 묘역지석묘에서 유물은 석관 내부와 외부에서 적색마연토기가 출토되었다. 석관묘는 판석을 이용하여 벽석을 축조한 것과 할석을 이용한 것, 판석과 할석을 혼용한 형태가 있다. 석개토광묘는 2기가 확인되었으며, 중심구릉부의 상단에 위치한다. 유물은 주로 석곽형 석관묘에서 출토되었는데, 일단경식석촉, 일단병식석검, 적색마연토기 등으로 청동기시대 후기에 해당된다. 그 외 3호 석관묘에서는 인골이 출토되었는데, 늑골과 두개골의 상태는 양호하지 못하고 골반 이하 다리뼈는 양호하지만 뼈가 흩어진 양상으로 보아 굴장이나 세골장의 습속이 행해진 것으로 추정하고 있다.

9) 거제 중촌지석묘 유적

경남 거제시 연초면 오비리 620-3번지 일원으로 거제 신현 도시계획도로(중로1-12호선) 개설공사 구간내에 위치한다. 유적의 지형은 북서쪽 鷲山(508.2m)에서 동쪽으로 뻗어 내려온 가지 능선부의 남사면으로, 폭 좁은 선상지성 곡저평야 말단의 완만한 경사면에 해당한다. 유적은 지표조사에서 중촌지석묘군으로 알려진 곳으로 2011년 1월 17일부터 4월 11일까지 우리문화재연구원에서 발굴 조사하였다. 조사결과 청동기시대 지석묘 3기, 묘역지석묘 1기, 석관묘 6기 등이 확인되었다.

1호 지석묘는 중촌지석묘군 4호에 해당하는 유구로 상석은 장방형을 띤다. 매장주체부는 할석을 이용하여 엉성하게 1~2단 쌓아 벽석을 축조하고 개석을 덮은 형태이다. 서장벽 부근에서 적색마연토기 1점이 파손되어 벽석 상부와 바닥면에서 출토되었으며, 바닥 중앙에서 일단병식석검 1점과 일단경식석촉 2점이 출토되었다. 묘역지석묘의 묘역은 장방형으로 추정되며 묘역 내부에는 상석으로 추정되는 암괴가 2매 확인된다. 서장벽에만 판석을 이용한 구획석이 남아있는데, 그 내부에는 30~40cm 크기의 할석을 이용하여 채웠으며, 그 위에 10cm 내외 크기의 할석이 묘역 전체를 덮고 있었다. 매장주체부는 확인되지 않았다. 석관묘는 판석을 이용하여 벽석을 축조한 것과 할석을 이용한 것으로 구분된다. 8호 석관묘는 할석을 이용하여 벽석을 축조하고 개석을 덮은 형태인데, 남쪽은 유실되어 알 수 없으나, 북쪽 단벽석은 확인되지 않았다. 석관묘에서는 적색마연토기, 일단병식석검, 일단경식석촉 등이 출토되었다. 이외 지석묘 상석으로 추정되는 괴석 3기가 확인되었는데, 출토상태로 볼 때 본래의 자리에서 이탈한 것으로 추정되나, 주변에서 확인된 석관묘의 구조로 보아 이들 석관묘의 상석일 가능성이 있는 것으로 보인다.

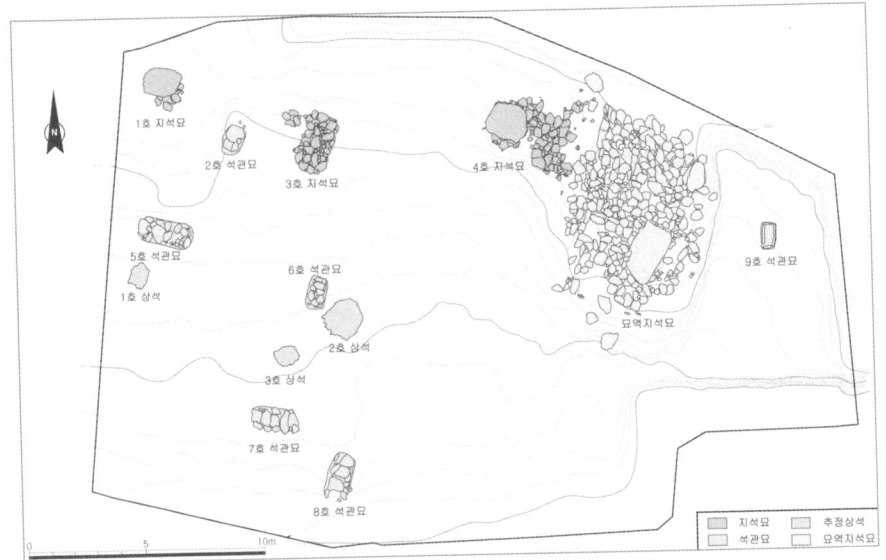

| 도 16 | 거제 중촌지석묘 유적 유구배치도

| 도 17 | 거제 중촌지석묘 유적 전경

2. 부산 · 울산지역

1) 부산 시민공원 조성사업부지 내(A · B구역) 유적

부산시 부산진구 연지동 194-3번지 일원(면적 60,606㎡)으로 부산 시민공원 조성사업부지 내에 위치한다. 유적의 지형은 사방이 험준한 산지 사이에 형성된 구릉 말단부의 완경사 지대에 입지한다. 2011년 2월 24일부터 8월 20일까지 동양문물연구원에서 발굴 조사하였으며, 현재 추가 발굴조사가 진행 중이다. 조사결과 가지구에서는 청동기시대 장방형주거지 1동, 고상건물지, 나지구에서는 주거지 3동(송국리형주거지 2동, 울산식주거지 1동), 다지구에서는 석관묘 3기가 확인되었다. 다지구에서 확인된 석관묘 3기는 일정한 간격을 두고 소하천을 따라 배치되어 있다. 1호묘는 석곽형태를 띠며, 개석의 존재유무는 알 수 없다. 벽석은 할석을 이용하여 세벽을 축조하

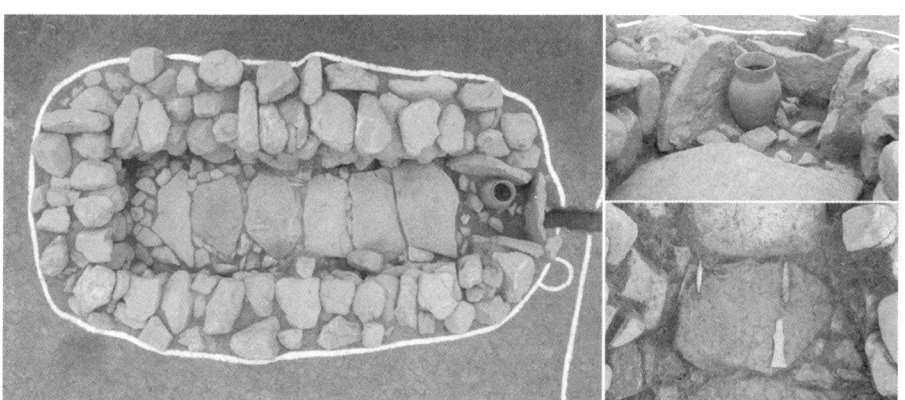

| 도 18 | 부산 시민공원 조성사업부지 내 유적 다지구 1호묘

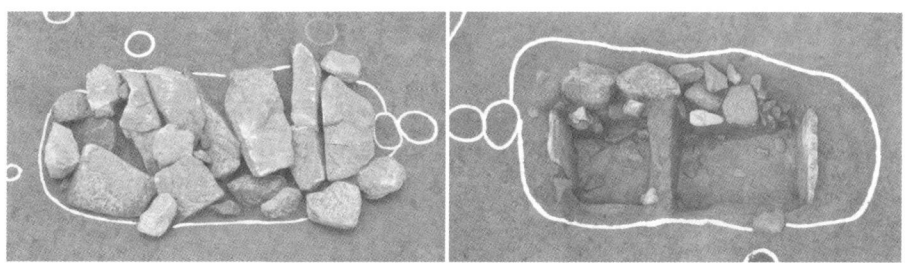

| 도 19 | 부산 시민공원 조성사업부지 내 유적 다지구 3호묘

고, 동단벽은 판석을 이용하여 부장칸을 따로 마련하였다. 바닥에는 판석 6매로 시상을 설치하고, 부장칸은 할석으로 바닥시설을 하였다. 부장칸에서는 적색마연토기호 1점과 석곽의 중앙에서 북쪽에 석촉 2점, 남쪽에 석검 1점이 출토되었다. 호 내부에는 곡물의 씨앗으로 추정되는 유기물이 확인되었다. 3호묘는 판석을 이용하여 벽석을 축조하여 개석을 덮은 석관묘로, 특히 서장벽은 고임돌과 묘광사이에 충전토와 할석을 채운 형태이다.

2) 울주 길천일반산업단지 2차(1단계) 조성사업부지내 유적

울주군 상북면 길천리, 거리, 양등리 일대로 길천일반산업단지 2차(1단계) 조성사업부지내에 위치한다. 유적의 지형은 오두산에서 뻗어 내려오는 저구릉의 말단부로 서쪽 순정골에서 동쪽 김천천으로 곡부를 흐르는 지류에 의해 형성되었다. 2010년 4월 28일부터 2011년 8월 13일까지 동양문물연구원에서 발굴 조사하였다. 유적은 입지와 성격에 따라 가~마지구로 구분하여 조사하였으며, 라지구와 마지구에서 청동기시대 묘역지석묘, 적석유구, 주거지, 야외노지 등이 다수 확인되었다. 주거지는 평면 (장)방형의 4주식, 6주식 주거지이며, 라지구 북서쪽과 마지구에 밀집해서 분포해 있다.

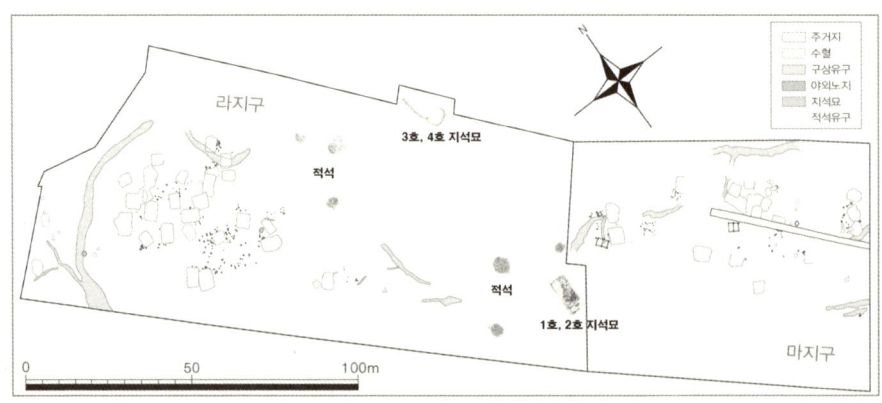

| 도 20 | 울주 길천일반산업단지 조성사업부지 내 유적 라·마지구 유구배치도

| 도 21 | 울주 길천일반산업단지 조성사업부지 내 유적 라지구 1호·2호묘

묘역지석묘와 적석유구는 라지구와 마지구의 주거군 사이에 위치한다. 묘역지석묘는 4기로 평면형태는 장방형(1, 2호)과 타원형(3호)으로 구분된다. 1호묘의 묘역은 길이 850㎝, 너비 450㎝로, 구지표층을 정지하여 구획석을 쌓은 후, 내부에는 암갈색 사질점토를 성토하고 할석으로 적석한 형태이다. 묘역 중앙에는 매장주체부의 부재로 추정되는 판석이 확인되었다. 2호묘는 1호묘의 구획석에 연접해서 조성되었는데, 규모는 잔존길이 150㎝, 너비 450㎝로 장방형을 띤다. 축조방법은 1호묘와 동일하고, 중앙에 석곽형태의 매장주체부가 확인된다. 유물은 매장주체부 상면에서 석촉 1점이 출토되었다. 3호묘는 1호, 2호묘에서 북쪽으로 40m 정도 떨어진 지점에 위치하며, 잔존상태로 보아 직경 660㎝의 타원형의 묘역으로 추정된다. 묘역시설 중앙에서는 석검 1개, 석촉 11점이 출토되었다. 적석유구는 총 6기로 구지표면 위에 사

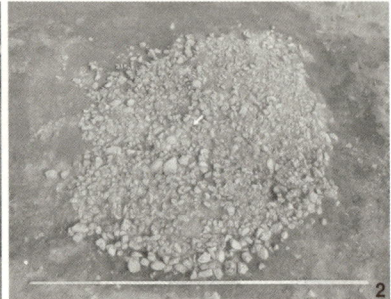

| 도 22 | 울주 길천일반산업단지 조성사업부지 내 유적 라지구 3호·4호묘(1), 1호적석유구(2)

질점토를 이용하여 3개층으로 성토한 후 할석으로 적석한 형태이다. 평면형태는 (타)원형으로 규모는 3호 적석유구는 직경 260~310㎝, 6호 적석유구는 592㎝이다. 보고자는 출토유물과 축조방식에서 묘역지석묘와 같으므로 묘역지석묘의 부속시설로 판단하였다.

3) 울주 덕신리 572-6번지 공동주택부지내 유적

울주군 옥산읍 덕신리 572-6번지의 해발 30m 구릉에 해당한다. 2009년 12월 23일부터 2010년 3월 26일까지 울산발전연구원 문화재센터에서 발굴 조사하였다. 조사결과 청동기시대 지석묘 1기, 석관묘 5기, 토광묘 1기, 솟대관련유구 3기, 주거지 8동, 석렬 1기, 수혈 5기, 구 7기가 확인되었다. 주거지는 구릉 정상부와 동남쪽 사면에 주로 위치하며, 지석묘는 구릉에서 가장 입지가 좋은 정상부에 입지한다. 상석의 규모는 길이 300㎝, 너비 180㎝, 두께 80㎝로 상석 아래에는 매장주체부는 확인되지 않았다. 석관묘는 지석묘 부근과 남동쪽 사면에 산발적으로 분포해 있다. 석관묘는 1매 혹은 2매의 판석을 이용하여 벽석을 축조하고 바닥에는 소형의 할석을 이용하거나 1매 혹은 여러매의 판석을 이용하여 시상을 마련하였다. 토광묘는 지석묘의 서쪽 사면에서 확인되는데 동장벽에서는 마제석검 1점과 북쪽 부분에서 석촉 11점이 출토되었다. 솟대관련유구는 구릉의 정상부를 따라 15m 간격으로 확인된다. 평면 원형의 수혈을 단이 지게 굴광하고 내부에는 30~40㎝ 정도 크기의 할석을 원형으

| 도 23 | 울주 덕신리 572-6번지유적 지석묘 전경

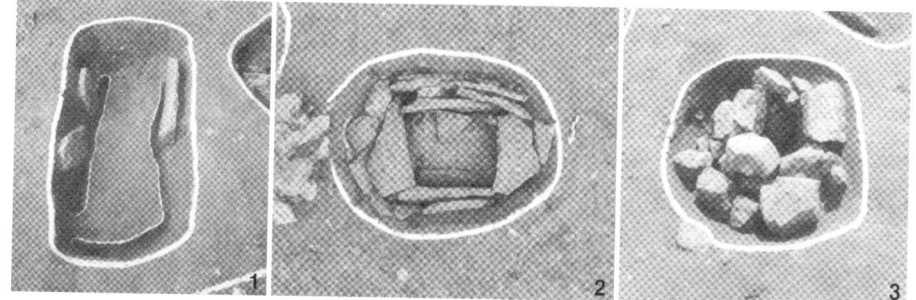

| 도 24 | 울주 덕신리 572-6번지유적 3호묘(1), 5호묘(2), 1호 솟대관련유구(3)

로 돌려놓았다.

3. 대구·경북지역

1) 대구 신서동 청동기시대 유적

대구광역시 동구 신서동 일원으로 대구혁신도시 건설구간 내에 위치한다. 유적의 지형은 팔공산의 지봉인 초래봉(해발 635.7m)에서 남쪽의 금호강을 향해 뻗어내린 해발 56~58m 가량의 능선 말단의 평탄한 지형에 입지한다. 한국문화재보호재단에 의한 발굴조사에서는 청동기시대의 지석묘 48기, 주거지 9동, 수혈 4기가 확인되었다. 지석묘는 유적의 북서쪽에 위치하며, 주거지와 수혈은 중앙부 일대에 분포한다. 주거지는 평면 세장방형과 장방형 주거지로 위석식노지가 설치되어 있으며 청동기

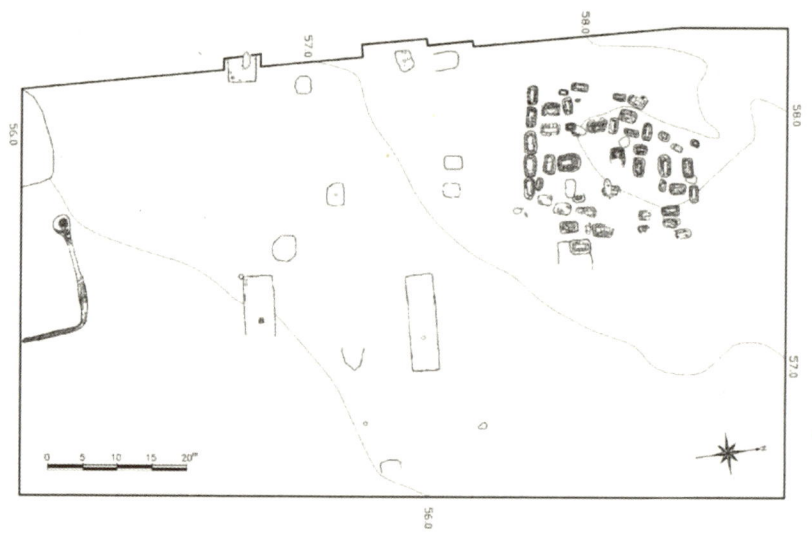

| 도 25 | 대구 신서동유적 유구배치도

시대 전기에 해당된다. 지석묘는 해발 58m 내외의 평탄한 지형에 방형상의 묘역 내에 밀집 분포한다.

　지석묘는 장축방향에 따라 남-북향과 동-서향으로 대별되며, 지석묘간의 중복양상은 확인되지 않는다. 상석은 46호, 47호, 48호묘 매장주체부의 直上에 위치하고 있어 축조 당시에 상석이 설치된 것으로 판단된다. 매장주체부의 형태에 따라 석곽형 31기와 석관형 17기이며, 석곽형은 다시 판석을 평적하여 축조한 것과 할석을 사용하여 축조한 것으로 구분된다. 시상은 수매의 판석 또는 소형할석을 깔아 마련하였다. 보고자에 따르면, 48호묘에서는 석곽 내부에 석재가 벽면을 따라 세워져 있는데 이는 목관 등을 고정하기 위한 용도로 파악하였다. 출토유물은 석검, 석촉, 적색마연토기 등이 있다. 석관형은 각 1매의 판석으로 'ㅍ' 자 혹은 'ㅂ' 자상으로 벽석을 설치하고, 바닥에도 동일한 종류의 판석을 이용하였다. 양쪽 장벽에는 판석을 세워 축조하고 단벽은 판석을 평적한 예도 관찰된다. 유물은 8호묘에서 어망추 한점이 출토되었다. 지석묘의 축조연대는 청동기시대 후기로 판단되며, 판석으로 축조된 지석묘에서 이른 시기의 석촉이, 할석으로 축조된 지석묘에서 늦은 시기의 석촉이 출토되는 양상으로 보아 양자 사이에 시간차가 있을 것으로 보고 있다.

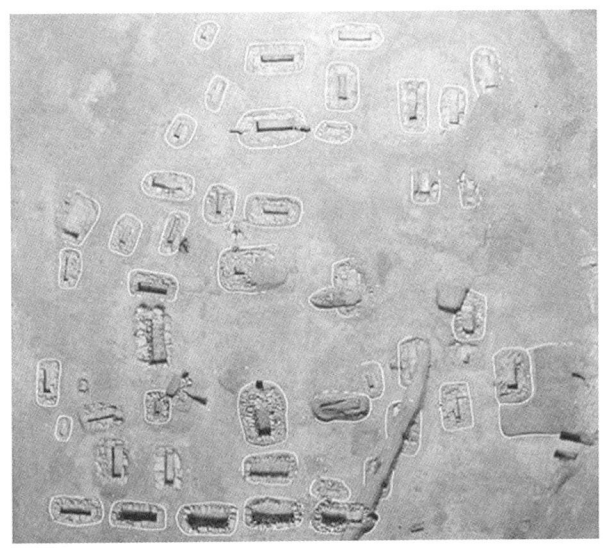

| 도 28 | 대구 신서동유적 무덤군 전경

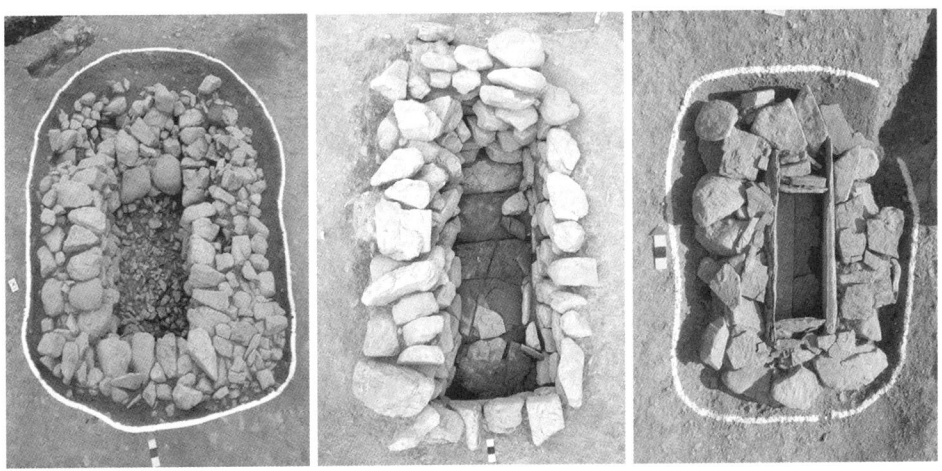

| 도 29 | 대구 신서동유적 25호묘(1), 48호묘(2), 45호묘(3)

2) 청도 화리 청동기유적

경북 청도군 각남면 화리 일원으로 청도 풍각-화양간 국도(칠성-구곡)내에 위치한다. 유적의 지형은 북쪽에 청도천이 동류하고 남쪽에는 해발 852m의 남산이 있어, 남산에서 청도천을 향해 이어지는 북고남저형의 선상지에 해당한다. 2009년 3월 16일부터 2011년 3월 30일까지 한국문화재보호재단에서 발굴 조사하였다. 조사결과 청동기시대 묘역지석묘 4기와 매장주체부 30기, 주거지 13동, 수혈유구 등 모두 92기가 확인되었다. 주거지는 평면 장방형에 위석식 노지를 갖춘 청동기시대 전기의 주거지로 무덤과는 시기차가 있다. 청동기시대 무덤은 미고지에 조성되었으며, 입지 및 밀집도에 따라 4개 군집(가~라)으로 구분된다. 가군은 무덤 19기·상석 6기, 나군은 묘역지석묘 1기·무덤 8기, 다군은 묘역지석묘 3기, 라군은 무덤 3기가 확인되었다. 묘역시설은 원형과 방형(?)이 있고, 매장주체부의 구조는 판석과 할석을 이용하여 축조하였는데 석관형과 석곽형으로 구분된다. 가-3호, 나-6호, 다-1·3호 무덤에서는 부장칸을 따로 마련하였으며, 적색마연호가 출토되었다. 가군은 동-서 20m, 남-북 17m의 범위를 가진 묘역 내에 다수의 매장주체부가 남북 혹은 동서향으로 배치되었다.

| 도 28 | 청도 화리유적 '가' 군 무덤군 전경(1) 및 '나' 군 묘역지석묘 전경(2)

3) 경주 석장동 876-5번지 다가구주택 신축부지내 유적

경주시 석장동 876-5번지 다가구주택 신축부지내 유적으로 경주분지 북서편의 구릉 말단부에 위치한다. 건축 신축부지는 석장동 지석묘군에 포함되어 있으며, 북편에 인접하여 동서방향으로 일정한 간격을 두고 3기의 지석묘 상석이 열지어 분포한다. 2010년 6월 30일부터 8월 6일까지 계림문화재연구원에 의해 발굴 조사되었다. 조사결과 청동기시대 묘역지석묘, 수혈(추정 화장묘), 석축유구가 확인되었다. 묘역지석묘의 구획시설은 북면에 동-서방향으로 잔존길이 34m 정도가 남아있다. 구획석은 50cm 내외 크기의 할석을 이용하여 4~5단 정도 수직으로 구획석 높이까지 성토하였으며, 구획석 외부에는 'U'자형의 溝가 확인되었다. 구획석 내부에는 구획

| 도 29 | 경주시 석장동 876-5번지 다가구주택 신축부지내 유적 전경

| 도 30 | 경주시 석장동 876-5번지 다가구주택 신축부지내 유적 석관묘(1), 추정화장묘(2)

석과 나란한 방향으로 소형석관묘가 확인되었는데, 석관 규모는 길이 75cm, 너비 20cm이다. 내부에서는 유경식 석검 1점이 일부 결실된 채 출토되었다. 수혈(추정 화장묘)는 석관묘에서 서쪽으로 2.2m 가량 떨어진 지점에 위치한다. 수혈은 평면 방형으로 추정되며, 규모는 길이 216cm, 너비 175cm, 깊이 10cm 내외이다. 수혈 내부에서는 목탄이 동-서방향으로 가지런하게 노출되었고, 벽면에는 소결된 흔적이 있다. 목탄 상면에서는 인골이 출토되었는데, 보고자에 따르면, 화장과 의례관련 시설일 가능성이 높다고 한다.

4) 영덕 우곡리유적

경북 영덕군 우곡리 212-3번지 일원(면적 17,650㎡)의 도시개발사업예정부지에 위치한다. 2009년 6월 9일부터 2010년 1월 31일까지 삼한문화재연구원에서 발굴 조사하였다. 조사결과 청동기시대 지석묘 11기가 확인되었다. I구역에서는 하천의 범람경계지점인 해발 4.8m 지점에 지석묘 상석 2기가 4m 간격을 두고 배치되었다. II구역에서는 중앙부인 해발 6.4m 지점에 6호 지석묘를 중심으로 8기가 군을 이루어 분포해 있다. III구역에서는 북동쪽 경계부에 상석 1기가 위치한다. 1호 상석은 화강

| 도 31 | 영덕 우곡리유적 II구역 지석묘군 전경(1), I구역 11호 지석묘(2·3)

암제로 평면형태는 장방형이다. 규모는 길이 250㎝, 너비 160㎝, 두께 135㎝로 가장 크다. 9호 상석은 역암제로 규모는 길이 145㎝, 103㎝, 두께 56㎝이다. 상석 아래에는 할석 몇 개가 돌려져 있는 경우와 매장시설이 전혀 확인되지 않는 경우도 있다. 이는 인접해 있는 영덕 남산리 지석묘와 유사한 형태이다.

Ⅲ. 조사성과

 영남지역에서 최근 조사된 청동기시대 유적들은 거제 중촌리유적 등 몇몇 유적을 제외하고 대부분 주거지, 수혈, 구, 환호, 경작지 등을 포함한 생활유구와 매장유구가 함께 확인되었다. 유적은 하천변의 충적지, 구릉 말단부의 완경사면이나 평탄지, 곡저평야 등에 입지한다. 청동기시대 취락은 청동기시대 전기에 해당하는 유구도 일부 있지만, 대부분은 청동기시대 후기의 송국리문화 단계에 해당하는 것으로 송국리형 주거지가 함께 확인된다. 부산 시민공원 조성사업부지 내(A · B구역) 유적에서도 송국리형주거지와 울산형주거지가 함께 확인되었다. 또한 울주 길천일반산업단지 2차(1단계) 조성사업부지내 유적에서는 울산형주거지와 묘역지석묘가 함께 조사되어 주목된다.

● 취락 내 유구배치 양상
 취락 내에서는 주거공간과 무덤공간, 생산공간을 구분하여 유구가 배치되어 있다. 진주 가호동유적에서는 환호를 경계로 해서 내부에는 주거+저장공간, 외부에는 무덤공간과 주거공간, 동쪽에는 함정열을 경계로 하여 생산공간(밭)이 배치되어 있다. 마산 현동 국민임대주택 부지내 유적 다구역의 환호가 축조된 독립 구릉에는 송국리단계의 주거지가 위치하며, 사면과 이어지는 서쪽과 남쪽 끝자락에는 석관묘 3~4기가 군집을 이루며 분포하고 있다. 반면에 사월리 새터취락의 취락구조는 환호를 중심으로 환호 외부는 주거와 저장공간, 내부는 주거지 소규모 집단과 분묘공간이 형성되어 있다(안재호 2006). 한편 진주 초전동유적에서는 석관묘 4~5기가 일정한 공간에 밀집해서 분포하기도 하지만, 주거지 주변에 함께 배치된 경우도 있다. 주거지와 각 유구간의 시기를 구분하여 공간배치 양상을 살펴볼 필요가 있지만, 이러한 공간배치 양상들을 토대로 각 취락의 성격을 이해하는 데에 활용할 수 있을 것이다.

취락 내에서 묘제는 산청 매촌리유적, 진주 가호동유적, 대구 신서동유적, 청도 화리유적과 같이 밀집 분포하거나, 마산 현동-임곡간 국도건설구간내 유적과 군북 지석묘군은 석관묘가 열상으로 길게 배치되어 있고, 울주 길천일반산업단지 2차(1단계) 조성사업부지내 유적은 주거군 사이에 간격을 두고 1~2기씩 배치되어 있다. 진주 소호동유적 5호 장방형 묘역지석묘는 성토부는 축조하지 않았지만 구릉의 자연경사면을 이용하여 구획석을 설치하여 성토부가 있는 주변 원형 묘역지석묘와 같이 주변 지표면보다 외관상 高大하게 드러나 보이도록 축조하였다. 신서동유적은 방형의 묘역 내에 무덤이 밀집 분포해 있는데, 남북방향과 동서방향으로 열지어 배치되는 양상을 보인다.

● 묘역지석묘의 분포

묘역지석묘는 경남지역의 진주 소호동유적, 창원 봉림동유적, 마산 현동-임곡 국도건설구간유적을 비롯하여, 기존에 조사예가 없는 울산지역과 경주지역에서도 확인되어 많은 자료가 축적되었다. 묘역지석묘의 분포는 크게 강(하천)을 중심으로 한 내륙지역과 바다를 중심으로 한 해안지역으로 구분된다. 내륙지역은 구릉 완사면, 강변충적지나 하안단구면 등에 입지하며, 해안지역은 주로 산기슭의 완사면과 곡부 평지에 주로 입지한다. 이러한 입지양상은 기본적으로 취락의 입지양상과 같다(尹昊弼 2010). 산청 매촌리유적을 포함하여 진주 평거동유적, 진주 가호동유적, 진주 소호동유적, 진주 이곡리유적 등 남강변을 따라 대규모의 취락유적과 함께 대형의 묘역

지석묘가 계속해서 확인되고 있다. 또한 마산 현동-임곡간 국도건설구간내 유적은 사천 이금동유적, 통영 남평리유적, 마산 진동유적, 김해 율하리유적 등 남해안 일대로 이어지는 묘역지석묘가 추가로 확인되었다. 바다를 매개로 한 해안에 입지하는 묘역지석묘는 다른 지역에 비해 유구의 밀집도나 규모가 훨씬 큰 것을 알 수 있다. 이는 바다를 통한 문화의 유입이 용이하고, 남해안 루트의 교통로 상에 위치해 있기 때문이다(尹昊弼 2010).

특히, 울산지역은 검단리유적 3호 지석묘 주변에 잔존하는 석재로 묘역의 가능성을 제시하기도 하였지만, 지금까지 울산지역에서 뚜렷하게 묘역지석묘로 확인된 예는 없었다. 울산지역은 충적지 발달이 이루어지지 않은 지리적 특징으로 수도농경으로의 전환이 부진했으며, 전기의 생계방식이 후기까지 지속되었기 때문에, 울산지역 청동기사회의 계층구조는 분묘의 규모와 부장유물에서 거대묘역의 분묘나 동검, 옥류가 부장되지 않은 특징을 보여 타 지역과는 차별적으로 진행된 것으로 이해하였다(황창한 2010). 하지만 최근에 울주 길천일반산업단지 2차(1단계) 조성사업부지내 유적에서 원형과 장방형의 대형 묘역지석묘가 확인되었으며, 경주 석장동 876-5번지 다가구주택 신축부지내 유적에서도 묘역지석묘의 구획시설이 확인되어 경남지역과의 비교 검토 자료를 확보하게 되었다.

묘역지석묘는 축조방법에서도 평면형태, 규모, 혹은 유적에 따라 다소 차이가 있는 것으로 보아, 속성을 세밀하게 분석하여 구조와 성격, 의례 등 다양한 각도에서의 연구가 필요할 것이다. 아래의 표는 경남지역의 묘역지석묘가 조사된 유적으로 평면형태가 비교적 뚜렷한 유적을 정리한 것이다. 영남지역 묘역지석묘 조사유적과 속성분석에 관한 내용은 윤호필(2010)에 잘 정리되어 있다.

| 표 1 | 경남지역의 묘역지석묘

지역	자연환경적 요소		특징	비고
	원형	장방형		
함양 화산리유적		■		경남발전연구원 역사문화센터 2007
산청 매촌리유적	●	■	동시기	우리문화재연구원 2011
진주 대평리 옥방1지구 유적	●			경남고고학연구소 2002
진주 평거3-1지구 유적		■		경남발전연구원 역사문화센터 2011
진주 평거3-2지구 유적		■		경남문화재연구원 2008
진주 가호동유적	●	■	원형→장방형	동서문물연구원 2009
진주 소호동유적	●	■	원형→장방형	동아세아문화재연구원 2009
진주 이곡리유적	●	■	장방형→원형	동아세아문화재연구원 2007
사천 소곡리 신월유적	●	■	원형→장방형	단국대학교박물관 1988
사천 이금동유적	●	■	원형→장방형	경남고고학연구소 2003
사천 덕곡리유적	●	■		경남발전연구원 역사문화센터 2010
마산 진동유적	●	■	원형→장방형	경남발전연구원 역사문화센터 2010
마산 현동-임곡 국도건설 구간내 유적	●	■	원형→장방형?	동서문물연구원 2010
마산 신촌리유적	●?			동아세아문화재연구원 2008
창원 덕천리유적		■		이상길 1994
창원 봉림동유적		■		한국문물연구원 2009
김해 율하리유적	●			경남발전연구원 역사문화센터 2009
거제 농소유적		■		경남고고학연구소 2007
거제 대금리유적	●	■		경남고고학연구소 2009
거제 중촌리유적		■		우리문화재연구원
통영 남평리유적		■		동서문물연구원 2009

● 주구묘

전기의 주구묘는 춘천 천전리유적이나 홍천 철정리유적과 같이 평면 세장방형에 주구의 길이가 40m가 넘는 대규모로 확인된다(金權中 2008). 경남지역의 주구묘는 진주 대평리 옥방 8지구유적, 사천 이금동유적에서 보고된 바 있으며, 최근 산청 하촌리유적과 마산 진북 망곡리유적에서 추가로 보고되었다. 주구묘의 규모는 20m 내외 크기이며, 대부분 주거지와 떨어져 소군집을 이루면서 배치되어 있다. 하촌리유적의 주구묘는 장방형의 주구 내부에 반지상식의 토광묘가 조성되어 있다. 주구 내부에서는 공열문토기, 구순각목문토기, 적색마연호 등이 출토되어 청동기시대 전기에 축조된 것으로 판단된다. 마산 진북 망곡리유적의 주구묘는 평면 'ㄷ'자형으로 주구 규모는 길이 17.6cm, 너비 12.5cm이며 매장주체부는 석관묘로 추정되며 바닥석만 남아있다. 바닥석의 중앙에서 이단병식석검과 옥이 출토되었다. 주구 내에는 3기의 석관묘가 중복되어 확인되며, 다량의 할석과 천발, 무문토기 저부편 등이 다수 출토되었다. 하촌리 주구묘와 마찬가지로 청동기시대 전기에 속하는 것으로 볼 수 있다.

● 목관의 사용

진주 소호동유적, 울산 모듈화산업단지 조성사업부지내 유적 등 목관을 사용한 예가 증가하고 있다. 소호동유적의 경우, 관은 석관묘와 같이 'ㅍ'자상으로 결구시켰으며 묘광과 관 사이에는 보강석을 설치하였다. 목관은 시상과 관련된 시설이 출토되지 않았으나 판재를 이용하여 설치했을 가능성이 높고, 목개를 설치한 후 그 상부에 할석을 놓았던 것으로 추정하였다. 진주 가호동유적에서 확인된 석개토광묘도 토광 내부에 목관을 설치했던 흔적이 있다. 특히, 거제 중촌 지석묘를 비롯해서 석관묘 중 벽석이 엉성하게 축조된 경우가 다수 확인되는데, 목관의 존재 가능성이 매우 높다. 거제 중촌 8호 석관묘는 할석을 이용하여 벽석을 축조하고 개석을 덮은 형태인데, 남쪽은 유실되어 알 수 없으나, 북쪽 단벽석은 확인되지 않았다. 보고자는 단벽은 굴광한 벽면을 그대로 이용한 것으로 판단하였는데, 이러한 예는 진주 평거 3-1지구 33호 지석묘의 매장주체부에서 단벽을 목재로 설치한 흔적이 있는 것으로 보아 목재로 벽을 축조했을 가능성이 있다. 이처럼 전체를 목관으로 사용한 경우, 목관+석개의 경우, 한쪽 벽면만을 목재로 사용한 경우 등 목재를 사용한 다양한 양상들이 추가로 확인되어, 기존의 석개토광묘 혹은 토광묘로 보고된 유적들과의 검토를 통해 목관사용에 대한 구체적인 행위를 파악할 수 있을 것이다.

● 유물의 '破碎'를 통한 장송의례

토기를 파쇄하여 넓게 뿌린 의례행위는 평거 3-1지구 33호 묘역지석묘, 산청 매촌리 묘역지석묘 등에서 확인된다. 특히 매촌리유적의 경우에는 원형묘역보다는 장방형 묘역에서 다량의 토기 파쇄 행위가 나타난다. 석관묘의 경우는 산청 매촌리유적에서 벽석을 축조하는 과정과 개석을 덮기 직전 단계에서 토기편을 파쇄해서 뿌린 예가 있다. 진주 소호동유적에서도 이러한 파쇄행위가 나타나는데, 5호 묘는 묘역 내에서 해발고도가 가장 높은 중앙부에 위치하고 있으며 유구의 북쪽에 다량의 토기편이 파쇄된 상태로 출토되어 원형구역묘와 관련된 葬俗 행위가 이루어졌던 것으로 추정하고 있다.

석기를 파쇄하여 부장한 예는 진주 평거 3-1지구 35호 석관묘, 산청 매촌리 35호 석관묘, 진주 소호동유적 12호묘 등에서 확인된다. 산청 매촌리 35호 석관묘의 경우 남장벽 바닥에서 검신부가 반파된 유병식석검, 석관 내부 북장벽측에서 17점의 석촉이 공반 출토되었는데, 석촉은 5점을 제외하고 12점이 모두 파촉되어 산발적으로 출토되었다. 해체 조사시 최상단 벽석 아래에서도 석검의 검신부가 2등분되어 출토되고, 12점의 파촉된 석촉의 일부가 산발적으로 확인되어 의도적인 의례행위로 보고 있다. 평거 3-1지구 35호 석관묘에서도 석관 내부 동단벽쪽에서는 석검의 신부와 병부편을 부장하고, 봉부편은 벽석해체 과정에서 북서장벽과 토광 사이에서 출토되었다. 진주 소호동유적 12호묘에서는 충전토 상부에 부러진 석검을 매납하였다.

농경의례의 흔적으로는 진주 평거 3-1지구유적에서 A지구 논 주변과 B지구 밭 가장자리에서 소형 석관묘가 확인되었는데, 이는 진주 대평리 어은 1지구, 옥방 2지구와 같은 양상이다(李相吉 2000). 한편, 경주시 석장동 876-5번지 다가구주택 신축부지내 유적에서는 화장묘로 추정되는 유구가 확인되었다. 묘역지석묘의 구획석과 묘역 내부에서 석관묘에 인접해서 위치하는데, 유구 내부 바닥전면에는 동서방향으로 인위적으로 깔아놓은 목탄이 확인되었고, 목탄 상부에서 인골편들이 확인되었는데 화장 및 의례 관련유구일 가능성이 높다고 하였다.

이외 마산 진북 망곡리 1호묘, 부산 시민공원 조성사업부지 내 다구역 1호묘에서와 같이 석곽형태의 매장주체부에 부장칸을 따로 둔 구조가 몇몇 유적에서 확인되는데, 진주 대평리 옥방 1지구 5호묘와 그 형태가 유사하다. 청도 화리유적에서도 4기의 유구에서 부장칸이 확인되었는데, 석관묘에서도 다양한 구조를 가진 자료가 축적되었다.

Ⅳ. 맺음말

영남지역에서 청동기시대 묘제는 경남지역에 다소 집중되어 확인되었다. 묘역지석묘, 석관묘, 목관묘 등 계속해서 자료의 축적이 이루어지고, 다양한 형태와 구조, 축조방식, 의례관련 자료들이 확인되고 있다. 또한 주거지, 고상건물지, 수혈, 구, 환호, 함정 등의 생활유구와 경작지 등의 생산유구와 함께 조사되는 사례가 증가하여 취락 내에서 무덤공간의 입지와 이들 유구와의 관계에 대한 연구가 필요하다. 또한 남강유역을 중심으로 하여 이 일대의 조사가 계속적으로 진행되어 그 결과를 통해, 묘제와 더불어 청동기시대 취락 연구에 좋은 자료가 될 것으로 판단된다.

특히, 경남지역에서 묘역지석묘의 분포는 하천 주변과 해안지역에서 계속해서 추가적으로 확인이 되고 유구의 밀집도나 규모면에서도 훨씬 크다. 특히, 창원 덕천리유적과 마산 진동리유적이 조사된 이래로 산청 매촌리유적, 진주 가호동유적, 진주 소호동유적 등 대형의 묘역지석묘들이 확인되어 주목된다. 또한 최근 울산 지역과 경주 지역 등에서도 확인이 되는 것으로 볼 때, 유구의 구조 및 출토유물 등의 비교 검토를 통해 취락의 위계, 취락간 네트워크를 유추하여 청동기시대의 사회조직을 살펴볼 수 있을 것으로 생각된다.

참고문헌

金權中, 2008, 「靑銅器時代 周溝墓의 發生과 變遷」, 『韓國靑銅器學報』3.
安在晧, 2006, 「靑銅器時代 聚落硏究」, 釜山大學校 大學院 文學博士學位論文.
尹昊弼, 2010, 「嶺南地域 墓域支石墓의 變遷과 性格」『한일고고학의 신전개』, 제10회 영남·구주고고학회 합동고고학대회.
李相吉, 2006, 「區劃墓와 그 사회」, 『금강 ; 송국리형 문화의 형성과 발전』, 호남·호서 고고학회 합동학술대회 발표요지.
_____, 2000, 「靑銅器時代 儀禮에 관한 考古學的 硏究」, 대구효성카톨릭대학교 대학원 박사학위청구논문.
黃昌漢, 2010, 「蔚山地域 靑銅器時代 墓制의 特徵」, 『靑銅器時代의 蔚山太和江文化』, 울산문화재연구원 개원 10주년 기념논문집.

〈보고서·사례발표·자료집〉
경남문화재연구원, 2008, 「진주 평거3택지개발사업지구내 유적 발굴조사(Ⅱ지구) 3차 현장설명회 자료」.
경남발전연구원 역사문화센터, 2007, 『함양 화산리유적』.
_____, 2009, 『마산 진북 망곡리유적Ⅰ』.
_____, 2011, 『山淸 下村里 遺蹟』.
_____, 2011, 『산청 하촌리유적Ⅰ~Ⅲ』.
김재열·염정희, 대구 신서동 청동기시대 유적, 제33회 한국고고학전국대회 발표요지.
동서문물연구원, 2008, 「진주 가호지구 택지개발사업부지내 문화재 발굴조사 1차 지도위원회 자료집」.
_____, 2010, 「경전선 복선전철화 사업구간 내(함안-진주)유적-군북지석묘군 발굴조사 약보고서」.
_____, 2010, 「마산 현동-임곡간 국도건설구간내 유적 발굴조사 약보고서」.
_____, 2010, 「마산 현동 국민임대주택 부지내 유적 발굴조사 약보고서」.
동아세아문화재연구원, 2009, 「진주 혁신도시 건설부지내 문화유적 발굴조사 현장설명회 자료집」.
_____, 2010, 「김해 하수관거 정비사업부지내 유적 현장설명회 자료집」.
東洋文物硏究院, 2011, 『부산 시민공원 조성사업부지 내(A·B구역) 문화재 발굴조사 약보고서』.
_____, 2011, 『울주 길천일반산업단지 2차(1단계) 조성사업 부지내 발굴조사 약보고서』.
박상규, 2010, 「영덕 우곡리유적」, 『2010 연구조사발표회』, 영남지역 문화재조사연구기관 협의회.
박영호, 2010, 「경주 석장동 876-5번지 다가구주택 신축부지내 유적」, 『移住의 고고학』제34회 한국고고학전국대회 발표요지.
박용근·이주영·성원순, 2009, 「진주 가호동유적」, 『갈등과 전쟁의 고고학』, 제33회 한국고고학전국대회 발표요지.

우리문화재연구원, 2011, 「거제 신현 도시계획도로(중로1-12호선) 개설공사 구간내 유적 발굴조사 결과서」.

우리문화재연구원, 2011, 『山淸 梅村里 遺蹟』.

우하영, 김재열, 2011, 「청도 화리 청동기 유적」, 『2010/2011 유적 발굴성과 발표자료집』, 한국문화재조사연구기관협회.

한국문물연구원, 2009, 「창원 봉림 국민임대주택단지 사업부지내 문화재 발굴조사 1차 자문회의 자료 -C-Ⅰ·C-Ⅱ지구-」.

한선영, 2010, 「울산 울주군 덕신리 572-6번지 공동주택부지내 유적」, 『2010 연구조사발표회』, 영남지역 문화재조사연구기관 협의회.

호남지역 청동기시대무덤 최근 조사성과

강진표(동북아지석묘연구소)

I. 머리말

청동기시대 무덤은 지석묘와 주구석관묘, 옹관묘, 석관묘, 토광묘 등을 들 수 있다. 이중 근래에 발굴조사가 이루어져 호남지역에서 청동기시대 무덤의 최근 성과로 볼 수 있는 것을 크게 3가지 정도로 상정하고자 한다.

먼저 전남지역 지석묘와 토광묘에서 前期[1] 관련유물이 출토된다는 것이다. 石器로는 이단병식석검, 삼각만입촉, 그리고 토기로는 이중구연토기와 흔암리식토기가 그것이다.

다음으로, 유구로 보아 탁자식 지석묘와 묘역지석묘의 발굴사례 증가와, 靑銅器 중 琵琶形銅劍과 細形銅劍, 銅鏡 등의 靑銅器를 공반하는 무덤의 조사예의 증가이다.

이러한 3가지의 성과를 중심으로 대상유적들을 살펴보기로 한다.

---

1 청동기시대 시기구분에 있어서 무期의 설정에 대해서는 대체적으로 공감하나, 송국리문화기를 中期로, 鐵器가 공반되지 않는 점토대토기문화기를 後期로 위치짓는 것에 대해서는 異見이 있는 듯하다.
  안재호, 2000, 「청동기시대 취락연구」, 부산대학교 대학원 고고학과 박사학위논문, p.8~9.
  김규정, 2007, 「청동기시대 중기설정과 문제」, 『한국청동기학보』1, 한국청동기학회, pp.65~66.
  이형원, 2010. 12, 「청동기시대 조기 설정과 송국리유형 형성 논쟁에 대한 비판적 검토」, 『고고학』9-2, 중부고고학회, p.44.
  이영문, 2011, 「청동기시대 전기 묘제의 양상」, 『문화사학』35호, 한국문화사학회, p.37.
  여기에서는 철기가 공반되지 않고 靑銅器만이 출토되는 시기(後期)까지의 무덤을 살펴보고자 한다.

Ⅱ. 조사현황

1. 청동기시대 전기 무덤의 발굴

1) 유물로 본 전기 무덤
① 석기류

 청동기시대 무덤에서 출토되는 유물 중, 석검의 연구는 최근까지도 꾸준히 이루어져 연구성과가 축적되어 있다고 할 수 있다.[2] 무덤에서 출토되는 석검 중 이단병식석검은 전기유물로 비정된다. 전남지역에서는 그동안 수많은 지석묘 발굴조사가 이루어졌음에도 불구하고, 지석묘 석실에서 이단병식석검의 출토예가 없었으나, 순천 남가유적[3]에서 역시 전기유물로 비정되는 삼각만입촉과 함께 이단병식석검[4]이 공반되어 출토되었다〈도면 1-3〉. 또한, 나주 운곡동유적[5]에서는 석검의 경부의 한쪽에 홈이 파진 유경식석검도 확인되었다〈도면 1-1〉.

 무덤 출토 석촉 중 삼각만입촉은 이단병식석검과 함께 전기유물로 비정되어진다. 근래에 삼각만입촉이 출토된 유구가 나주 장동리[6]에서 확인되었으며, 유구는 토광묘로 삼각만입촉 6점, 환옥 2점, 채문토기 1점이 공반되었다.

---

2 박선영, 2004, 「남한 출토 유병식석검 연구」,경북대학교 대학원 고고인류학과 석사학위논문.
   裵眞晟, 2006, 「석검 출현의 이데올로기」, 『石軒鄭澄元敎授停年退任記念論叢』, 釜山考古學研究會 論叢刊行委員會.
   박미현, 2008, 「유병식 마제석검의 전개와 지역성 연구」,부산대학교 대학원 고고학과 석사학위논문.
   長龍俊・平郡達哉, 2009, 「유절병식 석검으로 본 무문토기시대 매장의례의 공유」, 『한국고고학보』72집, 한국고고학회.
   이재운, 2011, 「남한지역 청동기시대 주거지 출토 석검 연구」, 목포대학교 대학원 고고인류학과 석사학위논문.
3 조근우・박미라・김경미・최석훈, 2011, 「순천 상삼・남가 유적」, 마한문화연구원.
4 전남지역 지석묘에서 이단병식석검의 출토예가 극히 적다고 하여, 전기에 해당되는 지석묘의 수가 적다고는 생각되지 않는다. 보통 중기로 포함하는 일단병식석검 중 심부와 병부의 단이 뚜렷이 형성되어 있고, 심부의 형태가 정연하며, 병부가 弧狀을 이룬 석검의 시기가 올라갈 가능성도 있다 여겨진다.
5 김정애・이지영, 2008, 「나주 운곡동유적」Ⅰ, 마한문화연구원.
6 ① 전남문화재연구원, 2011. 02, 「나주 노안농공단지 조성사업부지 내 문화유적 발굴조사 약식보고서」
   ② 김문국・이승윤・김재용, 2011. 12, 「나주 노안 장동리유적 -노안농공단지 조성사업부지-」, 『호남지역 문화유적 발굴조사성과』, 호남고고학회.

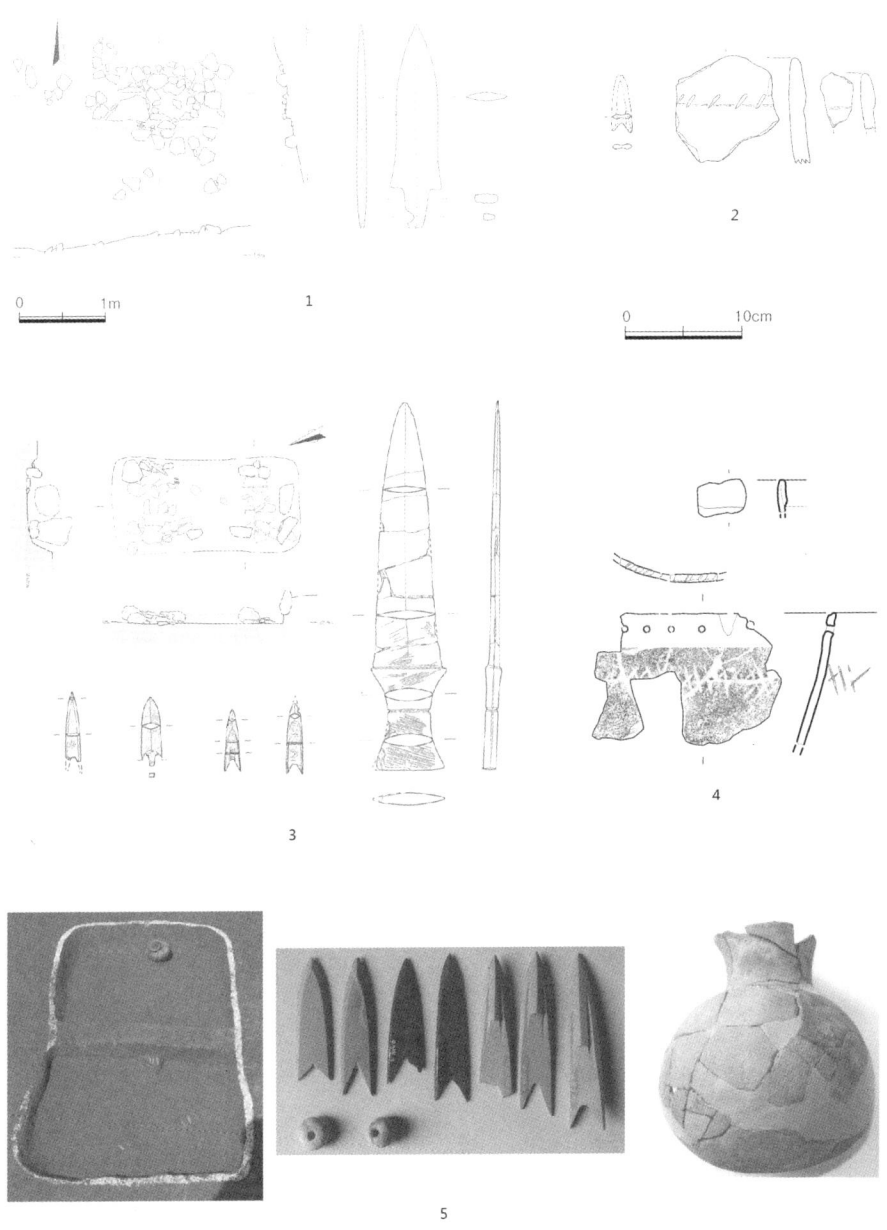

1. 나주 운곡동 라-3호 지석묘   2. 여수 적량동 유적   3. 순천 남가유적   4. 여수 월내동 상촌Ⅱ 유적   5. 나주 장동리 유적

| 도면 1 | 청동기시대 전기 관련 유구 및 유물(S=유구:1/80, 유물:1/6, 5:축척부동)

② 토기류

지석묘에서 혼암리식토기와 이중구연토기가 여수 월내동 상촌 지석묘II[7]에서 확인되었다〈도면 1-4〉. 혼암리식토기가 출토된 지석묘는 군집의 남쪽에 치우쳐 방형의 묘역지석묘에 연접하여 장방형의 정연한 구획석을 갖춘 묘역을 형성한 것이다. 출토위치는 묘역석 아래, 묘광과 단벽석 사이로, 석실에서 비파형동검 경부〈도면 4-4-⑤〉가 출토되었다.

이중구연토기는 군집의 중앙부에 위치한 석실에서 출토되었으며, 여기에서도 비파형동검〈도면 4-4-②〉이 완형으로 공반되어 출토되었다.

위의 2예와 함께 기존에 발굴조사된 적량동 상적 지석묘[8]에서도 석실 주변에서, 삼각만입촉과 이중구연토기편들이 확인된 바 있었다〈도면 1-2〉.

2. 탁자식 지석묘와 묘역지석묘

1) 탁자식 지석묘

호남지역에서 탁자식지석묘는 他형식에 비해 소수를 차지하고, 남해안지역으로 갈수록 수가 급격히 줄어든다.

근래에 발굴조사한 탁자식 지석묘로는 함평 대덕리 고양 지석묘 가군[9]을 들 수 있으며〈도면 2-1〉, 함평군 동쪽과 남쪽에 위치한 나주시와 무안군에서는 나주 회진리 탁자식 지석묘[10]와〈도면 2-2〉 무안 성동리 안골 지석묘[11]가 발굴조사된 바 있다.

함평 대덕리 고양 지석묘 가군과 나주 회진리 탁자식 지석묘에서는 경부 양쪽에 홈이 있는 유경식석검이 출토되었다.

---

7 강진표, 2010, 「여수 GS칼텍스공장 확장예정부지 내 여수 월내동 상촌·적량동 상적 지석묘군」, 『이주의 고고학』, 제34회 한국고고학전국대회, 한국고고학회.
8 이영문·정기진, 1993, 『여천 적량동 상적 지석묘』, 전남대학교박물관.
9 이영문·김승근·한옥민·김진환·홍밝음·강상희, 2010, 『함평 대덕리 고양 지석묘 가군』, 동북아지석묘연구소.
10 임영진·조진선, 2005, 「Ⅲ.6 성 내부 지석묘」, 『회진토성』Ⅰ, 백제문화개발연구원·전남대학교박물관, pp.37~42
11 이영문·정영희·한옥민, 1997, 『무안 성동리 안골 지석묘』, 목포대학교박물관.

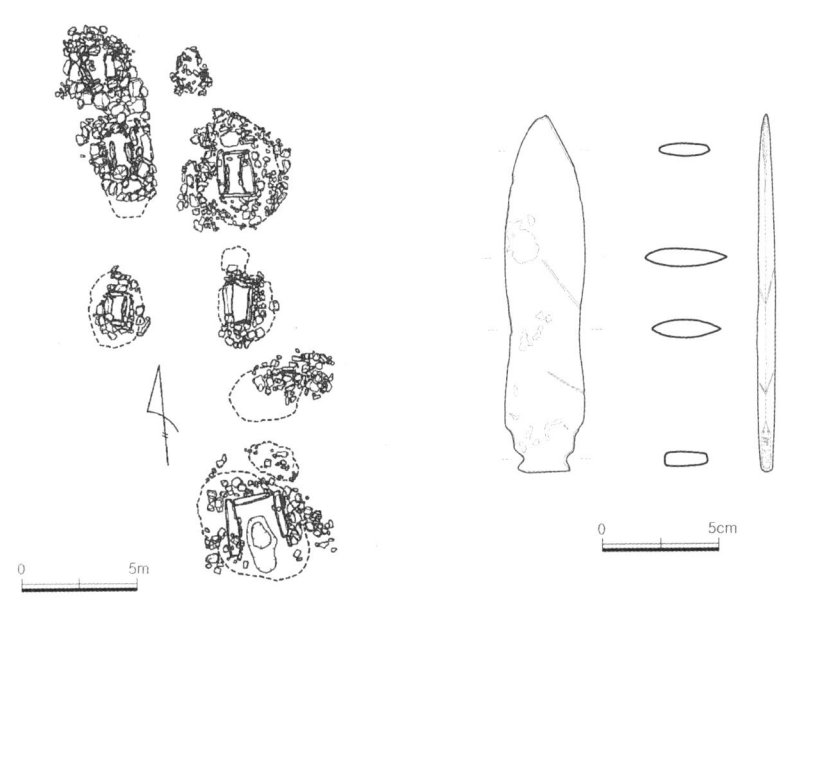

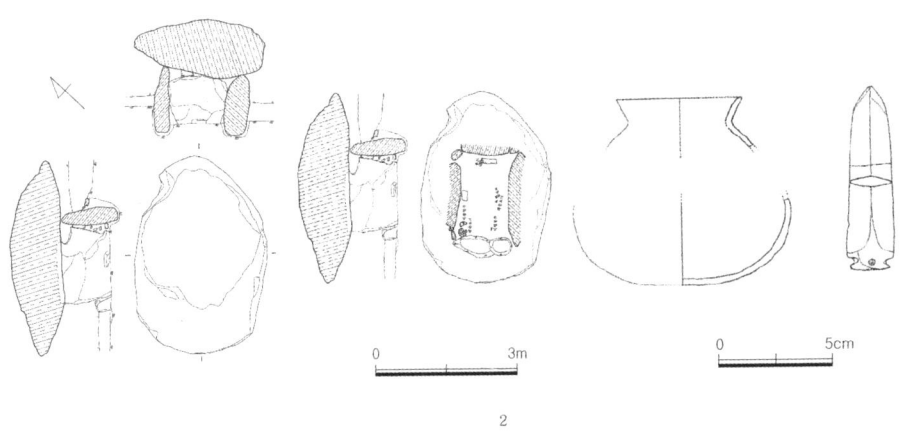

1. 함평 대덕리 탁자식 지석묘　　2. 나주 회진리 사직 1호 지석묘

| 도면 2 | 전남지역 탁자식 지석묘[S=유구(1:1/300, 2:1/150), 유물:1/3]

2) 묘역지석묘[12]

묘역지석묘는 호남지역 전역에서 확인되며, 근래에 실시한 발굴조사에서는 여수 반도에서 많은 수가 확인되었다.

확인되는 양상을 보면 대단위의 군집을 이루거나, 거대 묘역을 갖춘 것들이 확인되어, 영남 남해안에서 확인되는 묘역지석묘들과 유사성을 보인다.

유적으로는 여수 월내동 상촌·적량동 상적 지석묘[13]와 여수 웅천동 모전유적[14]〈도면 3-1~3〉, 여수 죽림리 차동유적,[15] 순창 무수리유적[16] 등을 들 수 있다.

3. 青銅器의 출토

청동기시대 무덤에서 출토되는 青銅器는 비파형동검과 세형동검을 대표적으로 들 수 있다. 근래의 발굴조사에서 비파형동검은 지석묘에서, 세형동검은 토광묘에서 출토되고 있어 자료가 증가하고 있다.

1) 비파형동검

비파형동검이 출토되는 유적은 모두 지석묘유적으로 지역권은 전남지방, 특히 전

---

12 여기서 말하는 묘역지석묘는 구획묘, 묘역식(용담식) 지석묘 등으로 부르는 지석묘를 말하는 것이다. 윤호필은 묘역을 청동기시대 무덤 구조의 한 요소(속성)으로 파악하고 '묘역'이란 용어자체가 그대로 사용되어야 한다고 하였으며, ~式은 가장 큰 분류이고 ~形(型)은 의미가 맞지 않아 "○○式 墓域○○墓"란 용어를 사용해야 한다고 하여 이상길의 정의를 수정·보완하였는데, 이 정의에 따른 명칭을 적용하였다.
윤호필, 2009, 「青銅器時代 墓域支石墓에 관한 研究」, 『慶南研究』1, 경남발전연구원 역사문화센터.
李相吉, 2006, 「區劃墓와 그 社會」, 『금강: 송국리형 문화의 형성과 발전』, 호남·호서고고학회 합동 학술대회 발표요지.
13 강진표, 위의 글, 2010.
14 ① 동북아지석묘연구소, 2011. 07, 「여수 웅천지구 택지개발사업 매장문화재 발굴조사 약식보고서」.
② 김응백, 2011. 12, 「여수 웅천동 웅서·웅동·모전·송현유적」, 『2010·2011 호남지역 문화유적 발굴조사성과』, 호남고고학회.
15 조근우·박미라·이순엽, 2011, 『여수 죽림리 차동유적Ⅱ -분묘-』, 마한문화연구원.
16 양영주·양현중·정재영, 2011. 12, 「순창 무수리유적 -4대강(섬진강) 살리기 사업구간 내 순창 무수유물산포지Ⅰ 발굴조사」, 『2010·2011 호남지역 문화유적 발굴조사성과』, 호남고고학회.

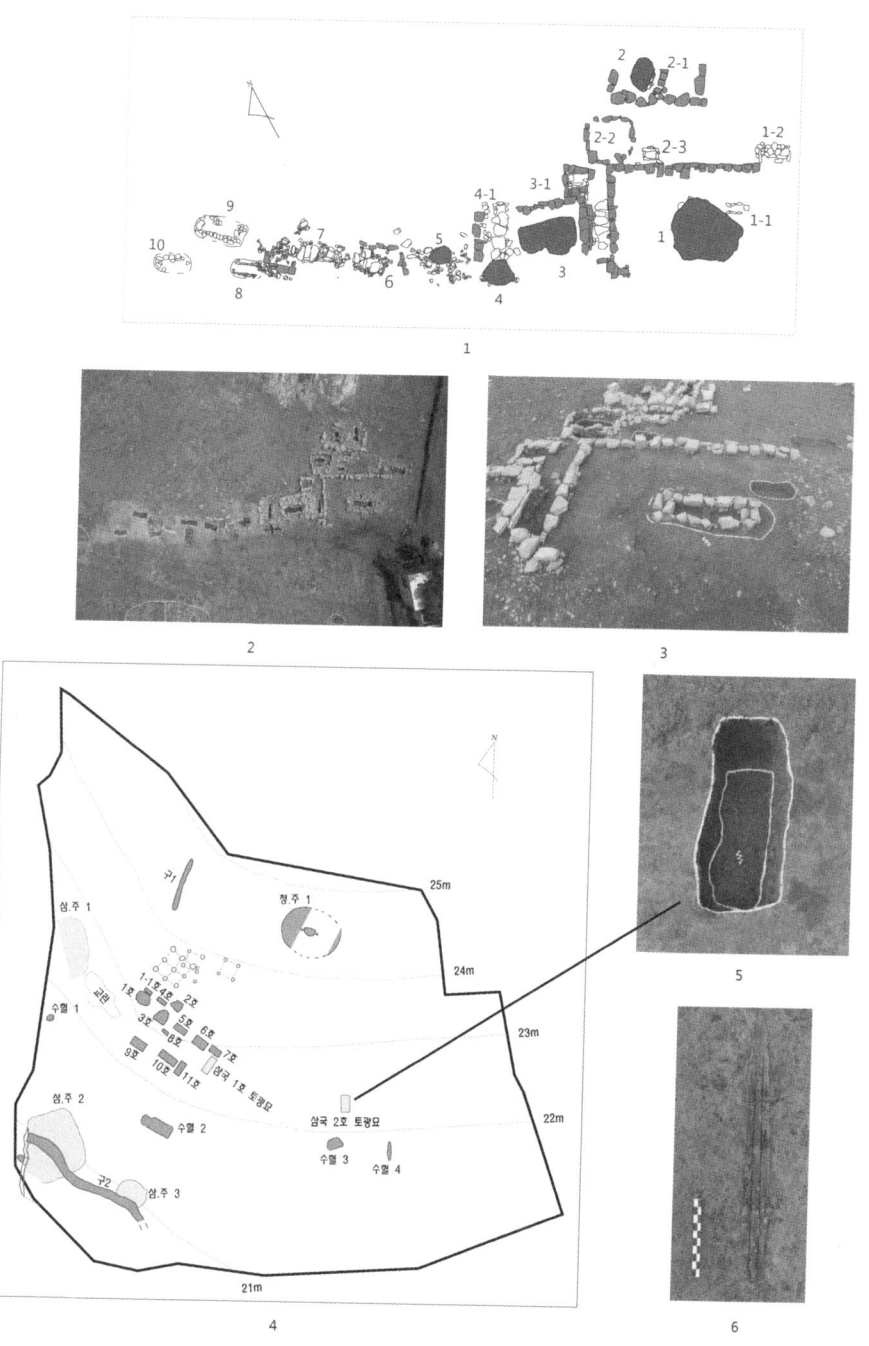

| 도면 3 | 여수 웅천동 유적(모전:1~3, 웅동:4~6)

남 남해안의 여수반도에 집중되어 있다.

　여수 월내동 상촌 지석묘Ⅱ·Ⅲ군이 발굴조사되기 전까지 전남지방에서 확인된 동검은 총 16점이었다〈도면 4-1~3〉. 여수 월내동 상촌 지석묘Ⅱ·Ⅲ군 발굴조사에서 4점이 출토되었고, 최근에 지석묘 이전·복원을 위한 해체과정에서 1점이 추가되었다. 이로써, 여수 월내동 상촌 지석묘Ⅱ·Ⅲ군에서 총 5점〈도면 4-4〉의 비파형동검이 출토되어, 전남지역에서 확인된 비파형동검은 총 21점이다.

2) 세형동검

　세형동검은 최근 발굴조사를 실시한 여수 웅천동 모전유적[17]과 전주 원장동유적 16지구,[18] 익산 구령리2 유적[19] 등에서 확인되었다.

　여수 웅천동 모전유적은 지석묘와 송국리형주거지, 토광묘, 삼국시대 주거지가 확인되었으며, 2기의 토광묘 중 1기에서 세형동검이 완형으로 1점 출토되었다〈도면 3-2〉.

　전주 원장동유적 16지구에서는 청동기시대 후기의 토광묘가 구릉의 정상부에서 1기, 중단부에서 3기, 하단부에서 1기의 총 5기가 확인되었다. 유물은 세형동검을 포함하여, 동경, 동과, 동사, 동부, 검파두식, 관옥, 환옥, 삼각형석촉, 원형점토대토기, 흑도장경호 등 다량의 유물이 출토되었으며, 鐵器는 출토되지 않았다〈도면 5-2〉.

　익산 구평리2 유적에서는 청동기시대 후기의 토광묘 4기가 조사되었다. 토광묘는 해발 12~16m 사이의 완만한 구릉 사면부에 위치하고 있으며, 중복없이 등고선 방

17　동북아지석묘연구소, 위의 글, 2011. 07

18　① 전북문화재연구원, 2011. 09, 「전주·완주 혁신도시 개발사업(4구역-도시부)부지 내 문화재 발굴조사 학술자문회의 자료」
　　② 권정혁·김상규, 2011. 12, 「전주 원장동유적 -전주·완주 혁신도시 개발사업(4구역-도시부)부지 내 발굴조사」, 『2010·2011 호남지역 문화유적 발굴조사성과』, 호남고고학회.

19　김대성·진현석, 2011. 12, 「익산 구평리2 유적 -익산 일반산업단지 조성부지(Ⅱ지구) 내 유적(구평리2 유물산포지)」, 『2010·2011 호남지역 문화유적 발굴조사성과』, 호남고고학회.

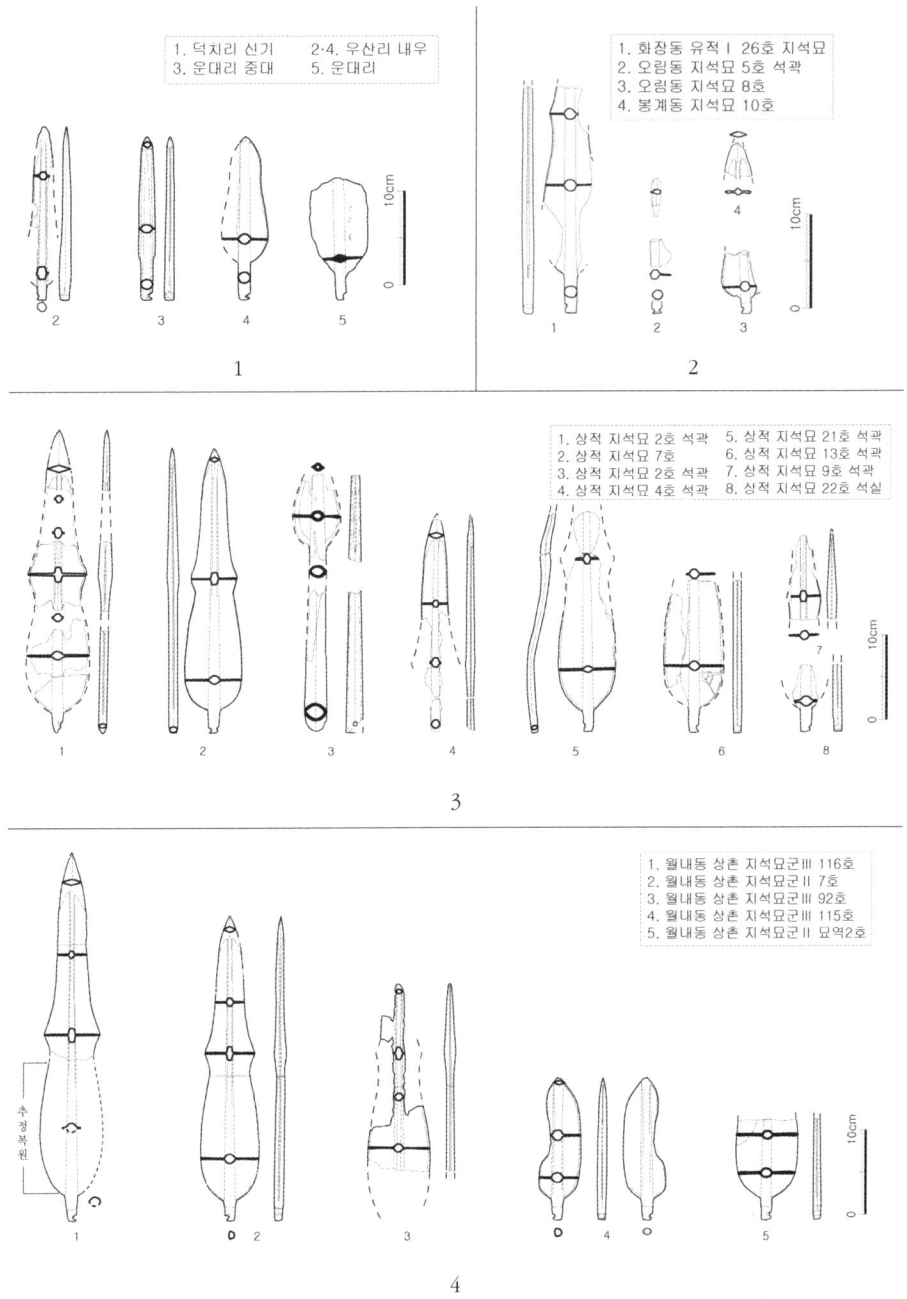

| 도면 4 | 전남지역 지석묘 출토 비파형동검·동모(1:고흥반도, 2:여수반도, 3:적량동 상적, 4:월내동 상촌Ⅱ·Ⅲ, S=1/8)

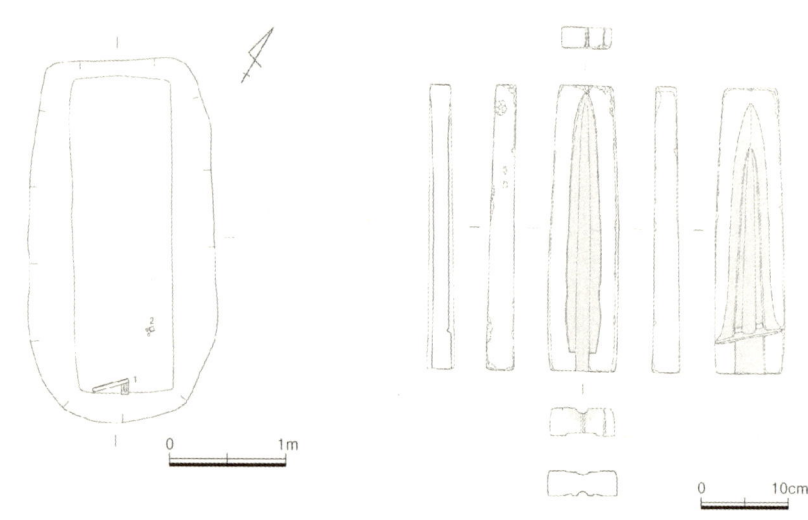

| 도면 5 | 전북지역 靑銅器 출토 토광묘(S=유구:1/60)

향과 직교되어 축조되었다. 유물은 점토대토기나 흑도장경호가 4기 모두에서 출토되었으며, 1호 토광묘에서는 점토대토기, 흑도장경호, 세형동검이 각각 1점씩 출토되었다.

Ⅲ. 맺음말

이상에서 호남지역 청동기시대 무덤의 최근 성과에 대하여, 鐵器가 공반되지 않는 무덤까지만으로 한정하여 살펴보았다. 유적은 근래에 발굴조사가 이루어지거나 보고서가 발간된 유적을 대상으로 하였다.

여러 성과가 있겠지만, 첫째, 청동기시대 前期에 비정될 가능성이 있는 무덤의 발굴, 둘째, 지석묘 형식으로 보아 탁자식 지석묘와 묘역지석묘의 발굴 자료 증가, 셋째, 靑銅器 출토 무덤의 증가라는 세 가지 성과를 중심으로 대상유적을 살펴보았다.

유적은 전남지역의 나주 운곡동유적, 나주 장동리유적, 나주 회진리 지석묘, 무안 성동리 안골 지석묘, 순천 남가유적, 여수 월내동유적, 여수 웅천동 웅동·모전 지석묘와 전북지역의 순창 무수리유적, 익산 구평리2 유적, 전주 원장동유적을 중심으로 살펴보았다. 전남지역의 경우 지석묘가 다수 분포하여, 근래 발굴조사에서도 청동기시대 무덤 중 지석묘가 차지하는 비중이 높았으며, 전북지역에서는 토광묘에서 세형동검의 확인예가 높은 것을 알 수 있었다.

순수 靑銅器만이 출토되는 무덤유적까지만을 대상으로 하여, 철기와 청동기가 함께 확인되는 유적들은 제외하였다. 이 점 양해바란다.

참고문헌

〈논문〉

김규정, 2007, 「청동기시대 중기설정과 문제」, 『한국청동기학보』1, 한국청동기학회.
박미현, 2008, 「유병식 마제석검의 전개와 지역성 연구」, 부산대학교 대학원 고고학과 석사학위논문.
박선영, 2004, 「남한 출토 유병식석검 연구」, 경북대학교 대학원 고고인류학과 석사학위논문.
裵眞晟, 2006, 「석검 출현의 이데올로기」, 『石軒鄭澄元敎授停年退任記念論叢』, 釜山考古學硏究會 論叢刊行委員會.
안재호, 2000, 『청동기시대 취락연구』, 부산대학교 대학원 고고학과 박사학위논문.
윤호필, 2009, 「靑銅器時代 墓域支石墓에 관한 硏究」, 『慶南硏究』1, 경남발전연구원 역사문화센터.
李相吉, 2006, 「區劃墓와 그 社會」, 『금강: 송국리형 문화의 형성과 발전』, 호남·호서고고학회 합동학술대회 발표요지.
이영문, 2011, 「청동기시대 전기 묘제의 양상」, 『문화사학』35호, 한국문화사학회.
이재운, 2011, 「남한지역 청동기시대 주거지 출토 석검 연구」, 목포대학교 대학원 고고인류학과 석사학위논몬.
이형원, 2010. 12, 「청동기시대 조기 설정과 송국리유형 형성 논쟁에 대한 비판적 검토」, 『고고학』9-2, 중부고고학회.
長龍俊·平郡達哉, 2009, 「유절병식 석검으로 본 무문토기시대 매장의례의 공유」, 『한국고고학보』72집, 한국고고학회.

〈보고서/사례발표〉

김정애·이지영, 2008, 『나주 운곡동유적』Ⅰ, 마한문화연구원.
강진표, 2010, 「여수 GS칼텍스공장 확장예정부지 내 여수 월내동 상촌·적량동 상적 지석묘군」, 『이주의 고고학』, 제34회 한국고고학전국대회, 한국고고학회.
동북아지석묘연구소, 2010, 『함평 대덕리 고양 지석묘 가군』.
_____, 2011. 07, 「여수 웅천지구 택지개발사업 매장문화재 발굴조사 약식보고서」.
조근우·박미라·이순엽, 2011, 『여수 죽림리 차동유적Ⅱ -분묘-』, 마한문화연구원.
_____·박미라·김경미·최석훈, 2011, 『순천 상삼·남가 유적』, 마한문화연구원.
이영문·정기진, 1993, 『여천 적량동 상적 지석묘』, 전남대학교박물관.
_____·정영희·한옥민, 1997, 『무안 성동리 안골 지석묘』, 목포대학교박물관.
_____·김승근·한옥민·김진환·홍밝음·강상희, 2010, 『함평 대덕리 고양 지석묘 가군』, 동북아지석묘연구소.
임영진·조진선, 2005, 『회진토성Ⅰ』, 백제문화개발연구원·전남대학교박물관.
전남문화재연구원, 2011. 02, 「나주 노안농공단지 조성사업부지 내 문화유적 발굴조사 약식보고서」.
전북문화재연구원, 2011. 09, 「전주·완주 혁신도시 개발사업(4구역-도시부)부지 내 문화재 발굴조사

　　　　학술자문회의 자료」.
호남고고학회, 2011. 12, 『2010·2011 호남지역 문화유적 발굴조사성과』, 호남고고학회.